# 采购招标机制与风险管理

李志鹏　黄　河　徐鸿雁　著



中国财经出版传媒集团
经济科学出版社
Economic Science Press

**图书在版编目（CIP）数据**

采购招标机制与风险管理/李志鹏，黄河，徐鸿雁著．
—北京：经济科学出版社，2020.12
ISBN 978-7-5218-2063-8

Ⅰ.①采…　Ⅱ.①李…　Ⅲ.①采购-招标-研究-中国　Ⅳ.①F284

中国版本图书馆 CIP 数据核字（2020）第 223824 号

责任编辑：于海汛　冯　蓉
责任校对：刘　昕
责任印制：李　鹏　范　艳

**采购招标机制与风险管理**
李志鹏　黄　河　徐鸿雁　著
经济科学出版社出版、发行　新华书店经销
社址：北京市海淀区阜成路甲 28 号　邮编：100142
总编部电话：010-88191217　发行部电话：010-88191522
网址：www.esp.com.cn
电子邮箱：esp@esp.com.cn
天猫网店：经济科学出版社旗舰店
网址：http://jjkxcbs.tmall.com
北京季蜂印刷有限公司印装
710×1000　16 开　11.25 印张　200000 字
2020 年 12 月第 1 版　2020 年 12 月第 1 次印刷
ISBN 978-7-5218-2063-8　定价：48.00 元

# 前　言

当今，采购招标是最重要的采购机制之一，而采购风险的广泛存在正将采购招标机制研究推向运作管理的最前沿。采购风险将极大地改变具有私有信息的供应商的投标行为，从而对采购招标机制设计产生重要影响，并引发一系列具有重要的理论意义和现实意义的管理科学问题。本书根据采购对象和采购参与者的特征，重点考察了产品数量风险、服务质量风险、供应商道德风险和采购代理腐败风险四类典型的采购风险。在上述典型风险环境下，将双源采购、不完备合同、再谈判、绩效佣金等常用风险应对策略纳入采购招标分析框架，深入探讨了多类具有不同风险应对功能的采购招标机制。

本书是一个涉及采购拍卖理论、机制设计理论、不完备合同理论、委托代理理论等多个博弈论研究方向的交叉研究的成果总结。围绕“采购招标机制与风险管理”这一主题，共组织了9章内容。

第1章介绍了采购招标的基础知识，包括采购招标的基本概念、优势劣势、适用条件和实施要点等。

第2章对采购招标中的典型风险及其应对措施进行了阐述，提出了本书的主要研究问题及其意义，并对本书的主要研究方法、研究思路与框架进行介绍。

第3章梳理了国内外相关研究动态，主要从供应链风险管理和采购招标机制这两个角度对相关文献进行了综述。

第4~8章为本书主要研究内容，分别考察了产品数量风险下的双源采购招标最优机制、产品数量风险下的双源采购招标鲁棒机制、服务质量风险下考虑再谈判的不完备合同采购招标机制、服务质量风险下考虑再谈判的多属性采购招标机制、招标代理腐败风险下的绩效佣金采购招标机制。

第9章总结了本书主要创新点与主要结论，并展望了未来进一步研究的方向。

本书力求内容聚焦，研究深入，分析严谨，结论可靠，以期提出富有管理启示和理论创新的观点。尽管我们为此付出了极大努力，但由于能力所限，疏漏之处在所难免，恳请读者多加批评指正。

本书是在笔者博士学位论文研究的基础上完善而成的，成书过程离不开导师黄河教授和副导师徐鸿雁教授的悉心指导，从选题、章节布局、模型构建、结果分析以及文字撰写，每一环节都凝聚着两位导师的心血和付出。

李志鹏

2020 年 9 月

# 目　录


**第 1 章　采购招标基础知识** ………………………………… 1

1.1　采购招标的基本概念 ………………………………… 2

1.2　采购招标参与者的优势和劣势 ……………………… 4

1.3　采购招标的适用条件 ………………………………… 8

1.4　采购招标的实施要点 ………………………………… 10

**第 2 章　采购招标中的风险管理** ……………………… 18

2.1　几类典型的采购风险 ………………………………… 18

2.2　采购风险的常见应对措施 …………………………… 21

2.3　本书主要研究的问题及意义 ………………………… 23

2.4　本书的主要研究方法 ………………………………… 25

2.5　本书的研究思路与框架 ……………………………… 26

**第 3 章　国内外相关研究动态** ………………………… 29

3.1　供应链风险管理相关研究 …………………………… 29

3.2　采购招标机制相关研究 ……………………………… 35

3.3　本章小结 ……………………………………………… 42

**第 4 章　产品数量风险下的双源采购招标最优机制** …… 44

4.1　模型描述 ……………………………………………… 46

4.2　最优双源采购机制设计 ……………………………… 47

4.3　报童模型和寡头模型下的最优双源采购批发单价
招标分析 ……………………………………………… 54

4.4　本章小结 ……………………………………………… 62

第 5 章　产品数量风险下的双源采购招标鲁棒机制 …………… 63
5.1　模型描述 …………………………………………………… 65
5.2　广义英式拍卖（GEA） ………………………………………… 67
5.3　两阶段渐近最优机制（AOM） ………………………………… 73
5.4　GEA 与 AOM 机制比较与选择 ………………………………… 77
5.5　本章小结 …………………………………………………… 81
第 6 章　服务质量风险下考虑再谈判的不完备合同采购招标机制 ……………………………………………… 83
6.1　模型描述 …………………………………………………… 85
6.2　主体模型分析求解 …………………………………………… 88
6.3　基准模型分析求解 …………………………………………… 102
6.4　模型结果比较 ……………………………………………… 104
6.5　本章小结 …………………………………………………… 106
第 7 章　服务质量风险下考虑再谈判的多属性采购招标机制 ……………………………………………………… 108
7.1　模型描述 …………………………………………………… 111
7.2　无再谈判情形 ……………………………………………… 113
7.3　有再谈判情形 ……………………………………………… 117
7.4　再谈判的价值 ……………………………………………… 124
7.5　算例分析 …………………………………………………… 126
7.6　本章小结 …………………………………………………… 128
第 8 章　招标代理腐败风险下的绩效佣金采购招标机制 …… 129
8.1　模型描述 …………………………………………………… 131
8.2　投标策略和腐败影响 ………………………………………… 133
8.3　代理人及采购商的决策 ……………………………………… 140
8.4　本章小结 …………………………………………………… 144
第 9 章　结语 ……………………………………………………… 146
9.1　本书研究创新与贡献 ………………………………………… 146

9.2　本书主要结论 …… 147
9.3　研究展望 …… 149

**参考文献** …… 151

# 第 1 章

# 采购招标基础知识

采购（procurement）作为维持组织正常运营的核心职能之一，构成了经济活动的重要组成部分。例如，美国的政府采购约占 GDP 的 20%，企业采购占比更高且呈稳定增长态势（Dimitri et al.，2006），其中制造企业的平均采购支出约占总收益的 50% 以上（U. S. Census Bureau，2006；Inderfurth et al.，2013）。无论是对企业还是对政府，优化采购机制、提高采购效率都具有重要意义。采购招标，也称采购拍卖或逆向拍卖，是指多个潜在供应商对产品或服务进行竞价，采购商再根据竞价结果做出采购决策的机制（Beil，2010）。随着供应全球化和电子商务的发展，采购招标已在世界各国的采购实践中广泛流行，成为当下最主要的采购机制之一（Jap，2007；Shalev and Asbjornsen，2010）。据悉，2013 年，美国国防后勤局（Defense Logistics Agency）通过招标采购的产品和服务价值高达 250 亿美元（Ivory，2014）；2014 年，中国移动（China Mobile）仅在上半年就举行了约 1200 场采购招标（b2b. 10086. cn）；2015 年，瑞士中央银行通过招标购买了 45 亿瑞典克朗政府债券（Stockholm，2015）。此外，美国排名前 50 的零售商中有 2/3 在使用采购招标（Soverinsky，2010），而通用电气（General Electric）、惠普（Hewlett - Packard）、美国西南航空（Southwest Airlines）、3M、荷兰皇家壳牌（Royal Dutch Shell）、埃克森美孚（Exxon Mobil）等行业领先企业也都大量使用招标进行采购（Wyld，2011）。

## 1.1 采购招标的基本概念

### 1.1.1 采购招标的定义

在国内外相关文献中，采购招标有着不同的名称，如采购拍卖（procurement auctions）、逆向拍卖（reverse auctions）、降价拍卖（downward price auctions）等（Wyld，2011）。互联网技术的发展促进了采购招标的广泛流行，当今的采购招标通常都在线上进行或基于互联网运行，因此也常称为在线逆向拍卖（online reverse auctions）、逆向电子拍卖（reverse e-auctions）、电子逆向拍卖（electronic reverse auctions，eRAs）等（Wyld，2011）。舍恩赫（Schoenher，2004）将采购招标定义为一个实时的在线竞标过程，其中供应商在采购商发出报价邀请函（request for quotation）后，通过不断降低销售价格的方式竞标，直到达到真实的市场价格。美国供应管理协会（ISM）认为，采购招标是一种发生于一个采购机构与多个通过初审的供应商之间的、在线上执行的、实时的电子拍卖类型，其中采购商对所需采购的产品或服务的设计、数量、质量、交付和其他相关条款进行明确定义，供应商通过向采购商提供标书来竞争产品或服务的供应权利（ISM，2003；Wyld，2011）。类似地，比尔（Beall et al.，2003）将在线采购招标定义为发生于一个采购机构和一群通过初审的供应商之间的在线、实时、动态拍卖，其中供应商在给定的时间范围内，通过在互联网上用特制软件相继给出更低价格的采购方相互竞争。

### 1.1.2 逆向拍卖与正向拍卖

采购招标本质上是一种拍卖机制，所谓拍卖是指根据市场参与者的投标来决定资源分配及其价格的一组明确的规则（McAfee and McMillan，1987）。拍卖有正向拍卖和逆向拍卖之分。正向拍卖是一种销售机制，一个卖方销售物品，多个买方通过不断提高报价来竞买（Smeltzer and Carr，2002）。这是一种最传统的拍卖机制，也是最广为人知的拍卖机制，主要是因为它在消费层面的应用十分普遍。比如，在线拍卖网站 eBay 上的拍卖即为正向拍卖，传统的艺术品、葡萄酒和其他收藏品的拍卖，也为正向拍卖。此外，生活中常见的汽车拍卖、房地产拍卖和机械拍卖等，也都属于正向拍卖，这些拍卖的目标都是为卖方找到可能实现的最高销售价格。因此，正向拍卖可以拍卖任何形式的产品或服务，可以线上、线下或线上线下混合进行（Wyld，2011）。与正向拍卖相对应的为逆向拍卖，也即本书所研究的采购招标。逆向拍卖是一种采购机制，多个供应商通过不断压低价格来竞争买方所采购产品或服务的供应权。与传统的正向拍卖相比，逆向拍卖中将交换交易双方的角色：买方（采购商）提供交易机会，控制着市场，卖方（供应商）通过投标竞争交易机会。本书将交叉使用采购拍卖、逆向拍卖和采购招标等名称。

### 1.1.3　采购招标的类型

采购招标的分类主要取决于3个关键属性（Kuo et al.，2004）：

（1）信息透明度：即拍卖过程中竞标者对投标信息的掌握程度。

（2）拍卖终止标准：即基于什么标准决定拍卖终止。

（3）获胜者选择标准：即拍卖结束时，基于什么标准选出获胜者。

根据信息的透明度，可以将采购拍卖分成两大类，即公开投标（open bid）采购拍卖和密封投标（sealed bid）采购拍卖。

（1）在公开投标采购拍卖中，根据采购商的具体设置，竞标者可以实时地看到所有的投标信息，或者只能看到最低的投标信息，或者只能看到自己的投标排位，但是竞标者的信息是隐藏的。通常公开投标的方式会加剧竞标者之间的竞争，因为他们看到其他投标信息之后，更可能给出一个更低的价格。

（2）在密封投标采购拍卖中，每一个竞标供应商秘密地提交自己的报价，而不知道其他供应商的投标情况。这种投标方式有利于保护供应商的机密信息，但竞争强度会被削弱（Kuo et al.，2004）。

根据拍卖的终止与获胜者的选择标准，可以将采购拍卖分成4大类：逆向英式（reverse English）拍卖、逆向维克里（reverse Vickrey）拍卖、逆向荷兰式（reverse Dutch）拍卖、逆向洋基（reverse Yankee）拍卖。

（1）逆向英式拍卖可能是最常见的采购拍卖形式，它是一种公开叫价拍卖，每个供应商报出自己的供货价格，直到没有供应商愿意报出更低的价格为止。拍卖的获胜者为报价最低的供应商，并且按照其报价进行供货。这种采购拍卖可以用来采购单一的物品或者是多物品，采购商可以设置一个保留价（即采购商愿意接受的最高供货价格），只有当供应商的报价低于该保留价时，拍卖才可能生效。

（2）逆向维克里拍卖也叫逆向次价（second-price）拍卖，它是一种密封投标采购拍卖，获胜者不是按自己的报价供货，而是按第二低的报价供货。这种采购拍卖形式有一个重要的性质叫作说真话（truth-telling）均衡，也即每个供应商有动机报告自己真实的估价，而不必关心其他供应商如何报价。经济学家维克里（William Vickrey）在1961年证明了，与传统的逆向首价拍卖（获胜供应商按最低报价供货）相比，让获胜供应商按照第二低的报价供货可以为采购商节省大量采购成本，因此这种采购拍卖形式被称为逆向维克里拍卖。

（3）逆向荷兰式拍卖是针对采购商需要采购一定批量同类产品的情况设计的。采购商公布采购批量后，供应商对单价和愿意供货的数量进行投标。拍卖结束时，采购商按单价由低到高的顺序依次选标，直到他的采购批量全部满足为止。这种拍卖当中，获胜供应商可能有多个，采购商支付的单价为所有获胜供应商当中给出的最高单价。

（4）逆向洋基拍卖：拍卖的过程和逆向荷兰式拍卖一样，但是采购商支付的单价为每个获胜供应商自己的报价。

## 1.2 采购招标参与者的优势和劣势

### 1.2.1 采购商的优势

（1）节约采购成本。通过引入多个供应商进行竞争，采购拍卖能够帮助采购商实现极低的采购价格从而节约大量的采购成本。采购商无须使用额外的价格压制手段，供应商为了赢得订单就会自愿自发地降低价格，从而为采购商找到最低的采购价格。有许多学者对采购拍卖的成本节约效果进行了实证分析。比如，洛施和兰伯特（Losch and Lambert，2007）、斯马特和哈里森（Smart and Harrison，2002）分别计算出采购拍卖能够为采购商节约5%～30%和3%～37%的采购成本。不过，更为公认的数字为采购拍卖能够为采购商节约10%～40%的采购成本（Tassabehji，2010），通常首次使用采购拍卖的采购商可以节约20%的采购成本（Penfield，2007）。在公共采购领域，霍金斯等（Hawkins et al.，2009）认为采购拍卖带来的成本节约达到了引人注目的5%~40%，而辛格等（Singer et al.，2009）则对这些数据的准确性持怀疑态度，他们认为4%是更为现实的平均成本节约幅度。此外，一份英美联合研究，通过对美国和欧洲的4个不同政府的采购拍卖进行元分析，发现平均的成本节约幅度为12.1%（Shalev and Asbjornsen，2010）。另外值得指出的是，在线采购拍卖的价格是实时动态变化的，这有助于采购商掌握真实的市场价格，从而有助于采购商优化运作管理决策（Schoenher and Mabert，2007）。

（2）扩大供应群体。采购商通过在采购招标网络平台发布采购需求，可以接触到大量的受众群体，能够挖掘潜在的新供应商。采购招标网络平台存储了众多企业的供需信息，能够帮助采购商快速识别新的供货源（Sanborn，2001）。例如，捷豹汽车就通过在线采购拍卖识别新的供应商，取得了巨大的成功（Schlack，2001）。

（3）缩短采购周期。使用在线采购拍卖之后，电话、传真、面对面会议的需求大幅减少甚至彻底消失，采购周期可以缩短至40%~50%甚至更多（Beall et al.，2003；Moser，2002）。采购周期的缩短，不仅让采购商可以对市场的需求变动做出更快速的反应，也加速了采购商的产品开发。结果是客户的满意度提高了，买卖双方的关系加强了（Kuo et al.，2004）。此外，通过在线采购拍卖进行实时的现货采购，增加了采购商的采购灵活性，可以降低采购商的供应风险和库存风险（John，2001）。

（4）降低采购费用。使用在线采购拍卖之后，采购企业可以削减采购人员数目，减少出差费用，以更低的搜寻成本和流程化的竞标过程完成采购，从而大幅降低采购费用（Kuo et al.，2004）。借助采购拍卖软件的强大功能，采购企业减少了纸质文件的使用，降低了数据的重复输入，提高了与供应商的交互效率，可以以极低的管理成本同时应对多个供应商。

（5）提升运作效率。在线采购拍卖软件为采购人员自动记录各种交易信息，并赋予他们存储和交换采购文档的功能，提升采购人员的工作效率。通过使用在线采购拍卖，采购企业可以进行匿名招标，从而避免企业信息暴露给供应商，减少了广告推销、电话骚扰等不必要的麻烦，从而可以专注于标书分析、价格谈判、评估供应商绩效等核心增值活动。

### 1.2.2 供应商的优势

供应商同样可以从在线采购拍卖中获益。

（1）首先在线采购平台通常是中立的，它赋予了每一位供应商平等的权利和机会。因此对中小型企业来说，在线采购拍卖可以增加他们在客户面前的曝光率，并赋予他们与大企业进行竞争的机会。由于市场渠道的拓宽，所有规格的企业都可能在上面找到合适的买方。

（2）在在线采购拍卖中，供应商可以反复修改自己的报价，甚至在任意时刻退出，而这在传统的线下采购环境中是不可能的。在公开投标的采购拍卖中，供应商可以看到竞争者的报价，所以可以调整自己的报价来最大化自己获胜的机会。由于可以对比市场上其他供应商的成本结构，供应商可能变得更有竞争力。

（3）在线采购拍卖还可以提升供应群体的效率，因为供应商将更愿意对培训、规程、设备和产能等进行必要的投资，以更好地满足采购商的特定需求（Jap，2003）。

（4）在在线采购拍卖中，供应商可以以较低的成本识别潜在客户和扩展业务需求，因为他们只需要有电子邮件，并且能够上网，就可以通过注册参与进来（Kuo et al.，2004）。

### 1.2.3 采购商的劣势

尽管采购招标有许多重要的优点，它的一些缺点也值得注意。

（1）对采购商来说，在线采购招标的缺点之一就是潜在实施成本较高。如果选择使用第三方机构提供的在线采购拍卖服务，那么采购商需要付出一定的注册费用进行注册，并且每次采购还需要付出采购金额的一定百分比作为交易费用。如果选择自己组织在线采购拍卖，那么采购商需要付出相当大的成本来建立自己的在线采购拍卖系统，通常只有大型企业才愿意这么做（Moser，2002）。

（2）尽管在线采购拍卖实际运行的时间比较短，但为了确保成功，采购商还是需要花费一定的时间和资金来进行规划、准备和培训。此外，如果买方企业的采购人员习惯了传统的线下采购方式，要让他们适应在线采购拍卖也并非易事。此外，有学者指出，用在线采购拍卖采购间接材料可以节省成本，但用它们采购直接材料时，采购成本可能比长期的结构化合同更高（John，2001）。

（3）在线采购拍卖的另一个劣势是可能损害采购商与供应商的关系，比如像价格折扣之类的增值收益，采购商在在线采购拍卖中就很难获得。通用电器的一些资深采购人员就认为，在线采购拍卖可能是对长期建立起来的供应商关系的一种威胁（Harris，2001）。显然通过使用在线采购拍卖，与采购商建立了信任关系的老供应商可能被新供应商替换掉，这无疑会增加采购商面临的供应风险。

（4）由于采购拍卖引入了竞争，拍卖的获胜者很有可能不是原来的供应商，这就意味着采购商需要转换供应商，所以转换成本应该被纳入采购拍卖的成本分析范畴。转换供应商不仅仅意味着把订单从一个供应商换到另一个供应商，它还涉及搜寻、资质审查和培训等一系列成本，因而转换成本可能比我们想象中更昂贵（Leong，2008）。显然，转换成本越低，采购商越可能从采购拍卖中获利，因为采购拍卖节约的采购成本越可能抵消转换成本。同时，也有研究表明，转换成本低时，供应商也更愿意参与竞标，因为他们也知道采购商在这种情况下更可能切换供应商，从而供应商被选的概率更高（Wagner and Schwab，2004）。

### 1.2.4　供应商的劣势

与采购商相比，许多供应商对在线采购拍卖并不那么热心，原因包括以下几方面。

（1）在线采购拍卖威胁到了供应商的生存和底线。在线采购拍卖当中激烈的竞争压榨了供应商的利润，低价的竞争可能威胁到公司的生存。对很多供应商来说，在线采购拍卖只是采购商用来削减成本和提高盈利能力的工具。在线采购拍卖常常忽视产品的质量问题，供应商常常不得不报出比自己成本还低的价格来赢取拍卖，否则就只能将供应机会输给竞争对手。

（2）赢者的诅咒。在采购拍卖中，供应商承受着激烈的竞争压力，投标决策的时间又通常较短，为了赢得拍卖，有些供应商甚至会给出比自己成本还低的价格，这就是所谓的赢者的诅咒。哈里斯（Harris，2001）指出，一些供应商参加在线采购拍卖本意并不是为了获得订单，他们只是为了将拍卖的价格压低，好让获胜的竞争对手无利可图。另一些供应商则可能受影响而给出过低的价格，从而在事后又试图违反供应合同（Smeltzer and Carr，2002）。因此有些供应企业不愿意参与在线采购拍卖。供应商参与兴趣的缺乏使得市场的竞争变弱，从而使采购商想以最低价格采购物品的目标无法实现。

（3）在线采购拍卖还可能对供应商与采购商的关系造成负面影响，因为它对行业的供应群体施加了过度的压力。供应商常常对参与在线采购的拍卖保持警惕，因为这种机制对供应商与客户多年形成的供应关系造成侵蚀，使得供应商的未来订单没有保障。错误地使用在线采购拍卖可能会阻碍供应商对运作效率进行投资，或者阻碍他们提供一些无形但确实又很重要的条款，比如折扣和售后服务等（Kuo et al.，2004）。

（4）在投标过程当中，因为供应商的个人信息是匿名的，所以供应商的品牌效应无法发挥。因此，很多供应商不愿意参加在线采购拍卖，因为他们不希望自己的产品变成一个仅仅由价格定义的一般商品（Chevron，2000）。

## 1.3 采购招标的适用条件

在过去的几十年中，随着采购招标研究与应用的不断深入，人们对采购招标的适用条件有了越来越清楚的认识。在具体介绍什么产品或服务适合或不适合进行采购招标之前，本节先介绍两个采购招标适用性矩阵，它们为采购招标的适用条件提供了指导性参考。

### 1.3.1 采购招标适用性矩阵

影响采购拍卖使用效果的因素有很多。根据市场和产品的特征，前人总结发现，供应商竞争强度和商品的可明确性是影响采购拍卖适用性的两个重要因素（Beall et al.，2003）。供应商竞争强度通常体现为参与竞标供应商数量的多少，数量越多竞争强度越大。此外，供应商之间没有共谋、供应商产能过剩、采购批量对供应商有吸引力等，也是确保供应商竞争强度的重要因素。商品的可明确性是指能够对商品的各项要求进行清楚彻底描述的程度，它一度被认为是决定采购拍卖适用性的核心指标（Kaufmann and Carter，2004）。根据这两个指标，可将采购拍卖的适用性分成了 4 个区域，从而得到如图 1－1 所示的采购拍卖适用性矩阵。可以看出，采购拍卖特别适用于采购那些可明确性高而且竞争激烈的商品；当这两个条件有一个不满足时，就应该审慎地使用采购拍卖；而当这两个条件都不满足时，就应该尽可能避免使用采购拍卖，转而选用其他采购机制。

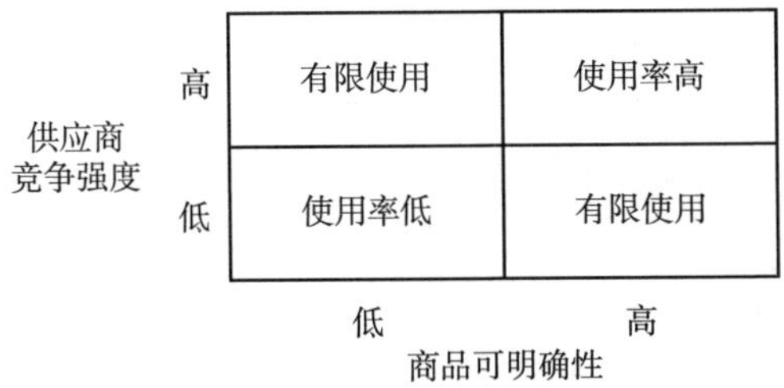


**图1－1　采购招标适用性矩阵Ⅰ**

也可以从采购商与供应商的关系特征入手，考察采购招标的适用性问题。采购合同周期与转换成本是影响采购商与供应商关系的两个重要因素。一般而言，合同周期越长，供应商对采购商产品开发过程的介入程度就越高，采购招标的适用性就越弱。供应商转换成本越高，则意味着采购商与供应商的绑定程度越高，使用采购招标的潜在代价就越高。因此，根据采购合同周期和供应商转换成本，也可以得到一个采购拍卖的适用性矩阵（Beall et al.，2003），如图1－2所示。

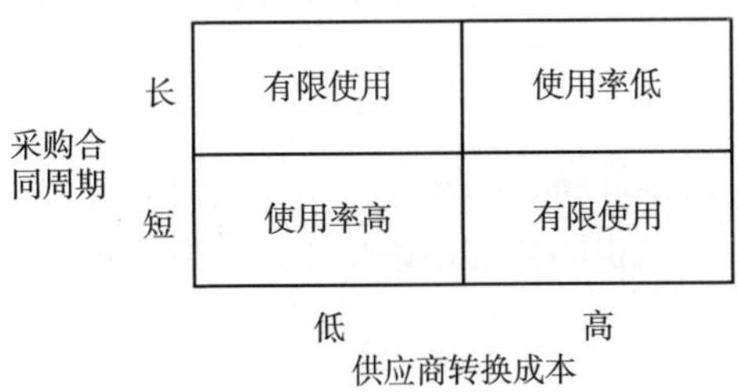


**图1－2　采购招标适用性矩阵Ⅱ**

### 1.3.2　宜用采购招标的情形

采购拍卖适用性矩阵为采购商在决策是否该对某商品进行采购招标时提供了指导性的理论框架。那么，在具体的采购实践当中，哪些商品应当进行采购招标，哪些商品不宜使用采购招标呢？不同学者从不同视角给出了不同答案。

一份采购拍卖白皮书指出，怀尔德（Wyld，2011）具有以下特征的产品或服务特别适合进行招标采购：①价格变动低的商品；②供应商产能差异不大的商品；③主要考虑价格属性而较少考虑其他属性的商品；④拥有庞大供应群体，且有众多优质供应商愿意参与竞争的商品。

而惠顿（Wheaton，2009）则指出，下列商品适合进行采购招标：①协作特征少的商品；②采购周期较短的商品；③规格常见和复杂性低的商品；④成本节约机会较大的商品。此外，其他一些研究表明，采购拍卖适用于采购复杂性低，从而相关属性易于理解和比较的商品（Puschmann and Alt，2005），以及非战略性的物品和具有众多潜在供应商的商品（Wheaton，2010）。

### 1.3.3 不宜用采购招标的情形

尽管有学者认为采购拍卖可以用来采购任何产品或服务（Guillemaud et al.，2002），但在采购实践中，不同种类商品的采购招标效果有好有坏，有一些是应当避免使用采购拍卖的。首先，无论采购何种产品或服务，采购商在决定是否使用采购拍卖时都应该考虑真正能够召集的有能力的竞标供应商有多少。那些只有少数供应商能够提供的产品或服务是不宜进行采购招标的，因为在这种情况下，供应商将拥有主导权而不是采购商（Wheaton，2010）。此外，那些可明确性较差的商品（如设计和零部件经常变化的产品）（Kumar and Maher，2008），非标准化的商品，以及涉及额外要求或服务的产品也不适合用采购拍卖（Wheaton，2010）。

## 1.4 采购招标的实施要点

尽管在线采购招标可以为采购商和供应商提供良好交易条件，但不同机构、不同行业组织的采购招标结果还是有很大差别的。郭等（Kuo et al.，2004）总结了采购招标实施过程中的10个关键因素，这些因素将对采购招标的结果产生重要影响，因而采购商需要慎重对待。这10个因素分别为：①市场条件；②采购批量与商品特性；③招标方式选择；④报价邀请函的准备；⑤拍卖规则设计；⑥资格预审与投标邀请；⑦沟通与培训；⑧采购拍卖的执行；⑨后续活动；⑩供应商关系维护。本节基于郭等（2004）的成果，对上述关键因素进行一一介绍。

### 1.4.1　市场条件

采购招标在以下市场条件下最容易成功：供给大于需求；行业产能过剩；众多供应商竞争。采购招标更适合在细分行业使用，因为当供应商都不占主导地位且竞争采购订单时，采购商将占据更好的谈判地位（Kuo et al.，2004）。大多数学者认为，采购拍卖中应当至少有3～5位竞标供应商，才能确保足够的竞争强度并找到实时的市场价格。行业经验表明，当有5家及以上有资质的供应商参与投标时，采购招标的结果将会更好（Moser，2002）。例如，宝洁公司经常对那些可替代性强且具有众多能力相当的供应商的商品进行采购招标（Atkinson，2000）。当计划招标采购更为复杂的商品时，找到至少3家有资质的供应商是至关重要的（Davies，2002）。

### 1.4.2　采购批量与商品特性

选择合适的商品进行采购招标是最具挑战性的招标准备工作。在做采购决策之前，采购商品的批量和特性都需要仔细考虑。一般而言，采购招标最适合那些大批量的标准化产品，因为采购批量大，细微的价格优势将节约可观的采购成本。根据行业经验，提供采购招标服务的第三方机构通常会设置50000美元或者更高的采购招标门槛（Kuo et al.，2004）。我国政府对一些通用的、大批量的采购对象纳入政府采购管理并进行集中采购，也是为了扩大成本节约额度。需要注意的是，采购批量并不是一味地越大越好，因为不同的采购拍卖批量将吸引不同的供应商（Shalev and Asbjornsen，2010）。简单而言，小企业更有可能参与小批量的采购拍卖竞争，他们在大批量的采购中很难与大企业进行竞争，甚至他们都没有能力提供规定数量的产品和服务。因此，采购企业应当合理的选择采购批量，因为一味地追求大批量可能会伤害小企业的利益，进而降低竞争强度并损害自身的利益。

尽管有学者认为采购拍卖可以用来采购任何产品或服务（Guillemaud

et al. ，2002)，但当产品差异化程度较高或产品质量变动较大时，采购招标的优势将会很有限。在采购下列产品或服务时，采购招标的效果可能较差：定制化产品；需要良好供应商关系的战略组件；需要特殊工具或设置的零部件；规格不完整或需要变更的材料；等等（Beall et al. ，2003）。如前文所述，那些一般的、非关键的、非战略的商品，交付周期短和售后服务需求少的商品，以及同质化的、可替代性强的商品，都适合进行采购招标。值得指出的是，除了有形产品，采购招标同样也可以用来采购无形的专业服务，这在医疗、酒店和劳动力等行业十分常见（Kuo et al. ，2004）。

### 1.4.3 招标方式选择

为了确保采购拍卖流程的顺利进行，采购商需要进行自我评估，自己是否有足够的能力和足够的效率来组织采购拍卖？假如自身缺乏相应的专业能力，或者组织采购拍卖的成本太高，采购商可以委托专业的第三方机构为自己组织拍卖。此外，由于首次进行采购招标将产生显著的学习效果，采购商在进行首次招标时可以考虑使用第三方机构的专业服务。在上述情形下，选择合适的采购招标服务机构至关重要。

市场的采购招标服务提供商大致可分为两类（Davies，2002）：一类把组织采购招标作为附加业务，另一类把采购招标服务作为核心业务。只有当采购企业具有很强的企业和财务承诺力时，才应当考虑前者。而对于后者，采购商在做最后决定之前，则应当根据自身需求和组织目标，对可选机构进行仔细评估。通常，采购商最好选择行业经验丰富的采购招标服务机构，以期获得组织采购招标项目的相关建议从而避免犯新手错误。

除了提供招标软件，采购招标服务商通常还会帮助采购商撰写采购产品规格书，邀请符合资质的供应商参与投标，确立诸如日期、时长、最小降价幅度等拍卖参数。此外，许多采购招标服务机构还会与采购商密切合作，帮助采购商做拍卖前调查和了解市场情况。

采购招标服务提供商的商业模式主要包括以下几种（Hawkins et al. ，2010）：

（1）获胜供应商按交易次数付费。

（2）采购商按交易次数付费。

（3）采购商购买采购拍卖软件。

（4）流程外包。

在前两种付费模式中，费用的额度等于预估采购价值的一定百分比。服务提供商协助采购商进行市场调查，在采购拍卖软件平台上新建拍卖，为竞标者提供培训，并且主持拍卖过程。在第（3）种模式下，采购商购买服务提供商的软件使用许可证，自己在软件上建立拍卖，并且自己组织拍卖流程。这种模式下，采购商需要自己做市场调研和供应商培训。在第（4）种模式下，采购商与采购招标服务商签订外包合同，采购商将一定周期内的所有采购拍卖活动外包给服务提供商。在该周期内，服务提供商帮助采购商做市场调研，建立采购拍卖，培训供应商，并且管理采购拍卖流程。

类似地，采购商与采购招标服务商之间的定价模式主要有以下五种（Adebanjo，2010）：

（1）采购成本百分比。采购商按采购成本的一定百分比向服务提供商支付费用。

（2）成本节约百分比。根据先前价格与拍卖价格的差值计算出采购拍卖的成本节约额度，再按一定比例向服务提供商支付费用。

（3）固定费用。每次拍卖，采购商向服务提供商支付固定费用。

（4）年费。采购商向服务提供商支付年费，付费周期内可以参与拍卖。

（5）固定费用+百分比。采购商向服务提供商支付固定费用，外加采购成本的一定百分比。

所以，根据服务的水平和服务提供商的定价模式，采购商必须放弃一部分由采购拍卖带来的成本节约，这是采购商使用第三方采购拍卖服务提供商的代价。尽管如此，使用第三方机构的采购招标服务在通常情况下依然是有利可图的，因为由第三方机构带来的采购效率的提升，以及自身节约的采购拍卖管理费用，往往比服务费用高。

### 1.4.4　报价邀请函的准备

任何可以描述的物品都可以进行采购招标。这里的关键在于该物品需要具备可测量的特征，从而采购商能够向供应商准确描述物品的特征和要求。采购商需要事先在报价邀请函中对拟采购的产品进行精确定义，包括设计规格、数量、质量标准、交付日程、支付条款、使用场所、批量等。当拟采购的商品十分复杂或者涉及新的制造流程，采购商还需要把与采购相关的其他信息准确、详细地提供给潜在供应商。

### 1.4.5 拍卖规则设计

（1）获胜者确定标准。在组织投标之前，采购商需要事先明确将以何种方式确定获胜供应商。捷普（Jap，2002）将获胜者选择的标准分为两大类，即获胜者由买方决定或者由拍卖决定。在买方决定模式下，买方事先不承诺任何选标标准，而保留在事后以任意方式选出获胜标的权利。这种方式在公共采购领域和企业采购领域都非常常见。这种方式给予了采购方充分的自由度来考察价格以外的其他属性，如质量、信誉、往期的表现等。在由拍卖决定获胜者的情况下，买方事先就定好了选标的规则，如报价最低的供应商将成为获胜者。关于该选用哪种方式确定获胜者，研究表明，尽管买方依然希望供应商认为价格最低的获胜，但实际由低价获胜的比例不足20%，这反映了采购企业对价格以外的属性越来越重视（Moorhouse，2008）。另有研究证实，在大多数政府和企业的采购拍卖案例中，采用的是一种基于价格的多属性评标准则，买方并不会严格按报价最低的准则选出获胜者，而是同时会把质量、可靠性、信誉等其他因素纳入评标范畴（Jap and Haruvy，2008）。

（2）起拍价。采购商应当设置一个合理的起拍价，拍卖的价格将从起拍价开始往下降。通常，可将上一次成功采购的价格或行业标准价格设置为起拍价（Kuo et al.，2004）。

（3）保留价。采购商还应当设置一个保留价。所谓的保留价是指采购商愿意接受的最高供货价格，如果最终的拍卖价格比保留价还高，则采购商保留放弃采购拍卖的权利。显然，如果保留价设置得太低，则很有可能没有供应商愿意应标，从而导致流标（Beall et al.，2003）。

（4）最小降价幅度。此外采购商还应该设置一个最小降价幅度，比如最小降价幅度为100元，则所有新的报价都应该比当前的最低报价至少低100元，这样就可以避免获胜者只比次优供应商低一分钱的荒谬结果。

（5）拍卖持续时间。采购商还应该根据所采购商品的特性，确定一个合适的拍卖持续时间。在大多数情况下，拍卖可以在一个小时之内就结束，但有时候采购商也可能将拍卖的时间延长几轮。

在线采购拍卖中经常出现这样的现象：拍卖前期供应商应标不活跃，但拍卖接近尾声时，突然出现一些供应商以最小降价幅度频繁应标。这种现象被称为“最后一分钟应标”，或者叫秒杀现象（Kuo et al.，2004）。

显然这种现象剥夺了其他供应商反应的机会，而且可能促成价格共谋（Parente et al.，2001）。为了应对这种现象，采购商可以设置在拍卖接近尾声的时候，每当有人应标，拍卖就延长一段时间。

（6）价格可见性。在采购拍卖中，采购商可以设置供应商对价格的可见程度。价格的可见性一般分为两种，一种是完全可见，即供应商可以实时地看见所有竞标供应商的出价（以匿名的方式）；另一种是部分可见，即供应商可以看到自己的出价是处于领先还是落后的位置。如果自己的出价处于领先位置，则供应商可以暂时不必改变自己的出价，直到自己的出价被别人领先为止；如果自己的出价处于落后位置，则供应商必须报出更低的价格，才有可能领先。前人研究表明，当价格是部分可见时，供应商对自己的出价更有信心，并且对采购流程更加信任（Jap，2003）。完全可见的价格可能妨碍竞争，因为有一些供应商可能担心自己的价格信息泄露给竞争对手，从而不愿意参与竞标。完全可见的价格还更容易导致串标。此外，当价格完全可见时，供应商承受着更大的竞价压力，容易使他们陷入竞标狂潮的状态，增加赢者诅咒的风险。

### 1.4.6　资格预审与投标邀请

采购商需要对潜在供应商进行资格预审；只有通过了资格预审的供应商才准许进行投标（Bhutta，2003）。采购商应当事先决定好邀请多少供应商投标，以及分别邀请哪些供应商。采购商应当将投标供应商的数量维持在可管理的水平，尽管投标供应商越多，采购商越能处于有利地位。作为一个良好的参考标准，采购商应最多邀请6～12家供应商投标；事实上，重要的是竞标供应商质量而不是数量（Davies，2002）。通常，采购商将对熟悉的或满足规定要求的供应商更感兴趣（Atkinson，2000b）。比如，参与保洁公司采购招标的大部分供应商，都是保洁公司曾经打过交道的企业，或正在进行业务往来的企业，或通过调查后了解情况的企业（Wyld，2011）。

### 1.4.7　沟通与培训

为了保证采购招标的流畅运行，采购企业内外部的相关人员需要进行良好的沟通与培训。在采购企业内部，采购人员和其他相关人员需要接受良好的教育和培训，从而保证对在线采购招标这种交易方式有良好的接受度。在采购企业外部，采购商需要确保潜在供应商掌握在线采购工具的使用，因为使用不得当也将造成额外成本。

所有受邀投标的供应商应当获知与使用技术、报价邀请函和拍卖规则等相关的相同信息。提出的相关问题应当清楚、及时地解答。当供应商（尤其是在位供应商）对在线采购拍卖感到一定程度的焦虑时，应当进行坦率的讨论。同样重要的是，要确保所有参与者都相信拍卖没有预定的获胜者，拍卖环节不仅是信息收集环节，同时也是业务授予环节。此外，可以在正式拍卖之前先进行一轮模拟操作，以确保采购拍卖系统正常运行，以及所有相关人员都熟知操作流程。

### 1.4.8 采购拍卖的执行

在采购招标的竞标环节，需要进行一系列正确操作，才能保证拍卖的成功。拍卖开始之前，应确保所有参与竞标的供应商都登录了采购拍卖系统，出现任何问题都应及时解决。如果在拍卖进行时某竞标者连接中断并且无法及时恢复，应当有预先备好的替代机制及时补救，如可以通过一个第三方机构进行电话投标。如果拍卖延时了而供应商没有反应，或者出现其他不太正常的情况（如出现异常低价），采购商应该及时联系供应商。当被证实存在任何非常规操作（如共谋、虚假出价、围标）时，采购商有责任中止拍卖。采购商应当向参与供应商保证招标系统的公正性，应当平等对待每一位供应商，并保护供应商的隐私信息。拍卖持续时间和延长时间都应按照预先规定进行严格管理。

### 1.4.9 后续活动

拍卖结束之后，还有一些后续事项需要采购商注意。首先，应当及时关闭网站上的竞标界面。快速进行合同判授之后，应当对未中标的供应商进行简洁的情况说明，感谢他们的参与，并邀请他们参与未来的招标活动。然后，采购商可能需要与获选供应商对合同细节进行谈判，以便获得更好的交易条件，随后即可展开合同管理和相关活动。接下来，采购商应当召集采购专员和内部其他相关人员举行工作总结会议，用以总结经验教训，精炼采购流程。鼓励开放式讨论，以便让所有人都知道发生了什么。

如果采购招标取得成功，应当报告成本节约情况，并整理成功案例进行广泛传播。

### 1.4.10　供应商关系维护

采购招标能够为采购商节约采购成本，但也可能疏离优质供应商（Kuo et al.，2004）。采购招标可能使得现有供应商不信任采购商，从而对他们之间的关系造成潜在伤害，对此业界和学术界进行了很多的讨论（Jap，2003）。相反，也有研究表明在线采购招标不会对采购商和供应商的关系造成威胁（Parker，2002）。事实上，只要不被过度使用，在线采购招标可以看作对供应商群体的一个警钟。造成上述两种不同观点的关键在于采购招标的实施策略和沟通的效果。

为了保障在线采购招标的成功，采购商需要讲究实施策略，并慎重权衡其利弊。例如，采购商可以通过初次在线采购招标来扩展供应商群体、了解市场定价以及向在位供应商发出警示信号。然后采购商可以与获选供应商制订长期采购计划，促进交易合作，巩固双方关系。从长远来看，这种精心设计和管理的交易关系可能成为竞争优势的主要来源，并为交易双方都带来可观的利润。大卫（Davies，2002）指出，如果采购商坦率地告知供应商自己的做法及其原因，供应商是能够理解的，其中大多数也愿意支持。通过充分教育、有效沟通和合理实施采购招标，供应商的忧虑能够得到缓解。一份汽车行业的研究表明，在线采购招标不会损害交易双方的长期关系（Parker，2001）。相反，为了避免自己在将来的采购招标中被替换掉，很多供应商愿意付出努力与采购商建立更为牢固的关系。

# 第 2 章

# 采购招标中的风险管理

## 2.1 几类典型的采购风险

采购拍卖在理论原理上与经典的销售拍卖呈镜像关系，但采购过程的运作复杂性和采购环境的诸多不确定性（风险）使采购拍卖机制设计面临更多的挑战。一方面，采购不仅仅是货与款的交换，它涵盖了规格开发、价值分析、供应市场调查、谈判、购买、合同管理、库存控制、交通运输、收货和存储等一系列过程（Cavinato，2010），具有相当的运作复杂性。这要求采购拍卖机制不仅要能为采购商找到最有利的价格，还要能实现采购商相应的运作管理目标。另一方面，采购过程中的诸多不确定因素（风险）又进一步增加了采购拍卖机制设计的困难。美国供应管理协会（ISM）列出了当今采购管理者面临的九大挑战，位列第一的就是风险管理（Scott，2016）。风险的存在会极大地扭曲供应商的投标行为，进而对采购商的采购拍卖机制设计带来重要影响。如何设计采购拍卖机制以使其具有特定风险应对功能，成为采购商面临的一个重要问题。根据采购对象和采购参与者的不同特征，以下几类风险在采购中尤为典型（见图 2－1）：

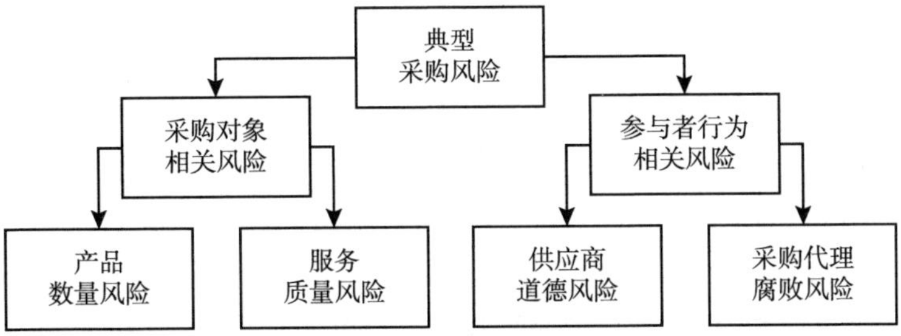


**图2-1　典型采购风险**

## 2.1.1　产品数量风险

一般来说，采购商的采购对象可以是产品或服务。大多数产品采购都具有标准化程度较高和批量订货的特点，价格和数量成为采购商最重要的考量因素。虽然价格和订货数量都可以根据供应商的投标过程确定下来，但供应商最终能按规定交付的产品数量却常常具有很大不确定性。一方面，供应商的生产、存储、搬运和配送等过程本身具有产出不确定性（yield uncertainty），这在电子、半导体、化工、农产品以及再制造等行业表现尤为明显（Xu，2010；Inderfurth and Kiesmüller，2015）。比如，电子产业中液晶显示器（LCD）的产出率常常低于50%（Hu et al.，2013b），而半导体制造业中新产品的产出率甚至可能低至10%～20%（Nahmias，2009）。另一方面，供应商还常常因各类自然灾害（如海啸、台风、地震和火灾等）或人为因素（如恐怖袭击、工人罢工和政治动荡等）的影响而发生供应的完全中断（disruption）。比如，2011年的日本大地震切断了一系列制造商的零部件供应，包括日本的汽车制造商丰田（Toyota），韩国的芯片制造商海力士（Hynix），和美国的太阳能电池板生产商SunPower（Kim and Jim，2011）。以上事实表明，供应数量风险在产品采购中广泛存在；如何设计采购拍卖机制来降低产品供应数量风险带来的不利影响，是一个重要的研究问题。

## 2.1.2　服务质量风险

与产品采购相对应的是服务采购。为了维持日常运行，企业常常从外部采购一系列服务，如信息技术服务、专业咨询服务、设备管理服务等。

近年来，服务外包市场发展迅速；据统计，全球服务外包行业收入已由2000年的456亿美元增长到了2015年的889亿美元（Statista，2016）。与产品采购不同，服务采购一般个性化程度较高；除了价格和服务内容，服务质量成为另一个重要的考虑因素（Roels et al.，2010；Bhattacharya et al.，2014a，2014b）。然而，由于服务过程常常伴随不可预见事件（Wang，2002；Aubert et al.，2004）、不可证实行为（Alaghehband et al.，2011；Susarla，2012）或不可测量结果（Aubert et al.，2012；Fitoussi and Gurbaxani，2012），许多服务采购项目最后交付的服务质量具有很大不确定性。例如，在信息技术服务采购中，有许多因素可能导致最终的服务质量不确定，如事前有太多潜在的项目实施方案、交易双方的信息不完全、服务提供商对采购商的需求理解有偏差、采购商内部协调出问题等（Bahli and Rivard，2005）。由于服务采购供应质量的好坏往往直接影响企业的运营效率，设计优良的事前采购机制以降低服务质量风险具有重要意义。

### 2.1.3 供应商道德风险

前述（产品）数量风险和（服务）质量风险是针对不同采购对象（即产品或服务）归纳出来的典型采购风险。除了采购对象，采购过程中不可或缺的还有参与者的行为，因此必须考虑参与者行为风险。作为采购项目的实施方，供应商的行为对采购绩效有着直接影响。由于监管成本和信息不对称的广泛存在，采购商无法完全掌握供应商的行为，因而供应商出于自利极有可能做出损害采购商利益的行为，这就是所谓的道德风险（moral hazard）。对于许多采购项目（尤其是服务采购）而言，供应商道德风险的一种常见表现形式是供应商付出不符合采购商利益的努力水平：努力不足将导致项目交付质量低下，过度努力则会让采购商承担不必要的项目成本。由于供应商的努力常常难以被第三方（如法院）证实，故采购商很难用合同的形式对其明确规定。因此，如何激励供应商付出合适的努力水平，是采购机制设计的一个重要问题。

### 2.1.4 采购代理腐败风险

一般而言，采购过程往往涉及三方参与者：采购商（买方），即付出钱款获得所需产品或服务的一方，也是本书采购机制设计的主体；供应商

(卖方)，即接收钱款并按要求交付产品或服务的一方；代理人，即受采购商委托执行采购过程的一方，如企业的采购人员、招标代理机构等。需要指出的是，大多数采购研究都对采购商和代理人不加区分，因此只考虑到买卖双方的互动。然而，现实中很多情况下，代理人往往是与采购商利益目标不同的主体，因而也可能产生行为风险。例如，腐败行为就是一种常见的采购代理行为风险：采购代理人可能通过操纵投标结果、与供应商串谋等行为来谋取私利（Ware et al. , 2011）。现实采购中的腐败行为屡见不鲜；据世界银行估计，全世界公共采购拍卖中的贿赂金额总量高达每年 2000 亿美元（World Bank，2005）。如何降低代理人的腐败风险是采购机制设计的另一个重要问题。

上述采购对象相关风险和参与者行为相关风险并不是互不相关的两类平行风险。事实上，很多情况下，参与者行为风险可以影响甚至导致采购对象相关风险。比如，在服务采购领域，如果不对供应商的不可证实努力实施有效激励，则供应商有可能努力不足，进而导致服务的供应质量达不到预期水平。类似地，无论是在产品采购还是在服务采购中，采购代理腐败风险可能导致资源被分配给低效率供应商，进而使产品数量或服务质量变得更加不确定。

## 2.2　采购风险的常见应对措施

采购风险已成为采购管理实践和研究的焦点问题之一，但现有的采购拍卖研究对采购风险的考察十分缺乏，本书致力于弥补这一方面的研究不足。显然，为了降低采购风险的不利影响，采购商在设计采购拍卖机制时必须引入有效的风险应对工具。针对前面提到的典型采购风险，提出以下常用应对措施。

### 2.2.1　双源采购

面对产品采购中典型的供应数量风险，采购商可选择同时向两位供应商订货，即实施双源采购（dual sourcing）策略来分散风险。事实上，双源采购是最常见的风险应对工具之一，已被大量企业广泛采用（Wang et al. , 2010；Yang et al. , 2012）。如波音公司（Boeing）为了避免工人罢工造成供应中断，决定双源采购 787 客机的所有零部件（Gates，2009）；惠普（HP）为了减少 DeskJet 打印机的供应风险而同时从新加坡和温哥华进行采购（Chen and Guo，2014）。

### 2.2.2 不完备合同与再谈判

面对服务采购中典型的服务质量风险和供应商道德风险（不可证实努力），采购商通常需要借助不完备合同（incomplete contracts）和再谈判（renegotiation）来激励供应商努力和提高服务质量。由于供应商努力和服务质量常常难以被第三方（如法院）证实，交易双方很难在事前就以合同形式对其明确规定，因而事前合同通常是不完备的。相应地，交易双方往往在观测到努力的效果（即服务质量）后，通过再谈判调整事前合同中的相关条款并共享因此带来的额外利润。这种做法在服务采购中十分普遍，如 IBM 与印度最大电信运营商 Bharti Airtel 在 2004 年签署了信息技术服务协议，双方在 2009 年观测到联合改进成效后又基于收益共享原则对初始协议进行了再谈判（Vadlamani，2009）。

### 2.2.3 多属性采购招标

采购招标机制的重要功能之一就是利用供应商竞价获得最低的采购价格，然而当服务质量成为重要的考虑因素时，一味地追求低价未必是一个明智的选择。此时，采购商可以让供应商同时对价格属性和非价格属性（如质量）进行投标，并在选标时对多种投标属性进行综合考量，这就是现实中常见的多属性采购招标（multi-attribute reverse auctions），它在政府采购、工程招投标和服务业招标等领域被广泛采用。

### 2.2.4 绩效佣金

面对采购代理人的腐败风险，常用的应对措施为引入有效的奖惩机制，如采用绩效佣金（performance pay）模式。腐败行为的存在通常会扭曲资源分配效率，提高采购商采购成本。因此，可以设置一个拍卖结果的参照点，若实际拍卖结果好于该参照点，则给予代理人奖励；反之，则对代理人实施惩罚。如此，就可以让代理人与采购商的目标实现一定程度的协调。类似绩效佣金模式在现实中比比皆是，如销售行业的业绩提成模式、采购领域的成本节约奖励办法和企业生产中的计件工资制度等。

综上，在产品数量风险、服务质量风险、供应商道德风险（不可证实努力）和采购代理腐败风险等典型风险环境下，如何在采购拍卖机制中使用双源采购、不完备合同和再谈判、多属性采购招标、绩效佣金等常见策略，以降低采购风险、提高采购商利润并实现相应运作管理目标，是具有重要意义的研究课题。

## 2.3　本书主要研究的问题及意义

前文归纳了采购中极为典型的几类风险，即产品数量风险、服务质量风险和参与者行为风险（包括供应商不可证实努力和代理人腐败风险），并论述了现实中针对每种风险类型的常见应对措施。鉴于采购拍卖在采购实践中应用如此广泛，而现有的采购拍卖研究又缺乏对上述风险因素的考虑，本书将在上述典型风险环境下探讨具有相应风险应对功能的采购拍卖机制。具体来说，本书针对以下几个重要问题展开研究：

（1）产品数量风险下的双源采购拍卖机制设计。鉴于双源采购在应对产品数量风险中的普遍应用，设计双源采购拍卖机制具有重要现实意义。同时，这也极具理论意义，因为相较于传统单源采购拍卖（只有一个获胜者），产品数量风险下的双源采购拍卖（可以有两个获胜者）具有全新的机制设计特征：一方面，给定投标结果，采购商需要权衡采购成本与供应可靠性来确定两位获胜者的订货量；另一方面，给定采购商的上述权衡，供应商的投标行为将明显区别于单源采购拍卖或不考虑数量风险的双源采购拍卖，因为每个获胜者的订货数量会同时受到两个获胜者的批发价和供应可靠性的影响。那么，采购商该如何分配订货数量？供应商又该如何权衡单位利润与订货数量来选择投标策略？

拍卖理论与机制设计理论（Myerson，1981；Krishna，2009）表明，采购商的机制设计能力很大程度上取决于其对供应商成本分布的掌握情况。经典的采购拍卖机制设计一般假设供应商成本分布已知，但现实中也常常存在因获取成本太高或历史数据缺乏等原因而导致的成本分布未知的情况。因此，本书分别针对成本分布已知和成本分布未知这两种情况，探讨了产品数量风险下的双源采购拍卖机制设计。那么，①在成本分布已知情形下：采购商是否可以像最优单源采购拍卖机制（Dasgupta and Spulber，1990；Chen，2007）中那样，通过在拍卖前公布一个最优的分配规则来实现最优双源采购？最优双源采购分配规则具有怎样的特征？信息不对称的影响如何？双源采购的价值又如何受环境参数影响？②在成本分布未知情形下：采购商通常无法设计最优机制，那么其是否可以对现实中最常见的采购拍卖形式（如逆向英式拍卖）进行扩展，以实现双源采购？该机制具有怎样的均衡性质？与单源采购相比又有何优势、劣势？进一步，成本分布未知情形下的最优双源采购拍卖机制又该如何设计？对以上问题的回答（见第4章和第5章），将弥补供应数量风险下双源采购拍卖非直接机制研究的不足，并为采购管理者提供相关管理启示。

（2）服务质量风险下考虑再谈判的不完备合同采购招标机制研究。前文已论述，服务采购中经常存在供应质量风险和供应商不可证实努力，且业界常用事前不完备合同与事后再谈判相结合的策略进行应对。因此，服务质量风险下的不完备采购合同拍卖机制研究具有重要现实意义。需要探讨的关键科学问题有：采购商该如何设计事前不完备合同？供应商该如何进行投标决策？交易双方该如何进行努力决策？事前合同中的相关条款以及再谈判中的相对谈判力会如何影响上述决策结果、信息租金以及各方福利？由于采购商努力不可证实，采购商显然无法在事前就承诺其努力水平，而只能在拍卖后与获胜供应商同时决策各自努力。这样，采购商在事前就只有服务内容这一个调控工具，而事后双方在对努力水平进行博弈时又会出现“搭便车”（free riding）的现象。那么，交易双方的努力是战略替代品还是战略互补品？事前合同中的服务内容和交易双方的相对谈判力对拍卖中的信息租金和拍卖后的均衡努力水平有何影响？采购商又该如何决策初始服务内容？目前仅有几篇实证文献（Gil and Oudot，2009；Miller，2014；Bajari et al.，2014）对不完备合同的拍卖问题进行了研究，本书第6章将从理论角度对上述问题进行深入探讨，并为相关的采购管理实践提供理论指导。

（3）服务质量风险下考虑再谈判的多属性采购招标机制研究。在服务采购，尤其是近年来日益盛行的网上服务外包中，采购商通常让供应商同时投标服务方案和服务价格，因而所使用交易机制为多属性采购拍卖机制。此外，交易双方也经常中途调整服务内容和报价，即经常发生再谈判。在这种情形下，采购商的采购决策问题呈现出新的特点。供应商方面，投标时除了要估计其他供应商的服务质量和价格来评估自己的获胜概率，还需要将服务成本以及后续的再谈判过程考虑进来，以评估自己获胜后可获得的利润，这使得投标均衡的分析求解具有相当挑战性。那么，供应商该如何进行投标？投标均衡会如何受交易双方谈判力以及采购商设置的初始服务内容的影响？采购商方面，其事前公布的服务内容除了会影响供应商对服务方案和价格的投标决策外，还会影响采购商在再谈判中的获利能力，因为再谈判产生的剩余是与服务内容的变更程度相关的。那么，采购商该如何制定初始服务内容？再谈判的存在会如何影响采购商的期望利润、获胜供应商的信息租金以及服务交易平台的收益？对上述问题的探讨（见第 8 章），不但有助于丰富多属性采购拍卖的理论成果，也将为企业的网上服务采购实践提供有益的管理启示。

（4）招标代理腐败风险及绩效佣金模式下的采购拍卖机制研究。在现实采购中，采购商通常将采购业务委托给第三方招标代理机构执行，后者可能通过腐败行为来牟取私利。采购拍卖中的一种常见腐败情况是，代理人在拍卖开始前就与某供应商（特权供应商）达成如下腐败协议：代理人允许特权供应商同时提交两份标书，并承诺在开标时只公布其中更有利的那份；相应地，特权供应商需向代理人支付其两标差价的一定比例（即贿赂比例）作为贿赂。那么，在这种腐败情形下，特权供应商会如何决策其投标策略？贿赂比例又对投标均衡及拍卖结果有何影响？由于腐败的存在通常会增加采购商的采购成本（拍卖价格），因此采购商可以设置一个拍卖价格基准点，根据实际拍卖价格与该基准点的大小关系来对代理人进行奖励或惩罚，此即现实中常见的绩效佣金模式。那么，在这种绩效佣金模式下，奖惩力度的大小会如何影响代理人的腐败决策？为了最小化期望采购成本和最大化社会福利，采购商又分别该采取怎样的奖惩力度？对以上问题的回答（见第 7 章），可丰富采购拍卖领域关于多方利益相关者决策的理论研究，并为如何降低现实采购中的腐败风险提供相应管理启示。

## 2.4　本书的主要研究方法

本书是一个涉及采购拍卖理论、机制设计理论、不完备合同理论、委托代理理论等多个博弈论研究方向的交叉研究。主要采用数理建模和优化分析的方法，对各研究问题进行理论研究。并借助计算机仿真工具进行数值模拟，以检验、扩展和直观展示部分理论分析结果。各部分研究内容都涉及多阶段决策，因此整体上用逆向归纳法（backward induction）进行求解。具体研究方法如下：

（1）第4章：在给定批发价时的双源采购数量决策中，需用含约束的多元非线性优化方法，求解最优订货分配策略。在机制设计和均衡求解时，需用到拍卖理论和机制设计理论的标准分析方法。在研究参数对订货分散程度、信息价值和双源采购价值的影响时，需用到比较静态分析方法。

（2）第5章：在广义英式拍卖研究中，需用到贝叶斯博弈（Bayesian game）中求解贝叶斯纳什均衡的相关方法，并需用常微分方程的解法求解供应商投标均衡。在两阶段渐进最优机制设计中，需用到占优策略激励相容机制设计和渐进最优机制设计的标准分析方法。机制的比较部分主要用到比较静态分析方法。

（3）第6章：需用到非线性优化方法求解再谈判后的服务内容、供应商的最优努力决策及采购商事前最优决策，并用比较静态分析方法分析不同参数对各决策的影响。需用拍卖理论求解投标均衡。需用博弈论相关知识求解交易双方关于努力的博弈和分析策略间的互补替代关系。

（4）第7章：需用到非线性优化方法求解再谈判后的服务内容及采购商的事前最优决策，需用多属性拍卖理论求解供应商关于服务价格和服务质量的投标均衡，并用比较静态分析方法分析不同参数对决策结果的影响。

（5）第8章：在供应商投标阶段，需用到拍卖理论求解投标均衡，并用比较静态分析方法考察腐败对拍卖结果的影响。在代理人决策分析中，需用非线性优化方法求解代理人的最优腐败策略，并用比较静态分析方法研究采购商决策对代理人腐败行为的影响。在采购商决策分析中，需用委托代理理论构建绩效佣金模式，并用非线性优化方法求解采购商的奖惩力度。

## 2.5 本书的研究思路与框架

本书按以下思路展开研究。首先，根据采购对象的特征和采购参与者的特征，归纳出了产品数量风险、服务质量风险、供应商道德风险（不可证实努力）和招标代理腐败风险4类典型的采购风险。然后，针对产品数量风险，将双源采购策略引入采购拍卖研究，分别在供应商成本分布已知（第4章）和未知（第5章）两种情形下，探讨了双源采购拍卖机制设计。接着，针对服务质量风险和供应商道德风险（不可证实努力），将不完备合同、多属性采购招标和再谈判纳入采购拍卖研究，研究了考虑再谈判的不完备合同采购招标机制（第6章）和多属性采购招标机制（第7章）。最后，针对招标代理腐败风险，考虑引入奖惩机制来规制腐败行为，研究了绩效佣金模式下的拍卖机制（第8章）。

基于以上研究思路，本书的研究框架如图2-2所示。书中考察的风险类型和风险应对措施具有典型性和普遍性，各章研究内容紧密联系又明显区别，都是本书主题“采购招标机制与风险管理”在不同重要方面的体现。

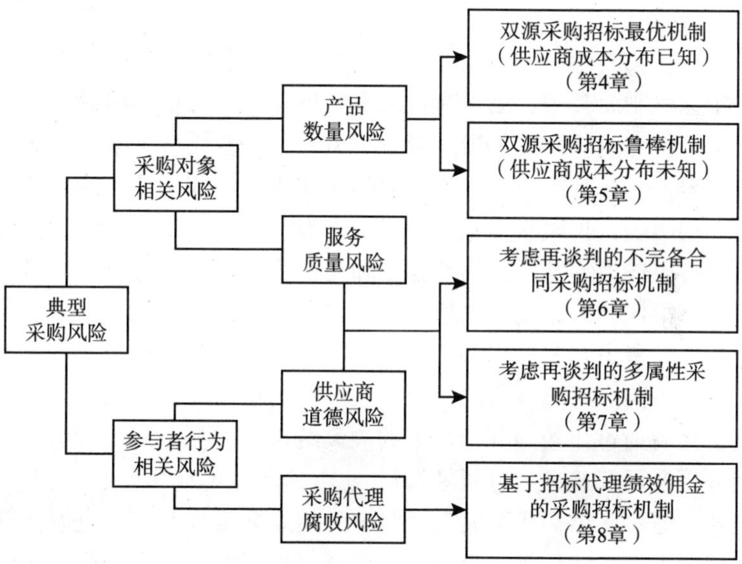


**图2-2　研究框架**

本书主要内容共分为9章，具体安排如下：

第1章介绍采购招标的基础知识，包括采购招标的基本概念、采购招标的优势和劣势、采购招标的适用条件和实施要点等。

第2章概述采购招标中的风险管理相关概念、理论与研究方法和思路。

第3章综述了国内外相关研究动态。首先概述了供应链风险管理相关研究，并对与本书重点关注的几类风险及其应对策略相关的文献分别进行了综述。然后，从 6 个方面梳理了与本书相关的采购拍卖机制研究。最后，对既往文献存在的研究缺失进行了总结。

第 4 章和第 5 章探讨了产品数量风险下的双源采购招标机制设计。

第 4 章针对供应商成本分布已知的情形，研究了双源采购招标最优机制。该章先在一般的采购商收益函数假设下研究了机制的最优设计和均衡求解，然后针对报童型采购商和寡头型采购商，进一步研究了订货分散程度、信息的价值和双源采购的价值。

第 5 章针对供应商成本分布未知的情形，研究了双源采购广义英式拍卖和双源采购招标鲁棒机制。其中，广义英式拍卖研究中，重点分析了供应商的投标共谋均衡及其引起的采购商对分散效应和共谋效应的权衡；两阶段渐进最优机制中，重点分析了机制的设计与订货分散程度的性质。此外，该章还从服务水平和采购商期望利润两个角度对上述机制进行了比较。

第 6 章和第 7 章研究了服务质量风险和供应商道德风险下考虑再谈判的采购招标机制。其中，第 6 章考虑不完备合同采购招标机制。首先分析了双方关于努力的博弈，考察了双方努力的互补替代性关系以及如何受事前服务内容影响；其次研究了供应商的投标决策，分析了初始服务内容对信息租金的影响；再次求出了最优的初始服务内容，并分析了相关性质；最后通过将主体模型与无再谈判模型和完全信息模型进行对比，研究了不对称信息下再谈判对采购商的值。

第 7 章则考虑多属性采购招标机制。分别在无再谈判和有再谈判情形下，研究了采购商对获胜者的选择、供应商的投标均衡和采购商的服务内容决策，然后通过比较两种情形下的决策结果考察再谈判的价值，最后通过算例分析展示和验证了分析结果。

第 8 章考察了招标代理腐败风险下的绩效佣金采购招标机制。首先给定招标代理人的腐败决策，求出了供应商的投标均衡，并分析了腐败对拍卖结果的影响。其次，在采购商向招标代理人支付绩效佣金的情形下，研究了招标代理人的腐败决策，并从采购商期望成本最小化和社会福利最大化两个角度考察了采购商对腐败行为的规制。

第 9 章对全书的研究创新与贡献进行总结，归纳出本书的主要结论和管理启示，并对后续研究进行了展望。

# 第 3 章

# 国内外相关研究动态

本书在典型采购风险环境下研究具有相应风险应对功能的采购拍卖机制，属于结合了供应链风险管理与采购拍卖机制设计两个重要领域的一项交叉型研究。本书将分别针对上述两个领域梳理相关文献，然后总结现有研究的不足，进而明确本书研究的理论意义所在。

## 3.1 供应链风险管理相关研究

供应链风险管理是近年来学界和业界都十分关注的研究领域，相关文献非常丰富。已有多篇文献从不同视角对供应链风险管理相关研究进行了综述。拉奥和格士伯（Rao and Goldsby，2009）对 1998 ~ 2008 年发表的 55 篇供应链风险管理相关文献进行整合分析，提出了一套关于供应链风险来源的分类方法，从环境因素、行业因素、组织因素、具体问题因素和决策者相关因素 5 个方面对供应链风险进行了分类。唐和穆萨（Tang and Musa，2011）用文献调查和引文分析方法，综述了 1995 ~ 2009 年发表的 138 篇供应链风险管理相关文献，并从物料流、现金流和信息流 3 个方面对潜在风险进行了识别和归类。结合传统的文献综述方法与引文网络分析方法，科利基亚和斯特罗齐（Colicchia and Strozzi，2012）识别了 55 篇 1994 ~ 2010 年发表的与供应链风险管理最相关的研究，并揭示了该领域的动态发展过程。通过对 1998 ~ 2010 年发表的 31 篇学术论文进行综述以及对供应链管理研究者进行问卷调查，索迪等（Sodhi et al.，2012）阐述了供应链风险管理研究的多样性，并从定义、过程和方法 3 个方面总结了供应链风险管理研究存在的缺失。霍等（Ho et al.，2015）从供应链风险的定义、风险类型、风险因素以及风险管理策略 4 个方面，对 2003 ~ 2013 年发表的 224 篇供应链风险管理文献进行了综述。斯奈德等（Snyder et al.，2016）从评估供应中断、战略决策、采购决策、合同与激励、库存以及选址 6 个方面，对 1994 ~ 2014 年发表在运筹学和管理科学领域的 180 篇供应链中断相关研究进行了综述。

### 3.1.1 典型风险类型

基于对上述综述文献的考察，发现供应链风险的种类纷繁复杂，分类方法也不尽相同。在此情形下，对每一种潜在风险进行考察显然不切实际，更有意义的应当是对普遍存在的典型风险类型进行着重探讨。本书总结发现，产品数量风险、服务质量风险、供应商道德风险（不可证实努力）和采购代理腐败风险是十分典型的四类风险，下面逐一进行论述。

（1）产品数量风险。产品数量风险是指供应商交付的产品数量是订货量的一个随机百分比。它涵盖了供应风险研究中最受关注的两类风险（Wang et al.，2010）：供应中断（supply disruption），即交付数量比例非 0 即 1 的情形；和随机产出（random capacity），即交付数量比例为 0 ~ 1 连续随机变量的情形。关于供应中断的相关研究，可参考综述文献克雷恩多佛和萨德（Kleindorfer and Saad et al.，2005）、古娜妮等和施奈德等（Gurnani et al.，2012b；Snyder et al.，2016）；关于随机产出的相关研究，可参考综述文献亚诺和李（Yano and Lee，1995）以及格罗斯费尔德·尼尔和高尔察克（Grosfeld - Nir and Gerchak，2004）。

（2）服务质量风险。本书所考虑的服务质量风险，是指采购商所需服务的质量因不可证实而无法写入事前合同，且质量的事后实现依赖于事中交易双方的努力和随机事件的实现。此类风险常见于服务采购中。在本书重点关注的信息技术服务采购领域，有大量文献（Wang，2002；Bahli and Rivard，2003；Aubert et al.，2004；Susarla et al.，2010；Alaghehband et al.，2011；Aubert et al.，2012；Fitoussi and Gurbaxani，2012）反映了服务质量风险的广泛存在。此外，更多关于信息技术外包领域的相关研究，可参考新近的综述文献莱斯提等（Lacity et al.，2009）和梁（Liang et al.，2016）。

（3）供应商道德风险（不可证实努力）。供应商不可证实努力之所以成为一种风险因素，是因为采购商无法用合同形式将其直接规定，而只能采取激励措施间接引导；显然，如果激励不当，供应商将可能付出对采购商而言次优的努力水平。在运作管理领域，供应商不可证实努力广泛存在于各种情形下，如付出努力提高项目产出（Bhattacharyya and Lafontaine，1995；Kim and Wang，1998；Roels et al.，2010）、降低间接材料的消费（Cobett and DeCroix，2001；Cobett et al.，2005）、减少安全漏洞（Lee et al.，2013）或降低客服请求数量（Bhattacharya et al.，2014a，2014b）。

（4）采购代理腐败风险。国际标准化组织（ISO）将腐败定义为“滥用委托权限以谋取私利”（ISO，2010）。阿诺德等（Arnold et al.，2012）从运营和供应链管理的视角阐释了导致企业腐败的因素，并综述了大量相关文献。经济合作与发展组织（OECD）对公共采购中的腐败问题进行了长期调查研究，发表了多篇研究报告（OECD，2005，2007，2010，2012）。韦尔等（Ware et al.，2011）对公共采购中常见的腐败形式（如贿赂、操纵投标等）进行了总结，并对采购过程各个环节的潜在腐败风险进行了描述。伯姆和奥拉亚（Boehm and Olaya，2006）针对采购拍卖全过程的不同环节，细致分析了腐败风险及其影响，并探讨了如何通过信息透明来降低腐败风险。

### 3.1.2 常见风险应对策略

（1）双源（多源）采购。

在采购风险管理领域，研究双源（多源）采购的文献非常丰富，但大部分都只考虑完全信息情形。比如，格查克和帕拉尔（Gerchak and Parlar，1990）和阿格拉沃尔和纳米阿斯（Agrawal and Nahmias，1997）在随机产出风险和确定性需求下研究了采购商的双源（多源）采购问题，而阿努皮迪和阿凯拉（Anupindi and Akella，1993）、帕拉尔和王（Parlar and Wang，1993）、达达等（Dada et al.，2007）、费德鲁恩和杨（Federgruen and Yang，2009）以及伯克等（Burke et al.，2009）则在需求和供应都不确定的情况下考察了双源（多源）采购问题，而阿努皮迪和阿凯拉（Anupindi and Akella，1993）、帕拉尔和王（Parlar and Wang，1993）、达达等（Dada et al.，2007）、费德鲁恩和杨（Federgruen and Yang，2009）以及伯克等（Burke et al.，2009）则在需求和供应都不确定情况下考察了双源（多源）采购决策。胡和科斯塔米斯（Hu and Kostamis，2015）在仅有部分供应商面临中断风险的情形下，研究了一个寡头的多源采购决策。巴比奇（Babich，2007）、唐和科维利斯（Tang and Kouvelis，2011）分别在报童与双寡头环境下研究了供应商之间的风险相关性对竞争效应和分散效应的影响。部分文献考虑了双源采购策略与其他风险应对工具的比较或互动。比如，汤姆林（Tomlin，2009a）对比了双源采购与库存策略；王等（Wang et al.，2010）比较了双源采购与流程改进；汤姆林（Tomlin，2009b）在双产品报童模型下，对双源采购、后备生产和需求转移等策略的各种组合策略进行了研究。以上文献都不考虑私有信息，因而也不涉及机制设计的问题。

近来有部分文献关注不对称信息下的双源采购机制设计。考虑采购商面临不确定需求和多个具有中断风险的供应商，查图尔韦迪和马丁内斯-德-阿尔贝尼兹（Chaturvedi and Martínez-de-Albéniz，2011）分别针对供应商成本为私有信息、供应商可靠性为私有信息以及供应商的成本和可靠性都为私有信息的情形，研究了多源采购最优直接机制设计。考虑采购商面临确定性需求和两个具有中断风险的供应商，杨等（Yang et al.，2012）研究了双源采购最优合同设计，分析了双源采购的分散效应和竞争效益，并探讨了不对称信息对双源采购价值的影响。考虑两个潜在供应商，其中一个完美可靠但成本较高，另一个成本较低但有中断风险且可靠性为私有信息，古纳尼等（Gurnani et al.，2012a）研究了供应商投标支付函数的双源采购拍卖机制，并发现采购商的均衡分配策略总是单源采购。在与古纳尼等（Gurnani et al.，2012a）类似的情境下，古姆斯等（Gümüs et al.，2012）考察了不可靠供应商（可靠性为其私有信息）向采购商提供价格和数量保证这一行为，分析了该行为的动机及其对竞争强度与各方利润的影响，并研究了采购商的最优采购策略；该模型属于信号博弈模型。考虑产品的潜在瑕疵会在售后造成维修成本和声誉损失等外部成本，严氏（Yim，2014）在其主体模型中研究了对称信息下最小化采购商总成本的多源采购最优决策，并在结论部分讨论了当供应商生产成本为私有信息时的最优多源采购直接机制设计。申笑宇（2015）研究了供应中断风险下的双源采购合同设计；该文献通过对比单源和双源采购合同，分析了双源采购的价值；并通过比较纯双源采购合同与供应商流程改进下的双源采购合同，分析了流程改进对双源采购策略的影响。

纵观既往文献，在供应数量风险和不对称信息下，用非直接投标机制（如批发单价投标）实现双源采购的研究还未见发表。本书第4章和第5章将分别针对供应商成本分布已知和未知两种情况研究供应商投标批发单价的双源采购拍卖。

（2）不完备合同与再谈判。

不完备合同是合同理论（也称契约理论，contract theory）的一个重要分支。让·梯若尔（Jean Tirole）和奥利弗·哈特（Oliver Hart）分别因“对市场力量和监管的分析”和“对合同理论的贡献”而获得 2014 年和 2016 年的诺贝尔经济学奖，两人的获奖原因都包括对不完备合同理论的贡献。根据哈特、摩尔、马斯金和梯若尔等（Hart and Moore，1988；Hart and Moore，1999；Maskin and Tirole，1999；Tirole，1999）的研究，合同不完备可由三方面的原因导致：第一，缔约双方无法在事前预料未来所有情况；第二，即使可以预料未来所有情况，缔约双方也难以将它们明确写入合同；第三，即使缔约双方可以将所有情况写入合同，该合同也可能因某些条款无法被第三方（如法院）证实而难以执行。不完备合同理论在许多领域都得到了成功应用，包括私有化（Hart et al.，1997）、国际贸易（Antràs and Staiger，2012）、研发管理（Aghion and Tirole，1994）等。

由于事前难以签订完备合同，交易双方常常在事后对相关交易条款进行再谈判，从而可能导致著名的套牢问题（hold-up problem），即当考虑到自身投资将增加对方的相对谈判力时，交易的一方投资不足的现象（Hart and Moore，1988）。针对套牢问题，许多研究提出了不同的解决方案，包括垂直整合（Williamson，1979），交换抵押（Williamson，1983），产权转移（Grossman and Hart，1986），分配控制权（Aghion and Bolton，1992），违约救济（Edlin and Reichelstein，1996）等。切和萨科维奇（Che and Sákovics，2008）综述了套牢问题相关研究。部分研究（Chung，1991；Aghion et al.，1994；Noldeke and Schmidt，1995）表明，当交易的一方拥有完全谈判力时，简单的事前合同就可解决套牢问题，因为如果事前合同规定的条款不是事后有效的，双方可以通过再谈判将其调整到社会最优水平，此情形下拥有完全谈判力的一方（相当于拥有剩余索取权）有动机付出有效投资。针对供应商付出自私（selfish）投资（即投资只对自身有直接好处）且交易双方都有部分谈判力（外生给定）的情形，埃德林和雷切尔施泰因（Edlin and Reichelstein，1996）研究了不完备合同设计，发现一定条件下简单的非相机合同就可以实现社会最优。切和豪施（Che and Hausch，1999）研究了投资同时是自私和合作的（即投资对双方都有直接好处）不完备合同，发现事前的不完备合同是没有价值的，也即只需要事后谈判。李（Li，2013）在供应商成本存在随机性，且供应商可以通过不可见努力降低该成本的背景下，研究了制造商（采购商）的产能投资决策和如何在两个供应商间权衡订货量的问题；可以认为，该文本质上研究的是不完备合同在风险采购中的应用。针对交易双方联合开发项目且事前难以签订相机合同的情况，阿格拉沃尔和奥拉约普洛斯（Agrawal and Oraiopoulos，2015）研究了如何通过在事前签订非相机合同和明确决策权来激励联合努力和最大化项目总价值，并发现当再谈判发生时，再谈判与决策权在增加共同剩余方面是互补工具。

以上文献都未考虑将不完备合同与拍卖机制进行结合研究。本书第6章将在服务质量风险下，考虑到交易双方对服务质量的联合改进和事后对服务内容的再谈判，研究采购商的事前不完备合同设计与拍卖问题。

（3）绩效佣金。

采购代理腐败风险在经济学概念上属于委托代理问题（principal-agent problem），即代理人（如采购代理）出于自身利益最大化做出不符合委托人（如采购商）利益最大化的行为。绩效佣金（performance pay）即根据代理人的绩效水平来决定付酬水平，是应对委托代理问题最常见的措施之一。

许多研究从不同方面考察了绩效佣金的效果。拉泽尔（Lazear，1996）基于某大型汽车玻璃制造厂商的实证研究表明，当企业的工资结构由计时工资转为计件工资时，企业的平均生产效率提高，企业对高能力工人的吸引力增强，且工人产出率的方差也变大。詹森和墨菲（Jensen and Murphy，1990）对公司高管的绩效薪酬研究表明，高管的绩效薪酬与公司的成功并无显著关系。平克（Pink，2011）发现，绩效佣金的效果与工作任务的性质有关：对于重复性工作，绩效佣金可以提高生产效率；但当工作任务需要更多创造性思考时，绩效佣金会降低工作绩效。威廉姆斯（Williams，1998）考察了房产中介市场的委托代理模型，发现按售房价格的固定比例提取佣金这种模式不产生委托代理问题，每个中介为客户卖房时付出的时间或努力和他为自己卖房时一样。但拉瑟福德等（Rutherford et al.，2005）的实证研究表明，房产中介按比例提取佣金的模式会产生委托代理问题，因为虽然中介销售自己房产的速度并不比销售客户房产的速度快，但中介自有房产的销售价格比客户房产高出约4.5%。弗尼和梅特卡夫（Fernie and Metcalf，1996）研究了薪酬模式对英国顶级赛马骑手绩效的影响，发现与固定付酬相比，按比赛奖金比例付酬可显著提高骑手的表现。麦克米兰等（McMillan et al.，1989）和格罗夫斯等（Groves et al.，1994）分别对中国的农业和工业数据进行研究，发现绩效薪酬有显著的激励效应。卡恩和舍勒（Kahn and Sherer，1990）实证研究了企业管理者绩效与财务激励的关系，发现奖金对绩效越敏感，管理者日后的绩效水平就越高。尼克金和萨尔斯特罗姆（Nikkinen and Sahlström，2004）考察了代理理论在审计领域的适用性，发现公司的审计费用和管理者持股比例负相关，这一定程度表明：当管理者所持公司股份比例越高（即管理者利益与公司利益越一致），管理者发生代理风险的程度越低。

在采购拍卖领域，针对招标代理人可能收受贿赂并允许某竞标人修改报价的腐败行为，伦维尔和沃尔夫施泰特（Lengwiler and Wolfstetter，2004）指出，采取按拍卖收益的固定比例向代理人付酬的方式可以避免腐败发生。本书将针对采购拍卖中的招标代理腐败风险，研究采购商如何用绩效佣金规制代理人腐败行为，从而丰富绩效佣金在采购拍卖领域的理论研究。

## 3.2　采购招标机制相关研究

### 3.2.1　多属性采购招标机制

传统采购拍卖中，供应商只对产品或服务的价格进行竞标。然而，采购实践中，价格以外的许多其他条款也可能是至关重要的考虑因素，如订货数量、产品质量、交货时间、售后服务以及本书着重探讨的相关采购风险等。鉴于此，有部分学者致力于研究多属性采购拍卖（multi-attribute reverse auctions），即供应商同时对产品或服务的多个属性（如价格和质量）进行投标的采购机制。自切（Che，1993）开创性地对多属性采购拍卖进行理论研究以来，已有大量相关研究出现，可参考范等（Pham et al.，2015）对该领域的文献综述。下面简述几篇与本书联系最紧密的文献。

切（Che，1993）首次研究了供应商同时投标价格和质量的采购拍卖机制，其中采购商根据事先公布的打分规则（scoring rule）来确定获胜者及交易条款；该文献奠定了多属性采购拍卖机制设计的理论基础，并导出了二维版本的收益等价定理。布兰科（Branco，1997）将切（Che，1993）的模型由供应商成本相互独立的情形扩展到供应商成本具有相关性的情形，并发现此情况下的最优采购可通过一个先用拍卖选出获胜供应商、再对质量进行谈判的两阶段机制实现。在供应商具有多维度私有信息情况下，阿斯克和坎蒂永（Asker and Cantillon，2008）系统地分析了多属性采购拍卖的均衡性质，并证明在采购差异化产品方面，多属性采购拍卖优于菜单拍卖、选美竞赛和规定了最低质量要求的单属性拍卖等常见采购机制。以上文献都属于多属性采购拍卖理论的经典文献。

部分多属性采购拍卖文献考虑了采购中的风险因素。陈等（Chen et al.，2010）针对项目失败风险，研究了供应商同时投标项目价格和项目失败罚金的多属性采购拍卖机制。黄河和陈剑（2010）考虑了供应商存在不可见努力的情况，设计了一个先拍卖、后谈判的两阶段多属性采购拍卖机制。此外，在多属性采购拍卖中，由于对非价格属性（如质量）的评判带有一定主观性，因而可能存在招标代理人通过操纵评标过程谋取腐败收益的情况，若干文献对此进行了研究。拉丰和梯诺尔（Laffont and Tirole，1991）研究了当代理人可能在评标过程中向特定供应商倾斜时，采购商该采取何种措施进行规制。塞伦塔尼和加努扎（Celentani and Ganuza，2002）针对代理人收受贿赂并允许特权供应商以低于规定质量获胜的情形，分析了均衡时的腐败决策，并探讨了竞争对腐败的影响。考虑招标代理人可以一定程度地操纵质量属性评判结果，布尔格特和切（Burguet and Che，2004）研究了供应商在投标价格和质量的同时进行贿赂竞争的情形，考察了代理人的操纵力大小对拍卖结果的影响，并探讨了采购商的最优打分规则设计。

本书第7章考虑了多属性采购招标机制，其他章节虽然只考虑对单一的价格属性投标，但供应商在投标过程中以及采购商在设计投标规则时，需要考虑到诸如数量、可靠性、质量、努力、特权等非价格因素的影响，因而又与多属性采购招标有紧密联系。

### 3.2.2 考虑内生订货数量的单源采购招标机制

在采购拍卖研究领域，大部分文献关注的是单源采购拍卖。在同质物品的批量单源采购拍卖中，大多数文献考虑订货数量为外生给定的情况（相当于单物品采购拍卖），只有少部分研究考虑了内生订货数量问题。汉森（Hansen，1988）针对具有向下倾斜需求曲线的采购商，研究了多个供应商通过投标单位价格来竞争供应权利的情形，并发现此情形下的交易数量是与投标价格相关的内生变量，且首价密封拍卖在期望价格、交易价值和双方收益等方面都优于公开拍卖。达斯古普塔和史普博（Dasgupta and Spulber，1990）针对供应商生产规模不经济情形，分析和比较了3个采购拍卖机制，即固定数量单源采购拍卖、可变数量单源采购拍卖以及可变数量多源采购拍卖，其中后两个机制分别实现了最优单源采购和最优多源采购。陈（Chen，2007）对古普塔和史普博（Dasgupta and Spulber，1990）的可变数量单源采购拍卖进行了改进，提出了供应合同拍卖（supply contract auction）并证明了其最优性；在该机制中，采购商首先公布供应合同支付规则，然后供应商投标竞争该供应合同，出价最高者获胜，并选择供货数量且按支付规则获得货款。杜恩尼亚斯等（Duenyas et al.，2013）针对报童型采购商提出了一个简单的单源采购拍卖最优机制，该机制先用一个标准的公开降价拍卖采购一定初始数量，然后采购商以不高于拍卖价的价格提出额外订货需求，获胜者自主选择额外供应数量并按采购商的提议价格成交。同样针对单源采购的报童型采购商，李和舍勒·沃尔夫（Li and Scheller－Wolf，2011）分析比较了供应商投标批发单价的拉式合同（pull contract）和推式合同（push contract）逆向英式拍卖，得出了每种拍卖模式的占优条件。布德和明纳（Budde and Minner，2014）从3个方面扩展了李和舍勒·沃尔夫（Li and Scheller－Wolf，2011）的研究，即额外考虑首价密封拍卖，引入共同外部采购选项，和在供应端或零售端引入风险厌恶。

以上文献都属于不考虑供应数量风险的单源采购拍卖机制研究。本书的部分内容（第4章和第5章）也研究订货数量内生的采购拍卖；但与上述文献相区别，本书将在产品数量风险下研究如何用拍卖机制实现双源采购以分散风险。

### 3.2.3　双源（多源）采购招标机制

关于双源（多源）采购拍卖机制（也称拆分招标，split-award auction）的研究，可以追溯至威尔逊（Wilson，1979）对份额拍卖（share auction）销售机制的探讨；该拍卖中，竞标者投标自身需求函数（即不同价格下愿意购买的数量份额），卖主根据所有投标信息确定销售价格以使供需相等；该研究发现份额拍卖下的销售价格显著低于单物品拍卖。随后，部分学者针对不同的运作管理原因考察了双源（多源）采购拍卖机制：

供应商生产规模不经济（diseconomies of scale）是采购商实施双源（多源）采购拍卖的重要原因之一，部分学者对此进行了探讨。安东和姚（Anton and Yao，1989）在完全信息和确定性需求下，研究了供应商投标付酬函数、采购商再根据投标信息决策数量分配的双源采购拍卖。达斯古普塔和史普博（Dasgupta and Spulber，1990）针对凹性采购商收益和供应商生产成本私有信息，研究了采购商事先公布支付规则、供应商再投标供应数量的多源采购拍卖最优机制。类似设定下，通卡和吴（Tunca and Wu，2009）考察了由第一阶段拍卖和第二阶段数量调整构成的两阶段多源采购拍卖机制设计，并与单阶段多源采购拍卖机制比较，讨论了各机制的适用条件。

供应商产能限制（capacity constraint）是促使采购商实施双源（多源）采购的另一个重要因素。艾扬格和库玛（Iyengar and Kumar，2008）在采购商具有凹性收益、供应商具有产能限制且供应商生产成本和产能都为私有信息的情形下，探讨了多源采购最优直接机制设计，并给出了该机制的首价密封投标执行方式。古普塔等（Gupta et al.，2015）针对确定性需求和生产成本私有信息，在下述两类限制条件下探讨了如何用公开降价拍卖实现多源采购最优机制：①单体/群体产能限制，即单个供应商的供应数量或若干供应商的总供应数量有限制；②商业规则限制，即获胜供应商人数及任一供应商的供应数量都具有范围限制。查图维迪（Chaturvedi，2015）在采购商需求确定、供应商具有产能限制且生产成本为私有信息情形下，分析和比较了按报价成交的密封拍卖（sealed pay-as-bid）和公开降价拍卖这两种多源采购拍卖机制，发现前者比后者产生更高的采购商期望成本。

还有部分文献出于其他运作管理原因，研究了双源（多源）采购拍卖机制设计。比如，考虑到落选供应商可能脱离采购商的供应商库（supply base），进而导致采购商花费成本去寻找和审核新的供应商，查图维迪等（Chaturvedi et al.，2014）提出了可以最小化采购商长期成本（包括采购成本和新供应商审核成本）的多源采购拍卖机制，并指出维持固定的供应商库规模对采购商是最优的。针对供应商可以在拍卖前付出投资降低自己边际生产成本的情形，龚等（Gong et al.，2012）研究了采购商的事前订货数量分配对供应商投资的激励作用，并探讨了双源采购拍卖和单源采购拍卖的各自占优条件。在平权法案（affirmative action）等政策约束下，阿尔卡尔德和达姆（Alcalde and Dahm，2013）研究了用双源采购拍卖机制来平衡采购商的成本最小化目标和平权法案目标。考虑到中游有多个卖方竞争下游买方的不可分割订单，胡等（Hu et al.，2013a）研究了上游供应商对中游卖方的定价决策；该文主体模型中的下游实施单源采购，但文章结论部分也讨论了下游买方在给定订货份额时如何实施多源采购拍卖。

在供应全球化背景下，越来越多的企业通过实施双源（多源）采购来分散供应风险，然而既往的双源采购拍卖研究都忽略了供应风险这一重要因素。本书将针对产品数量风险这种典型风险，分别在供应商成本分布已知和未知两种情形下，对采购商的双源采购拍卖机制进行研究。

### 3.2.4　无先验分布拍卖机制

传统的拍卖理论和机制设计理论都假设委托人知道代理人的类型分布（Myerson，1981；Krishna，2009），然而现实中，过于依赖竞标者分布的拍卖机制将难于被执行。因此，威尔逊（Wilson，1987）等学者就呼吁，应当放松机制设计中对公共知识（如类型分布）的假设，探索在不同环境细节下都能稳健执行的机制。遵循此理念，一部分学者开始致力于无先验分布机制设计（prior-free mechanism design）。

在竞标者知道类型分布但拍卖人不知的单物品销售情境下，凯劳德和罗伯特（Caillaud and Robert，2005）研究了一个允许落败者挑战获胜者价格的投标机制；通过引入落败者的挑战可能性，拍卖人可从投标均衡中掌握真实分布信息，进而实现分布已知情形下的最优收益。在竞标者和拍卖人都不知道类型分布的情况下，有一部分学者（主要为计算机科学研究者）基于最坏情况分析法（worst-case analysis）探索近似最优拍卖机制设计。此类研究的主要目标是设计出不依赖于类型分布的拍卖机制，且该机制在任何可能分布下实现的拍卖收益都不低于相应分布下最优拍卖收益的一个固定比例（Dhangwatnotai et al.，2015）。戈德堡等（Goldberg et al.，2001，2006）针对数字产品销售情境首次提出随机抽样拍卖（random samping auction），分析了该拍卖在最坏情况下的表现。随后，哈特琳和拉夫加登（Hartline and Roughgarden，2008）、阿拉伊等（Alaei et al.，2009）、德万努和哈特琳（Devanur and Hartline，2009）、德万努等（Devanur et al.，2013；2015）在不同环境下对随机抽样拍卖进行了扩展研究。唐瓦诺泰等（Dhangwatnotai et al.，2015）关于随机抽样拍卖的研究表明，拍卖人随机选取一个投标者的报价作为保留价，所得拍卖收益至少为最优收益的一半。科尔和拉夫加登（Cole and Roughgarden，2014）探讨了需要多少投标样本才能保证拍卖收益至少达到最优收益的一个给定比例的问题。

另有一部分文献考虑根据投标信息对竞标者分布进行估计，进而设计渐进最优机制（asymptotically optimal mechanism）。最具代表性的为西格尔（Segal，2003）和巴里加和沃拉（Baliga and Vohra，2003）。其中西格尔（Segal，2003）假设拍卖人虽然不知道竞标人类型的真实分布，但知道该分布所属的分布族且对分布族中的未知参数有先验认识；拍卖人可以根据投标信息更新其对分布的认识，得到任一竞标者的后验分布，进而进行机制设计。巴里加和沃拉（Baliga and Vohra，2003）则考虑根据投标信息导出竞标者的经验分布，进而根据经验分布进行机制设计。当投标人数很大时，以上两篇文献提出的机制都收敛于类型分布已知情况下的最优机制，故名“渐进最优”机制。此外，罗特施尔和马克思（Loertscher and Marx，2016）研究了如何用公开拍卖来执行渐进最优机制。

既往的无先验分布拍卖机制都属于正向拍卖（销售机制），且都没有考虑数量风险问题。本书将在产品数量风险和供应商成本分布未知情形下，研究逆向拍卖机制（采购机制）。将借鉴西格尔（Segal，2003）和巴里加和沃拉（Baliga and Vohra，2003）等的分析方法，同时引入双源采购这一风险应对工具，探索双源采购渐进最优拍卖机制设计，并分析相关运作管理启示。

### 3.2.5 考虑再谈判的采购招标机制

有部分文献考虑了拍卖机制与谈判机制的结合研究。在采购商的估价和供应商的成本都为私有信息情况下，王（Wang，2000）研究了采购商可以选择接受拍卖价格，或付出一个固定成本对价格进行再谈判的采购拍卖机制，发现均衡时再谈判的概率随着再谈判成本和竞标供应商数目的增加而降低。许和帕克（Huh and Park，2010）研究了一个序贯的拍卖—谈判采购模型，模型中采购商将在拍卖后对获胜供应商的成本进行审计，并与获胜供应商进行再谈判以确定最终价格；该研究得到了供应商投标均衡的显示解，并证明该模型下的采购商利润不低于标准拍卖或序贯谈判模型。以上两篇文献都不涉及质量风险，也不考虑供应商的努力投入，因而不存在供应商行为风险。在供应商成本具有相关性的假设下，布兰科（Branco，1997）研究了供应商同时投标价格和质量的多属性采购拍卖机制，发现最优结果可由一个两阶段拍卖实现：第一阶段选择获胜供应商，第二阶段对产品质量进行谈判。该文献也不涉及供应商的努力投入，且模型中的质量为可缔约条款，因而不存在合同不完备性的问题。黄河和陈剑(2010）考虑供应商存在不可见努力的情况，设计了一个先实施关于合同的拍卖、再执行可能的议价谈判的两阶段采购机制。该文献考虑了供应商的努力行为，但模型中的质量也是可缔约条款，不涉及质量风险问题。

近来有若干实证研究关注不完备采购合同的拍卖问题。针对法国国防采购部门的48份采购合同数据记录，吉尔和乌多（Gil and Oudot，2009）实证检验了再谈判的频率与采购拍卖的使用度及项目复杂度的关系，发现再谈判频率与采购拍卖的使用度负相关，与项目复杂度正相关。基于加利福尼亚交通部的桥梁工程招标数据，米勒（Miller，2014）实证研究了合同不完备性如何影响承包商的单位成本以及事后合同修改如何扭曲供应商竞标策略，并提出了可以改进项目效果的拍卖机制。巴贾里等（Bajari et al.，2014）实证检验了一组高速公路建设合同数据，发现项目再谈判会造成高额的适应成本（adaptation costs)，供应商会根据合同不完备性进行策略性投标，且适应成本是决定报价的重要因素。以上3项研究都是实证研究，都没有考虑采购商的合同设计问题，也没有对交易双方的努力投入进行显性建模。

目前还未有理论文献研究考虑双边努力和再谈判的不完备采购合同拍卖问题。本书将在服务质量风险下，分析采购商事前的不完备合同设计对后续供应商投标行为及努力投入的影响。

### 3.2.6 考虑腐败问题的采购招标机制

关于（采购）拍卖中的腐败问题研究，有一部分文献考虑事后腐败(ex post corruption)，即代理人在了解供应商私有类型后再选出一位特权供应商并与之达成腐败协议的情形。拍卖中的事后腐败行为有许多表现形式，如：代理人允许拍卖获胜者修改标书以便以更有利的报价获胜(Lengwiler and Wolfstetter，2004；Menezes and Monteiro，2006；Koc and Neilson，2008)；代理人允许某位落选者修改标书以恰好击败原获胜者(Lengwiler and Wolfstetter，2010)；代理人授予行贿最高的竞标者修改标书的机会（Compte et al.，2005)；代理人在评标打分时向行贿最高的竞标者倾斜（Burguet and Che，2004)；等等。在这些存在事后腐败的（采购）拍卖中，资源分配有效的概率要么是0要么是1，因为腐败发生时已经确定了特权供应商是否为成本最低的供应商。另外，特权供应商由于已经提交了标书而无力影响代理人提出的贿赂条件，以致代理人可以索取高额的贿赂来榨取所有的腐败剩余。与以上述文献不同，本书第 8 章考虑事前腐败（ex ante corruption），即代理人在不了解特权供应商私有类型的情况下就与其达成腐败协议的情形。

既往文献中也有不少研究采购拍卖中的事前腐败问题。这类文献侧重于研究特权供应商所获特权对拍卖结果的影响，一般不对贿赂本身进行显性建模，因而大部分都是扶持（favoritism）模型而非贿赂模型。拉丰和梯诺尔（Laffont and Tirole，1991）研究了多属性采购拍卖中代理人可能在评标时向特定供应商倾斜的情况，并探讨了相应的规制措施。在只有两个竞标者的首价密封采购拍卖中，李（Lee，2008）分析了授予其中一位竞标者优先取舍权（right of first refusal）所产生的影响，发现将优先取舍权授予事前较弱的竞标者产生的采购商期望收益更高。同样针对只有两个竞标者的采购环境，布尔格特和佩里（Burguet and Perry，2009）研究了采购商和特权供应商如何改善其联合收益的问题。田国强和刘春晖（2008）考察了招标代理人允许特权供应商同时提交两个投标的情形，与本书第 8 章考虑的腐败形式相同；不过，该文不考虑贿赂转移，是本书模型在贿赂比例为 0 时的特例。

除了上述不涉及贿赂的扶持模型，也有一小部分事前腐败研究显性地考虑了贿赂问题。在只有两个供应商的采购拍卖环境下，布尔格特和佩里（Burguet and Perry，2007）考察了代理人收受贿赂并授予其中一位供应商优先取舍权的情形，该文献分析了贿赂比例和供应商成本分布对投标函数、分配效率和期望价格的影响，但没有考虑贿赂的内生决策问题。在供应商同时投标价格和质量的多属性采购拍卖中，塞伦塔尼和加努扎（Celentani and Ganuza，2002）研究了代理人收受贿赂并允许特权供应商以低于规定质量获胜的情形；该文献分析了均衡时的腐败决策，并探讨了竞争对腐败的影响。然而该模型假设特权供应商会向代理人报告自己的真实类型（成本），因而无法赚取信息租金，也无法从腐败中获取超额收益。

## 3.3 本章小结

通过前面对国内外大量相关文献的细致考察，发现风险环境下的采购拍卖机制研究是当今管理科学的研究前沿，同时发现既往文献在以下几个方面存在较大缺失：

（1）不对称信息下考虑产品数量风险的双源采购机制研究十分缺乏。特别地，考虑通过非直接投标行为（如投标批发单价）遴选出两个或多个获胜供应商以应对产品数量风险的采购拍卖机制研究未见公开。

（2）考虑事后谈判的采购拍卖机制研究还很不充分，相应的投标均衡策略及信息租金分析非常不足。特别地，还未见同时考虑双边努力、合同不完备性和再谈判的采购拍卖机制理论研究。

（3）考虑事前腐败风险和内生贿赂问题的采购拍卖研究还比较缺乏。存在事前腐败风险的采购拍卖问题中，关于贿赂由招标代理人和特权供应商双方决策共同确定的情形还未被研究。

上述未被充分探讨的领域是采购拍卖机制设计的重要研究方向。本书将通过在产品数量风险下分析双源采购拍卖机制设计，在服务质量风险和供应商不可证实努力的情况下考察不完备采购合同拍卖，以及在招标代理腐败风险环境下研究向代理人支付绩效佣金的采购拍卖机制，致力于填补以上几方面研究不足，丰富风险环境下的采购拍卖机制研究。

# 第 4 章

# 产品数量风险下的双源采购招标最优机制①

近年来，业务外包的发展和供应链全球化使企业的采购管理活动面临更多的不确定性，对采购拍卖机制的设计与执行提出了新的挑战。一方面，企业在采购时往往面临需求不确定性，这要求采购拍卖机制能够灵活调整订货数量。目前很多逆向拍卖中的采购数量是事先确定的，不随投标结果变化，这往往不是最优的。如经典的报童模型和寡头模型就表明，当需求随机或受售价影响时，订货数量应当与采购价格相关。为了改进效率，由投标结果内生决定订货数量的拍卖机制近年来备受关注（马俊等，2009；Li and Scheller - Wolf，2011；Duenyas et al.，2013；Budde and Minner，2014；刘树人等，2015）。其中，作为最简单的供应商竞争形式和采购商订货决策基准，投标批发单价的应用十分广泛（马俊等，2009；Li and Scheller - Wolf，2011；Budde and Minner，2014）。比如，中国移动常常在供应商投标批发单价后再决定实际采购数量（b2b. 10086. cn），美国的电力批发市场也普遍采用批发单价投标（EMEX，2015）。另一方面，供应风险的普遍存在（黄河等，2015；潘伟，2015）要求企业的采购拍卖机制具备风险应对功能。无论是各类自然灾害（如海啸、台风、地震和火灾等）或人为因素（如恐怖袭击、工人罢工和政治动荡等）造成的供应链中断，还是产品的生产、存储、搬运和配送等过程本身就具有的产出不确定性，都对企业的经济利益造成重要影响。如 2011 年日本大地震造成当地汽车零部件供应的全面瘫痪，丰田公司被迫关闭其所有在日工厂并遭受每日 7300 万美元的巨额损失（Liu and Hossain，2013）。作为最常见的风险应对工具，双源采购（dual sourcing）

① 本章主要内容发表在期刊《管理科学学报》2017 年第 8 期，第 39 ~49 页（李志鹏等，2017）。

策略被许多企业广泛采用（Wang et al.，2010；Yang et al.，2012）。如波音公司为了避免工人罢工造成供应中断，决定双源采购 787 客机的所有零部件（Gates，2009）；惠普为了减少 DeskJet 打印机的供应风险而同时从新加坡和温哥华进行采购（Chen and Guo，2014）。既往的采购拍卖研究大多只针对单源采购（马俊等，2009；Li and Scheller - Wolf，2011；李军和刘树林，2012；Duenyas et al.，2013；Budde and Minner，2014；刘树人等，2015；刘旭旺和汪定伟，2015；曾宪科和冯玉强，2015），而考虑了双源/多源采购的拍卖机制又主要针对生产规模不经济（Tunca and Wu，2009）、供应产能限制（Gupta et al.，2015；Chaturvedi，2015）、预留供应商（Chaturvedi et al.，2014）等原因，缺少对供应风险的考虑。因此，在供应风险环境下，如何用逆向拍卖实现最优的双源采购是一个重要的科学问题。

基于以上采购现实和研究现状，本章研究当采购商面临多个具有生产成本私有信息和供应风险的潜在供应商时，如何设计最优的双源采购批发单价拍卖机制。相较于传统的单源采购拍卖（只有一个获胜者），供应风险下的双源采购拍卖（可以有两个获胜者）具有全新的机制设计特征。一方面，给定投标结果，采购商需要权衡采购成本与供应风险：为了降低采购成本，订货量应尽量集中于价格最低的供应商；但为了分散供应风险，订货量又应尽量分散于价格最低和次低的两位供应商之间。另一方面，给定采购商的上述考虑，供应商的投标行为将明显区别于单源采购拍卖或不考虑供应风险的双源采购拍卖，因为每个获胜者的订货数量会同时受到两个获胜者的批发价和可靠性的影响。除了传统拍卖中获胜概率与事后利润之间的权衡，本章模型中的供应商需要考虑单位利润与订货数量这一对新的权衡。

在供应风险下研究双源/多源采购的既往文献中，绝大多数只考虑对称信息的情况（Burke et al.，2009；Wang et al.，2010；Tang and Kouvelis，2011；Hu and Kostamis，2015）。有少量文献在不对称信息下研究了相关的双源/多源采购机制设计（Chaturvedi and Martínez-de-Albéniz，2011；Yang et al.，2012；Gurnani et al.，2012a；Gümüs et al.，2012）。查图维迪和马丁内斯（Chaturvedi and Martínez-de-Albéniz，2011）在两个维度不对称信息下探讨了最优的多源采购直接机制（direct mechanism）设计。由于假设的一般性和分配问题的复杂性，最优的多源采购机制非常复杂，不易于理解和执行，这也是双源采购如此普遍的原因之一。另外，出于商业保密等原因，现实中的供应商一般不愿意直接报告自己的真实成本，所以直接机制的应用非常少见。与查图维迪和马丁内斯（Chaturvedi and

Martínez-de-Albéniz，2011）的研究不同，本章关注双源采购中的非直接投标行为，即批发单价投标行为。在只有两个潜在供应商且可靠性为私有信息的情况下，杨等（Yang et al.，2012）、古纳尼等（Gurnani et al.，2012a）和古姆斯等（Gümüs et al.，2012）分别研究了不同的双源采购机制。其中，杨等（Yang et al.，2012）研究了最优双源采购合同设计。古纳尼等（Gurnani et al.，2012a）考虑了拍卖机制，但供应商的投标是一个支付函数而不是确定的价格；而且由于只有一个供应商不可靠，因此该机制的均衡结果不出现双源采购的情况。古姆斯等（Gümüs et al.，2012）考虑了供应商之间的单价竞争，但他们假设只有一位供应商有私有信息，且关注的是该供应商和采购商之间的信号博弈，而非采购商的机制设计问题。与以上 3 篇文章不同，本章在一般的采购商收益函数和随机产出率分布下，研究如何通过批发单价投标，从多个具有成本私有信息的潜在供应商中选出至多两位获胜供应商进行采购。

## 4.1 模型描述

采购商向 $n \geqslant 3$ 个潜在供应商采购某产品用于销售。在市场端，采购商投放 $Q \geqslant 0$ 单位产品可获得期望收益 $R(Q)$，其中 $R(0)=0$，$R'(\cdot)>0$ 且 $R''(\cdot)<0$。许多常见市场结构下的采购商期望收益函数都满足此假设，如报童模型和寡头模型（详见 4.4 节）。在供应端，由于生产、存储、搬运和配送等过程中的不确定性，供应商具有随机产出供应风险：给定订货量 $Q_i$，供应商 $i \in \{1, \cdots, n\}$ 只能成功交付其中的一定比例 $\rho_i \in [0, 1]$。产出率 $\{\rho_i\}_{i=1}^{n}$ 是独立同分布的随机变量，均值为 $\mu$，标准差为 $\sigma$。对供应商 $i$，每单位成功交付产品的成本 $c_i$ 为其私有信息；不妨设 $c_1 \leqslant c_2 \leqslant \cdots \leqslant c_n$。所有供应商的成本 $\{c_i\}_{i=1}^{n}$ 在 $[\underline{c}, \bar{c}]$ 上独立且服从于相同分布 $F(\cdot)$，密度函数为 $f(\cdot)$。假设 $F(\cdot)$ 是对数凹函数（log-concave function），这是一个很多分布（如均匀分布、正态分布、指数分布等）都满足的常见假设，它保证了虚拟成本（virtual cost）$\psi(c)=c+\dfrac{F(c)}{f(c)}$ 为增函数这一正则性（regularity）条件。另外，假设 $\psi(\bar{c}) \leqslant R'(0)$ 以保证采购商一定会采购（Duenyas et al.，2013），且 $R'(\infty) \leqslant 0$ 以确保采购商的订货数量有限。

采购商通过如下拍卖机制实现双源采购以分散供应风险，事件发生顺序如图4-1所示。首先，采购商公布订货量分配规则 $Q(\cdot)=[Q_1(\cdot),\cdots,Q_n(\cdot)]$，规定了每个供应商 $i\in\{1,\cdots,n\}$ 在任意批发价投标向量 $w=(w_1,\cdots,w_n)$ [不妨设 $0\leqslant w_1\leqslant\cdots\leqslant w_n\leqslant R'(0)$] 下的供货数量 $Q_i(w)$。其中供货量严格为正的供应商至多有两个，称之为获胜供应商。知晓分配规则后，所有供应商对各自的批发单价 $w_i^*$ $(i\in\{1,\cdots,n\})$ 进行一次性密封投标，产生投标向量 $w^*=(w_1^*,\cdots,w_n^*)$。其次，采购商根据分配规则 $Q(\cdot)$ 和投标向量 $w^*$，确定至多两位获胜者及其订货量。再次，随机产出实现，获胜供应商 $i$ 以批发单价 $w_i^*$ 交付 $\rho_iQ_i(w^*)$ 件产品。最后，采购商将所有成功交付的产品销往市场，获得销售收入。

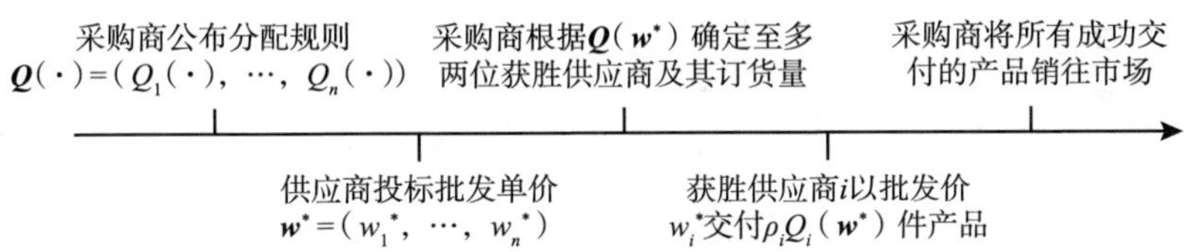


**图4-1　事件顺序**

## 4.2　最优双源采购机制设计

本章先研究给定批发价时的双源采购决策，再研究供应商投标批发单价的双源采购拍卖机制设计①。

### 4.2.1　最优双源采购数量决策

供应风险环境下，供应商的可靠性（随机产出率）和批发价格都会影响采购商的订货决策。由于随机产出率的对称性（独立同分布），给定批发价格 $0\leqslant w_1\leqslant\cdots\leqslant w_n\leqslant R'(0)$ 时，采购商只可能向价格最低的两位供应商订货，故其双源采购决策问题可表述为：

$$\max_{Q_1\geqslant 0,Q_2\geqslant 0}\pi(Q_1,Q_2) \tag{4-1}$$

① 本节中，供应可靠性（或供应风险）以随机产出率的形式贯穿始终，但暂不对其进行量化，因为：①本节旨在机制设计与均衡求解，可靠性的量化并不影响相应的分析；②采购商的收益函数 $R(\cdot)$ 形式未定且函数内外都有随机产出率参数，故难以在事前对可靠性进行量化。在4.3节，将针对具体形式的 $R(\cdot)$，用随机产出率的均值和方差量化可靠性并分析其影响。

其中 $\pi(Q_1, Q_2) = E_{\rho_1, \rho_2}[R(\sum_{i=1}^{2}\rho_i Q_i) - \sum_{i=1}^{2}\rho_i Q_i w_i]$ 为订货量为 $(Q_1, Q_2)$ 时的采购商期望利润。

引理 4－1：$\pi(Q_1, Q_2)$ 是 $Q_1$ 的凹函数和 $(Q_1, Q_2)$ 的联合凹函数。

证明：$\pi(Q_1, Q_2)$ 对 $Q_i(i=1, 2)$ 的二阶导和对 $(Q_1, Q_2)$ 的混合偏导分别为：

$$\frac{\partial^2\pi}{\partial Q_i^2} = E[R''(\sum_{j=1}^{n}\rho_j Q_j)\rho_i^2] < 0$$

$$\frac{\partial^2\pi}{\partial Q_1\partial Q_2} = \frac{\partial^2\pi}{\partial Q_2\partial Q_1} = E[R''(\sum_{j=1}^{2}\rho_j Q_j)\rho_1\rho_2] < 0$$

其中 $\frac{\partial^2\pi}{\partial Q_1^2}<0$ 表明 $\pi(Q_1, Q_2)$ 是 $Q_1$ 的凹函数。为了证 $\pi(Q_1, Q_2)$ 是 $(Q_1, Q_2)$ 的联合凹函数，需证 $\pi(Q_1, Q_2)$ 的海森矩阵为负定，这等价于证 $\frac{\partial^2\pi}{\partial Q_1^2}<0$（已证明）和

$$E[-R''(\sum_{j=1}^{2}\rho_j Q_j)\rho_1^2]E[-R''(\sum_{j=1}^{2}\rho_j Q_j)\rho_2^2] - (E[-R''(\sum_{j=1}^{2}\rho_j Q_j)\rho_1\rho_2])^2 > 0 \tag{4-2}$$

根据柯西－施瓦茨不等式（Cauchy－Schwarz inequality），即 $|E[XY]|^2 \leqslant E[|X|^2]E[|Y|^2]$，对任意随机变量 $X$ 和 $Y$ 成立，其中等号仅当存在实数 $\alpha$ 使 $\Pr\{\alpha X+Y=0\}=1$ 时成立。

现令 $X = \sqrt{-R''(\sum_{j=1}^{2}\rho_j Q_j)}\cdot\rho_1$ 和 $Y = \sqrt{-R''(\sum_{j=1}^{2}\rho_j Q_j)}\cdot\rho_2$，易知不存在使 $\Pr\{\alpha X + Y = 0\} = 1$ 成立的实数 $\alpha$，从而可得 $|E[XY]|^2 < E[|X|^2]E[|Y|^2]$，即式（4－2）。

证毕。

伯克等（Burke et al.，2009）研究了与问题式（4－1）类似的多源采购决策问题。他们在需求服从均匀分布的报童模型下证明了采购商目标函数的凹性。与之不同，本章针对双源采购这种常见的情形，在一般的采购商期望收益函数 $R(\cdot)$ 下证明了采购商目标函数的凹性。引理 4－1 表明，问题（4－1）的库恩－塔克条件（K－T 条件）就是最优订货决策的充要条件。据此得到引理 4－2。

引理 4－2：记方程 $E[R'(\rho_1 Q_1)\rho_1] = \mu w_1$ 的唯一解为 $Q_1 = Q^S(w_1)$，

方程组 $E[R'(\sum_{j=1}^{2}\rho_j Q_j)\rho_i] = \mu w_i (i = 1, 2)$ 的唯一解为 $(Q_1, Q_2) = (Q^D(w_1, w_2), Q^D(w_2, w_1))$。给定 $w_1$ 和 $w_2$，采购商的最优双源采购订货数量为：

$$(Q_1^*(w_1, w_2), Q_2^*(w_1, w_2)) = \begin{cases} (Q^S(w_1), 0), & w_2 > E_{\rho_1}[R'(\rho_1 Q^S(w_1))] \\ (Q^D(w_1, w_2), Q^D(w_2, w_1)), & w_2 \leqslant E_{\rho_1}[R'(\rho_1 Q^S(w_1))] \end{cases} \tag{4-3}$$

证明：问题（4-1）的 K-T 条件为：

$$E[R'(\sum_{j=1}^{2}\rho_j Q_j)\rho_i] = \mu w_i - \lambda_i,\ \lambda_i \geqslant 0,\ Q_i \geqslant 0,\ \lambda_i Q_i = 0,\ i = 1, 2。$$

分情况讨论：

①若 $\lambda_1 > 0$，$\lambda_2 > 0$，则推出 $Q_i = 0$ 和 $\lambda_i = \mu[w_i - R'(0)] \leqslant 0$，矛盾。

②若 $\lambda_1 = 0$，$\lambda_2 > 0$，则有 $Q_2 = 0$，$E[R'(\rho_1 Q_1)\rho_1] = \mu w_1$，$\lambda_2 = \mu\{w_2 - E[R'(\rho_1 Q_1)]\} > 0$。因为 $R'(0) \geqslant w_1$，$R'(\infty) \leqslant 0$ 且 $R'(\cdot)$ 为减函数，所以存在唯一的内解 $Q_1 = Q^S(w_1)$。

③若 $\lambda_1 > 0$，$\lambda_2 = 0$，则有 $Q_1 = 0$，$E[R'(\rho_2 Q_2)\rho_2] = \mu w_2$，$\lambda_1 = \mu\{w_1 - E[R'(\rho_2 Q_2)]\} > 0$。根据格兰（Gurland）不等式（匡继昌，2010），对任意随机变量 $X$ 和单调性相反的两个函数 $g_1(\cdot)$ 和 $g_2(\cdot)$，不等式 $E[g_1(X) \cdot g_2(X)] \leqslant E[g_1(X)]E[g_2(X)]$ 成立。由此得到 $\mu w_2 = E[R'(\rho_2 Q_2)\rho_2] \leqslant E[R'(\rho_2 Q_2)]E[\rho_2] = \mu E[R'(\rho_2 Q_2)]$。而 $\lambda_1 > 0$ 又要求 $\mu w_1 > \mu E[R'(\rho_2 Q_2)]$，推出 $w_2 < w_1$，与假设 $w_2 \leqslant w_1$ 矛盾。

④若 $\lambda_1 = \lambda_2 = 0$，则 $Q_i \geqslant 0$。且：

$$E_{\rho_1,\rho_2}[R'(\rho_1 Q_1 + \rho_2 Q_2)\rho_i] = \mu w_i,\ i = 1, 2 \tag{4-4}$$

先不考虑约束 $Q_i \geqslant 0$，由引理 4-1 可知方程组（4-4）存在唯一解。根据对称性，将该解记为 $(Q_1, Q_2) = (Q^D(w_1, w_2), Q^D(w_2, w_1))$。将解代回方程组（4-4）并分别对 $w_1$ 和 $w_2$ 求导，可得：

$$\frac{\partial Q^D(w_i, w_j)}{\partial w_i} = \frac{\mu E[R''(\rho_i Q_i + \rho_j Q_j)\rho_j^2]}{K} < 0 \tag{4-5}$$

$$\frac{\partial Q^D(w_i, w_j)}{\partial w_j} = \frac{-\mu E[R''(\rho_i Q_i + \rho_j Q_j)\rho_i \rho_j]}{K} > 0 \tag{4-6}$$

其中，$i, j \in \{1, 2\}$，$i \neq j$，$K$ 代表式（4-2）左端的表达式。方程组（4-4）在 $Q_2 = 0$ 时的临界条件为 $w_2 = E[R'(\rho_1 Q^S(w_1))]$，而 $\frac{\partial Q_2}{\partial w_2} =$

$\frac{\partial Q^D(w_2, w_1)}{\partial w_2} \leqslant 0$，所以约束 $Q_2 \geqslant 0$ 等价于 $w_2 \leqslant E[R'(\rho_1 Q^S(w_1))]$。同理，约束 $Q_1 \geqslant 0$ 等价于 $w_1 \leqslant E[R'(\rho_2 Q^S(w_2))]$，但它可由 $w_2 \leqslant E[R'(\rho_1 Q^S(w_1))]$ 导出，因而是松约束。所以，情况④的约束条件为 $w_2 \leqslant E[R'(\rho_1 Q^S(w_1))]$。

总结上述 4 种情况的分析结果，得到式（4－3）即为问题（4－1）的最优解。证毕。

既往研究对最优双源采购策略的刻画，要么针对特殊的采购商期望收益函数（Burke et al.，2009）考虑需求为均匀分布的报童型期望收益，要么关注特殊的随机产出分布（Chaturvedi and Martínez-de-Albéniz，2011）在0－1 型产出分布下刻画过。与它们不同，引理4－2 在一般的采购商期望收益函数 $R(\cdot)$ 和一般的随机产出分布下刻画了采购商的最优双源采购决策。结果表明，最优双源采购决策可以内生出最优单源采购的情况。采购商是否进行双源采购，取决于其向最低价格供应商进行单源采购时的期望边际收益 $E[R'(\rho_1 Q^S(w_1))]$ 与次低价格 $w_2$ 的大小关系：当 $w_2 \geqslant E[R'(\rho_1 Q^S(w_1))]$ 时，采购商只向最低价格供应商进行单源采购；反之，则进行双源采购。

引理4－3：若 $R'''(\cdot) \leqslant 0$，则给定 $w_1$ 和 $w_2$，采购商的最优双源采购订货总量不低于最优单源采购订货量，即 $Q_1^*(w_1, w_2) + Q_2^*(w_1, w_2) \geqslant Q^S(w_1)$。

证明：根据引理4－2 的证明，当 $w_2 > E[R'(\rho_1 Q^S(w_1))]$ 时，$Q_1^* + Q_2^* = Q^S(w_1)$。故只需证明当 $w_2 \leqslant E[R'(\rho_1 Q^S(w_1))]$ 时 $Q_1^* + Q_2^* \geqslant Q^S(w_1)$ 即可。令：

$$
\begin{aligned}
T &= E[-R''(\rho_1 Q_1^* + \rho_2 Q_2^*)\rho_1^2] - E[-R''(\rho_1 Q_1^* + \rho_2 Q_2^*)\rho_1\rho_2] \\
&= E[-R''(\rho_1 Q_1^* + \rho_2 Q_2^*)\rho_1(\rho_1 - \rho_2)]
\end{aligned}
$$

由产出率的对称性可知互换 $\rho_1$ 和 $\rho_2$ 后 T 值不变，得：

$$T = E[-R''(\rho_2 Q_1^* + \rho_1 Q_2^*)\rho_2(\rho_2 - \rho_1)]$$

与前式相加，得 $2T = E[(\rho_1 - \rho_2)(R''(\rho_2 Q_1^* + \rho_1 Q_2^*)\rho_2 - R''(\rho_1 Q_1^* + \rho_2 Q_2^*)\rho_1)]$。在假设 $R'''(\cdot) \leqslant 0$ 和均衡数量关系 $Q_1^* \geqslant Q_2^*$ 下，上式期望符号内的表达式在 $\rho_1 \neq \rho_2$ 时恒为正，在 $\rho_1 = \rho_2$ 时为 0。因为 $\Pr\{\rho_1 \neq \rho_2\} > 0$，故 $T > 0$，即：

$$E[-R''(\rho_1 Q_1 + \rho_2 Q_2)\rho_1^2] > E[-R''(\rho_1 Q_1 + \rho_2 Q_2)\rho_1\rho_2]$$

从而，式（4－5）和式（4－6）表明$\left|\frac{\partial Q^D(w_1, w_2)}{\partial w_2}\right| < \left|\frac{\partial Q^D(w_2, w_1)}{\partial w_2}\right|$。故当$w_2$从临界值$w_2 = E[R'(\rho_1 Q^S(w_1))]$开始减少时，$Q_2^*$的增加速度比$Q_1^*$的减少速度快，即$Q_1^* + Q_2^*$是递增的。而$Q^S(w_1)$不受$w_2$变化的影响，故当$w_2 \leqslant E[R'(\rho_1 Q^S(w_1))]$时，$Q_1^* + Q_2^* \geqslant Q^S(w_1)$。

证毕。

### 4.2.2　双源采购批发单价招标机制设计与投标均衡

在4.2.1节的基础上，本节分析不对称信息下的双源采购拍卖设计。与直接机制中要求供应商报告真实成本的做法不同，本章研究非直接的批发单价投标机制。采购商的目标是设计最优的分配规则来最大化自身期望利润；供应商的目标则是根据采购商公布的分配规则决定最优的批发单价投标来最大化自身期望利润。通过机制设计理论的标准分析（Krishna，2009），得到以下命题。

命题4－1：如下分配规则$\boldsymbol{Q}(\cdot)$实现了最优的双源采购机制：

$$Q_i(\boldsymbol{w}) = Q_i^*(\psi(\beta^{-1}(w_1)), \psi(\beta^{-1}(w_2))), \ i=1, 2$$

$$Q_i(\boldsymbol{w}) = 0, \ i=3, \cdots, n$$

其中，$\boldsymbol{w} = (w_1, \cdots, w_n)$为投标向量$(w_1 \leqslant \cdots \leqslant w_n)$，$\beta^{-1}(\cdot)$是供应商均衡投标策略，即：

$$w_i^* = \beta(c_i) = c_i + \frac{\int_{c_i}^{\bar{c}} q(t)\mathrm{d}t}{q(c_i)}$$

的逆函数，$q(c) = (n-1)[\int_{\underline{c}}^{c} Q_2^*(\psi(x), \psi(c))\bar{F}^{n-2}(c)f(x)dx + \int_{c}^{\bar{c}} Q_1^*(\psi(c), \psi(x))\bar{F}^{n-2}(x)f(x)dx]$为成本为$c$的供应商的期望订货数量。

证明：根据逆向归纳法，先分析给定分配规则时的投标均衡，再推导最优分配规则。给定分配规则$\boldsymbol{Q}(\cdot)$，设$w_i^* = \beta(c_i)$为对称且递增的贝叶斯纳什投标均衡。给定其他供应商都采用均衡策略，供应商$i$投$\beta(x_i)$时的期望利润为：

$$u_i(x_i, c_i) = \mu q_i(x_i)[\beta(x_i) - c_i]$$

其中，$q_i(x_i) = E_{c_{-i}}[Q_i(\beta(x_i), \boldsymbol{w}_{-i}^*)]$为期望订货数量。分配规则$Q(\cdot)$应满足供应商的个人理性（IR）约束和激励相容（IC）约束，即：

$$(IR) u_i(c_i, c_i) \geqslant 0, \ \forall i$$
$$(IC) u_i(c_i, c_i) \geqslant u_i(x_i, c_i), \ \forall i, x_i$$

根据机制设计的标准分析（Krishna，2009），（IR）和（IC）等价于以下3个条件：

①$u_i(c_i, c_i) = u_i(\bar{c}, \bar{c}) + \mu\int_{c_i}^{\bar{c}} q_i(x)dx$；②$q_i(c_i)$关于$c_i$单调不增；③$u_i(\bar{c}, \bar{c}) \geqslant 0$。

由条件①和$u_i(c_i, c_i)$定义，可得供应商$i$的均衡投标策略为：

$$\beta(c_i) = c_i + \frac{\dfrac{u_i(\bar{c}, \bar{c})}{\mu} + \displaystyle\int_{c_i}^{\bar{c}} q_i(x)\,\mathrm{d}x}{q_i(c_i)}$$

采购商的目标为在（IR）和（IC）约束下选择最优的$Q_i \geqslant 0$来最大化其期望利润$E_{c,\rho}[R(\sum_{i=1}^{n}\rho_i Q_i) - \sum_{i=1}^{n}\rho_i Q_i \beta(c_i)]$。代入$\beta(c_i)$的表达式并用条件①~③替换（IR）和（IC）约束，根据机制设计的标准分析（Krishna，2009）可得$u_i(\bar{c}, \bar{c}) = 0$，且采购商的机制设计问题最终可表述为：

$$\max_{Q_i \geqslant 0} E_\rho[R(\sum_{i=1}^{n}\rho_i Q_i)] - \mu\sum_{i=1}^{n} Q_i \psi(\beta^{-1}(w_i))$$
$$\text{s.t. } Q_i(\boldsymbol{w})\text{关于} w_i \text{单调非增。}$$

由$\beta(\cdot)$和虚拟成本函数$\psi(\cdot)$的单调性可知$\psi(\beta^{-1}(w_1)) \leqslant \cdots \leqslant \psi(\beta^{-1}(w_n))$，进而由引理4-2得到最优的分配规则为：

$Q_i(\boldsymbol{w}) = Q_i^*(\psi(\beta^{-1}(w_1)), \psi(\beta^{-1}(w_2)))$，$i = 1, 2$；$Q_i(\boldsymbol{w}) = 0$，$i = 3, \cdots, n$

易验证$Q_i(w)$满足"关于$w_i$单调非增"的约束条件。最后，将投标均衡和最优分配规则代入$q_i(\cdot)$的定义，可得：

$$q_i(c) = (n-1)[\int_{\underline{c}}^{c} Q_2^*(\psi(x), \psi(c))\bar{F}^{n-2}(c)f(x)\,\mathrm{d}x + \int_{c}^{\bar{c}} Q_1^*(\psi(c), \psi(x))\bar{F}^{n-2}(x)f(x)\,\mathrm{d}x]$$

其中，$q_i(\cdot)$的下标$i$可根据对称性略去。

证毕。

命题4-1刻画的双源采购批发单价拍卖机制与最优的双源采购直接机制是收益等价的，均衡时都是根据虚拟成本分配订货数量$[Q_i^*(\psi(c_1), \psi(c_2))$，$i = 1, 2]$。但从实践的角度看，让供应商投标批发单价比让供应商直接报告自己的真实成本（直接机制）更符合采购现实，也更易于被供应商接受。

上述双源采购拍卖机制中，采购商需要向两位获胜供应商支付信息租金，这使得采购商的订货决策相较于对称信息情况下产生了扭曲。那么，与对称信息情况相比，最优双源采购批发单价拍卖中采购商、供应商和供应链期望利润有何变化?

命题4－2：与对称信息情况相比，不对称信息的存在增加了供应商的期望利润，降低了采购商和整条供应链的期望利润。

证明：在对称信息下，采购商按供应商成本价采购，因此供应商无利润，采购商利润就是供应链利润。此时，采购商的最优决策实现了供应链期望利润最大化，该策略也即有效（efficient）策略。在不对称信息下，采购商按供应商的虚拟成本采购，该策略不再是有效的，所以供应链期望利润会比对称信息下更小。同时，两个获胜供应商都会攫取一部分信息租金，因此有正的期望利润。供应链期望利润变小而供应商期望利润变大，意味着采购商期望利润变小。

证毕。

与命题4－1的证明类似，易求出单源采购拍卖机制的最优分配规则和投标均衡。

推论4－1：单源采购批发单价拍卖机制中的最优分配规则为：

$$Q_1 = Q^S(\psi(\beta_S^{-1}(w_1))),\ Q_i = 0,\ i = 2,\ \cdots,\ n$$

其中，$\beta_S^{-1}(\cdot)$是供应商批发单价投标均衡$w_i^S = \beta^S(c_i) = c_i + \dfrac{\int_{c_i}^{\bar{c}} q^S(t)\mathrm{d}t}{q^S(c_i)}$的逆函数，$q^S(c) = Q^S(\psi(c))\overline{F}^{n-1}(c)$为成本为$c$的供应商的期望订货数量。

证明：略。

根据引理4－2，可知命题4－1中的双源采购机制可以内生出推论4－1中的单源采购结果。即，当$\psi(\beta^{-1}(w_2)) < E[R'(\rho_1 Q^S(\psi(\beta^{-1}(w_1))))]$时，采购商进行双源采购；反之，采购商只向价格最低的供应商进行单源采购。关于单源采购与双源采购中各方期望利润的比较，有以下命题。

命题4－3：当$R'''(\cdot) \leqslant 0$时，与最优单源采购机制相比，最优的双源采购批发单价拍卖机制实现了更高的采购商和供应商期望利润。

证明：由引理4－2的证明可知，当$w_2 \geqslant E[R'(\rho_1 Q^S(w_1))]$时，$\pi(Q_1^*,\ Q_2^*) = \pi(Q^S(w_1),\ 0)$；当$w_2 < E[R'(\rho_1 Q^S(w_1))]$时，$\pi(Q_1^*,\ Q_2^*) > \pi(Q^S(w_1),\ 0)$。即给定批发价格时，采购商在双源采购策略下的利

润不低于其在单源采购策略下的利润。根据命题4-1，将 $w_1$ 和 $w_2$ 分别替换成 $\psi(c_1)$ 和 $\psi(c_2)$ 并求期望，就得出采购商在最优双源采购批发单价拍卖中的期望利润要比最优单源采购机制下的期望利润大。记单个供应商在最优双源采购拍卖与最优单源采购机制中的期望利润分别为 $U^D$ 与 $U^S$，则：

$$U^D - U^S = \frac{E\left[\sum_{i=1}^{2}\mu Q_i^*(\psi_1, \psi_2)\frac{F(c_i)}{f(c_i)}\right]}{n} - \frac{E\left[\mu Q_1^S(\psi_1)\frac{F(c_1)}{f(c_1)}\right]}{n}$$

$$\geqslant \frac{\mu E\left[(Q_1^*(\psi_1, \psi_2) + Q_2^*(\psi_1, \psi_2) - Q^S(\psi_1))\frac{F(c_1)}{f(c_1)}\right]}{n}$$

其中，$\psi_i = \psi(c_i)$。引理3表明 $Q_1^*(\psi_1, \psi_2) + Q_2^*(\psi_1, \psi_2) \geqslant Q^S(\psi_1)$ 成立，故 $U^D \geqslant U^S$。

证毕。

相比于单源采购，一方面，双源采购允许采购商更好地协调供应风险和采购成本，因而对采购商有正的价值；另一方面，双源采购下的期望订货总量和单位信息租金均不低于单源采购，因而双源采购为供应商群体也带来正的价值，所以事前平摊到任一供应商身上的期望利润也比单源采购下高。命题4-3表明，在供应风险环境下，最优的双源采购批发单价拍卖机制比最优单源采购机制更有效，可提高供应链中各参与者的福利水平。命题4-3在不对称信息环境下解释了现实中大量企业愿意进行多源采购或参与多源供应的现象。

## 4.3 报童模型和寡头模型下的最优双源采购批发单价招标分析

为了进一步分析双源采购批发单价拍卖机制的性质，本节将其应用到具体的市场结构——报童模型和寡头垄断模型中，以讨论相关管理意义。先考虑如下的报童模型：采购商以零售价格 $r$（外生常数）将产品销往市场以满足随机需求 $D \sim U[0, a]$（Burke et al., 2009）；不考虑缺货成本和产品残值（Li and Scheller-Wolf, 2011）。在此假设下，采购商期望收益函数为：

$$R(Q) = rE_D[\min\{D, Q\}] = rQ - \frac{rQ^2}{(2a)}，其中\ Q \in [0, a]$$

不失一般性，与伯克等（Burke et al., 2009）相同，忽略可销售数量高于需求上限的情况（$Q > a$），因为该情况只会在零售价格远高于采购价格时存在。定义 $s(w_i) = \frac{r - w_i}{r}$为供应商 $i$ 贡献给采购商的利润率。根据命题4-1，记 $S_i = s(\psi(c_i))(i = 1, 2)$为最优双源采购拍卖机制中成本第 $i$ 低的供应商贡献给采购商的利润率。另外，用参数 $\theta = \frac{1}{1 + CV^2}$表示可靠性水平，其中 $CV = \frac{\sigma}{\mu}$为产出率的变异系数，代表风险水平。显然，产出率的均值 $\mu$ 越高或标准差 $\sigma$ 越小，可靠性 $\theta$（风险 $CV$）就越高（低）。根据引理4-2，得到以下推论：

推论4-2：报童模型中，给定批发价时的最优双源采购订货决策为：

$$Q_1^*(w_1, w_2) = \frac{a\theta s(w_1)}{\mu} - \frac{a\theta^2[s(w_2) - \theta s(w_1)]^+}{\mu(1 - \theta^2)},$$

$$Q_2^*(w_1, w_2) = \frac{a\theta[s(w_2) - \theta s(w_1)]^+}{\mu(1 - \theta^2)}$$

另一种常见的市场结构是垄断市场。尽管现实中完全垄断的情况较少见，但由于专利保护和技术壁垒等原因，很多企业可以在短时期内形成市场垄断。如苹果公司研发新产品时会购买大量的相关专利，以减缓跟随者和竞争者对同类产品的研发和上市进度，确保自身新产品发布后有足够的市场占有率（appleinsider. com）。本节考虑如下寡头模型：采购商投放到市场上的产品数量 $Q$ 会影响产品的销售价格 $P$，设逆需求函数为 $P = A - BQ$，其中 $A$ 为市场潜力，$B$ 为数量敏感性参数。此时，采购商收益函数为 $R(Q) = PQ = AQ - BQ^2$。与报童模型中类似，定义 $\tilde{s}(w_i) = \frac{A - w_i}{A}$，易得以下推论：

推论4-3：寡头模型中，给定批发价时的最优双源采购订货决策为：

$$Q_1^*(w_1, w_2) = \frac{A\theta\tilde{s}(w_1)}{2B\mu} - \frac{A\theta^2[\tilde{s}(w_2) - \theta\tilde{s}(w_1)]^+}{2B\mu(1 - \theta^2)},$$

$$Q_2^*(w_1, w_2) = \frac{A\theta[\tilde{s}(w_2) - \theta\tilde{s}(w_1)]^+}{2B\mu(1 - \theta^2)}$$

比较推论4-2与推论4-3，得到下述命题：

命题4-4：当 $r = A$ 和 $a = \frac{A}{2B}$时，报童模型与寡头模型等价。

证明：当 $r = A$ 和 $a = \frac{A}{2B}$时，报童模型和寡头模型中的采购商期望收益函数相同，由于所有其他假设也都相同，故两模型等价。

证毕。

命题4－4表明，尽管报童模型和寡头模型对应现实中两类迥异的市场结构，两者在一定条件下是等价的。由于$r$和$A$分别反映采购商在两模型中的获利能力（即（最高）销售价格），而$a$和$\frac{A}{B}$分别反映采购商在两模型中的市场容量（最高可能销售数量），故条件$r=A$和$a=\frac{A}{2B}$分别从销售价格和销售数量两方面给出了两模型的等价条件。本节余下部分只讨论报童模型，所有相关结论在寡头模型下都成立（只需用命题4－4的等价条件替换模型参数即可）。

### 4.3.1 订货分散程度

用两个获胜供应商的订货数量之比$d=\frac{Q_2(w)}{Q_1(w)}$来量化采购商的事后订货分散程度。根据推论4－2与命题4－1，易得：

$$d=\frac{(\eta-\theta)^{+}}{1-\theta\eta} \tag{4-7}$$

其中$\eta=\frac{S_2}{S_1}\in[0,1]$为两个获胜供应商贡献给采购商的利润率之比，它刻画了两个获胜供应商的利润率贡献的相近程度。式（4－7）表明，当且仅当获胜供应商的利润率贡献相近程度$\eta$超过了供应的可靠性水平$\theta$时，采购商才会进行双源采购。

命题4－5：报童模型下，采购商的事后订货分散程度$d$是利润率贡献相近程度$\eta$的增函数和可靠性水平$\theta$的减函数。

证明：用$d$分别对$\eta$和$\theta$求一阶偏导数，得：

$$\frac{\partial d}{\partial \eta}=\frac{(1-\theta^2)\mathbf{1}_{\eta>\theta}}{(1-\theta\eta)^2}\geqslant 0$$

$$\frac{\partial d}{\partial \theta}=\frac{(\eta^2-1)\mathbf{1}_{\eta>\theta}}{(1-\theta\eta)^2}\geqslant 0$$

证毕。

前人关于供应风险下的双源采购机制研究都没有显性地考察订货分散程度，要么因为假设太一般而难以求得订货量的显示解（Chaturvedi and

Martínez-de-Albéniz，2011），要么因为假设太特殊而导致订货分散程度只能取0或1（Yang et al.，2012）。相反，命题4－5突出了采购商在做订货数量决策时对供应风险和采购成本的权衡：当供应风险越高，或两个获胜供应商的利润率贡献越接近时，采购商的订货分配就应该越分散。另外，当供应可靠性$\theta$降低时，采购商更加关心风险分散，从而供应商的利润率贡献相近程度对订货分散程度的影响变小$\left(\text{即}\frac{\partial d}{\partial \eta}\text{是}\theta\text{的增函数}\right)$。类似地，当两个获胜供应商的利润率贡献很相近时，采购商会保持较高的订货分散程度以充分发挥双源采购的风险分散优势，从而对风险水平的变化反应更加迟钝。极端情况下，当两个供应商的成本相同（从而利润率贡献也相同，$\eta=1$）时，采购商会平均分配订货数量而不再考虑供应风险的高低。

注意，式（4－7）中的订货分散程度是在给定供应商成本的情况下得到的（事后的）。由于供应商成本是私有信息，故有必要考察各参数对事前（ex ante）订货分散程度$\left(\text{即}\frac{E[Q_2]}{E[Q_1]}\right)$的影响，相关结果见图4－2。从图4－2中可以看出，当可靠性$\theta$越低、零售价格$r$越高或投标人数$n$越大时，事前订货分散程度越高，原因如下。可靠性变高时，风险分散的重要性减弱，采购商自然就更集中向低价供应商采购以降低采购成本。给定批发价格，当零售价越高时，两获胜供应商的利润率贡献就越相近（即$\eta$越大）；给定零售价格，投标人数的增加会压低两个获胜供应商的批发价格并缩小价格差异，同样也使利润率贡献越相近。因此根据命题4－5，零售价格和投标人数的增加都会增加事前订货分散程度。

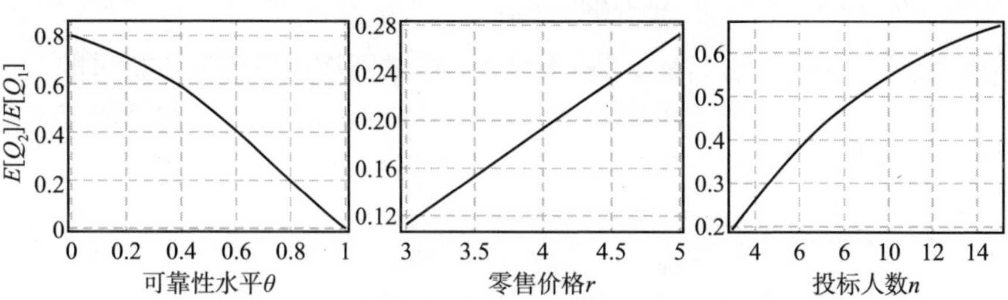


**图4－2　参数对事前订货分散程度的影响**

注：成本分布$c\sim U[1,2]$；参数取值：左：$n=3$，$r=4$；中：$n=3$，$\theta=0.8$；右：$r=4$，$\theta=0.8$。

### 4.3.2 信息的价值

拍卖理论和合同理论有如下经典结论：①单获胜者机制（如单源采购拍卖）通常只允许最有效率的代理人赚取信息租金；②多获胜者机制（Yang et al.，2012）研究的双源采购合同允许多个代理人赚取信息租金，且越有效率的代理人赚取的信息租金越高。本章模型部分地证实了这一现象，因为模型中的第一获胜者（成本较低的获胜者）获得的信息租金总额比第二获胜者（成本较高的获胜者）高（$u_i(c_i, c_i) = \mu\int_{c_i}^{\bar{c}} q_i(x)dx$ 为 $c_i$ 减函数）。由于采购商是根据供应商的批发单价投标来内生决策每位获胜者的订货数量的，因此，该如何平衡每位获胜者的单位信息租金与订货数量，是一个重要的研究问题。根据拍卖理论和合同理论的传统观点，读者也许会自然地认为第一获胜者的单位信息租金也应当比第二获胜者高，但下述命题表明此观点并不成立。

命题4-6：报童模型下，第二获胜者比第一获胜者索取更高的单位信息租金，导致两获胜者的利润率贡献相近程度和采购商的订货分散程度都比对称信息下低。

证明：不对称信息下，采购商视供应商的虚拟成本 $c + \frac{F(c)}{f(c)}$ 为批发价格，据此分配订货数量，因此$\frac{F(c_i)}{f(c_i)}$可以认为是供应商 $i$ 的单位信息租金。由成本分布 $F(\cdot)$ 的对数凹性可知$\frac{F(c_2)}{f(c_2)} \geqslant \frac{F(c_1)}{f(c_1)}$，即第二获胜者的单位信息租金比第一获胜者高。对称信息下，采购商按供应商成本价采购，最优订货量为 $Q_1^*(c_1, c_2)$和 $Q_2^*(c_1, c_2)$（引理4-2）。与 $\eta$ 和 $d$ 的定义类似，对称信息下的利润率贡献相近程度和事后订货分散程度可分别记为 $\eta_0 = \frac{s(c_2)}{s(c_1)}$和 $d_0 = \frac{(\eta_0 - \theta)^+}{(1 - \theta\eta_0)}$。由$\frac{F(c_2)}{f(c_2)} \geqslant \frac{F(c_1)}{f(c_1)}$很容易得到 $\eta_0 \geqslant \eta$。因为 $\eta = \eta_0$ 时 $d = d_0$，而 $d$ 又是 $\eta$ 的增函数（命题4-5），故 $\eta \leqslant \eta_0$ 就意味着 $d \leqslant d_0$。

证毕。

命题4-6表明，在采购商最优订货分配规则的规制下，第一获胜者会在单位信息租金上做出让步，以加强其在数量分配上相对于第二获胜者的优势。这种机制设计的内在逻辑，为“不对称信息会降低采购商使用双源采购的概率”这一既往研究发现（Chaturvedi and Martínez-de-Albéniz, 2011；Yang et al.，2012）提供了微观的动力学解释。上述行为结果，放大了两位获胜供应商对采购商的利润率贡献差异，从而导致采购商进一步降低高成本获胜者的订货份额。因此，不同于既往研究，本章模型发现，不对称信息不仅会（在质上）降低双源采购的概率，还会（在量上）降低双源采购时的订货分散程度。

对称信息和不对称信息下采购商进行双源采购的条件分别是 $s(c_2) \geqslant \theta s(c_1)$ 和 $S_2 \geqslant \theta S_1$，其中后者是前者的充分非必要条件。这说明，在一定概率 $p = E_{c_1,c_2}[1_{s(c_2) \geqslant \theta s(c_1)} - 1_{S_2 \geqslant \theta S_1}]$ 下，采购商将在对称信息下双源采购而在不对称信息下单源采购，因而 $p$ 表示被不对称信息减少的双源采购概率。当供应商成本服从均匀分布 $c \sim U[\underline{c}, \bar{c}]$ 时，可得 $p = \frac{\gamma^n - \gamma_0^n}{\theta}$，其中 $\gamma = \frac{\left[\frac{(1+\theta)}{2} - z\right]^+}{1-z}$，$\gamma_0 = \frac{(\theta - z)^+}{1-z}$，$z = \frac{r-\bar{c}}{r-\underline{c}}$。

命题4-7：报童模型下，当 $c \sim U[\underline{c}, \bar{c}]$ 时，被不对称信息减少的双源采购概率 $p$ 关于可靠性 $\theta$ 先增后减。

证明：将 $\frac{\partial\gamma}{\partial\theta} = \frac{\mathbf{1}_{\frac{(1+\theta)}{2} > z} - \gamma}{1-\theta}$ 和 $\frac{\partial\gamma_0}{\partial\theta} = \frac{\mathbf{1}_{\theta > z} - \gamma_0}{1-\theta}$ 代入 $\frac{\partial p}{\partial\theta}$，得：

$$\frac{\partial p}{\partial\theta} = \frac{[(n-1)\theta+1](\gamma^{n-1} - \gamma_0^{n-1})}{\theta(1-\theta)}\left[\frac{n}{(n-1)\theta+1} - \frac{1-\chi^n}{1-\chi^{n-1}}\frac{\gamma}{\theta}\right]$$

其中 $\chi = \frac{\gamma_0}{\gamma}$。用 $\xi(\theta)$ 表示上式右端方括号内的式子。因为 $\frac{1-\chi^n}{1-\chi^{n-1}}$ 为 $\chi$ 在区间（0，1）上的增函数，且：

$$\frac{\partial\chi}{\partial\theta} = \frac{\gamma\mathbf{1}_{\theta>z} - \gamma_0\mathbf{1}_{\frac{(1+\theta)}{2}>z}}{(1-\theta)\gamma^2} \geqslant 0$$

$$\frac{\partial\left(\frac{\gamma}{\theta}\right)}{\partial\theta} = \frac{\theta\mathbf{1}_{\frac{(1+\theta)}{2}>z} - \gamma}{\theta^2(1-\theta)} \geqslant 0$$

易知 $\xi(\theta)$ 为 $\theta$ 的减函数。根据洛必达法则（L'Hôpital's rule），可知 $\lim_{\theta\to 0}\xi(\theta) = n > 0$ 和 $\lim_{\theta\to 1}\xi(\theta) = 1 - \frac{n}{n-1} < 0$。因此，$\frac{\partial p}{\partial\theta}$ 在区间 $\theta \in (0, 1)$ 上先增后减。

证毕。

命题 4－7 的机理如下。当可靠性很低时，采购商在对称信息和不对称信息下都只进行双源采购（即 $p=0$）。随着可靠性的升高，采购商在对称信息下依然只进行双源采购，但在不对称信息下开始以一定概率进行单源采购，且该概率随着可靠性递增（命题 4－5）。此时，$p$ 关于可靠性递增。随着可靠性继续增加，采购商在对称信息下也开始以一定概率进行单源采购，且该概率的增加速度逐步接近并超过不对称信息下单源采购概率的增加速度，即 $p$ 的增速放缓直至变为随着可靠性递减。当供应趋于完全可靠时，采购商在对称信息和不对称信息下都以接近 1 的概率进行单源采购，此时 $p$ 趋于 0。命题 4－7 表明，不对称信息会影响采购商对单源采购或双源采购的选择，且这种影响在可靠性很高或很低时较小，在可靠性适中时较大。

### 4.3.3 双源采购的价值

与单源采购相比，双源采购具有两个效应：一方面，双源采购减弱了采购商对单个不可靠供应商的依赖，因而具有风险分散效应；另一方面，双源采购纳入了一个成本较高的获胜供应商，增加了采购商的采购成本，因而具有成本抬升效应。命题 4－3 表明，最优机制中，双源采购的风险分散效应总是强于成本抬升效应，因而双源采购对采购商总是具有正的价值。定义 $V_D=\Pi^D-\Pi^S$ 为双源采购的价值，其中 $\Pi^D$ 和 $\Pi^S$ 分别表示采购商在最优双源采购机制和最优单源采购机制中的期望利润。报童模型下，易求得：

$$\Pi^S = ar\theta\frac{E[S_1^2]}{2}$$

$$\Pi^D=\frac{ar\theta E_{c_1,c_2}\left[S_1^2+\dfrac{(S_2-\theta S_1)(S_2-\theta S_1)^+}{(1-\theta^2)}\right]}{2}$$

命题 4－8：报童模型下，双源采购的价值 $V_D$ 是零售价格 $r$ 和投标人数 $n$ 的增函数，但随着供应风险（$CV$）的增加而先增后减。

证明：首先考虑供应风险对 $V_D$ 的影响。$V_D$ 可被表述为 $V_D=\dfrac{E[Y]}{E[S_1^2+Y]}$，其中 $Y=\dfrac{[(S_2-\theta S_1)^+]^2}{1-\theta^2}$。由 $\dfrac{\partial Y}{\partial\theta}=\dfrac{2(S_2-\theta S_1)^+(\theta S_2-S_1)}{(1-\theta^2)^2}\leqslant 0$ 和 $\dfrac{\partial\theta}{\partial CV}<0$，得

到$\frac{\partial Y}{\partial CV}\geqslant 0$，从而$\frac{\partial E[Y]}{\partial CV}\geqslant 0$。又因为 $V_D$ 关于 $E[Y]$ 单调递增，所以$\frac{\partial V_D}{\partial CV}\geqslant 0$。然后，考虑 $V_D$ 在 $n\to\infty$ 时的收敛性。反复应用分部积分法，可得到：

$$\Pi^S = \frac{ar\theta\left\{s^2(\underline{c}) + \int_{\underline{c}}^{\bar{c}}\left[\frac{\partial s^2(\psi(c))}{\partial c}\right]\bar{F}^n(c)dc\right\}}{2}$$

$$\Pi^D = \frac{ar\theta\left\{s^2(\underline{c}) + \int_{\underline{c}}^{\bar{c}}\left[\frac{\partial s^2(\psi(c))}{\partial c}\right]\bar{F}^{n-1}(c)\left[\bar{F}(c) + \frac{nF(c)}{2}\right]dc\right\}}{1+\theta}$$
$$+ \frac{ar\theta^2 n\left\{\int_{\underline{c}}^{\bar{c}}\int_{x_1(c_2)}^{c_2}\left[\frac{\partial s(\psi(c_1))}{\partial c_1}\right]\left[\frac{\partial s(\psi(c_2))}{\partial c_2}\right]\bar{F}^{n-1}(c_2)F(c_1)dc_1dc_2\right\}}{1-\theta^2}$$

其中 $x_1(c_2) = \max\left\{\underline{c},\ \psi^{-1}\left(\frac{\psi(c_2)-(1-\theta)r}{\theta}\right)\right\}$。因为 $\lim\limits_{n\to\infty}\bar{F}^n(c)=0$，显然有 $\lim\limits_{n\to\infty}\Pi^S = \frac{ar\theta s^2(\bar{c})}{2}$。又根据斯托尔兹－切萨罗定理（Stolz－Cesàro Theorem），有 $\lim\limits_{n\to\infty}n\bar{F}^{n-1}(c)=0$，从而 $\lim\limits_{n\to\infty}\Pi^D = \frac{ar\theta s^2(\bar{c})}{(1+\theta)}$。故 $\lim\limits_{n\to\infty}V_D = \lim\limits_{n\to\infty}\frac{(\Pi^D-\Pi^S)}{\Pi^D} = \frac{(1-\theta)}{2}$。

证毕。

零售价格 $r$ 变高时，双源采购的成本抬升效应会被市场端的高边际收益减弱，因此双源采购的价值变高。当投标人数 $n$ 增加时，更为激烈的投标竞争会压低批发价格，从而双源采购造成的成本抬升效应降低，为采购商带来更高的价值。供应风险变高时，会产生两个相反的效应：一方面，采购商会采取更加分散的订货分配来降低供应风险，这会增加双源采购的价值 $V_D$；另一方面，由于供应可靠性是不同采购策略下采购商期望利润的共同系数，因此供应风险的增加，不但会降低采购商在单源采购和双源采购下的期望利润，还会降低上述两个期望利润的差异，即降低双源采购价值 $V_D$。供应风险很低时前一个效应起主要作用，供应风险很高时后一个效应其主要作用，因此双源采购价值 $V_D$ 随着供应风险的增加而先增后减。

## 4.4 本章小结

在采购实践中，面临不对称信息的采购商常常借助逆向拍卖机制来发现价格和遴选供应商，而供应风险的广泛存在又要求逆向拍卖具备风险应对功能。在此背景下，本章研究了采购商如何设计最优的批发单价投标机制来从多个具有成本私有信息的不可靠供应商中选出至多两位获胜者进行双源采购。在一般的采购商期望收益函数下，设计了最优的订货量分配规则，并导出了该规则下供应商的批发单价投标均衡。分析发现，最优的双源采购批发单价拍卖机制可以内生出最优的单源采购情况，且采购商和供应商的期望利润都比最优的单源采购机制中高。与完全信息情况相比，信息不对称对供应商有利但会损害采购商和整条供应链的利润。将模型应用到具体的报童环境下，进一步发现，当供应风险越高或两个获胜供应商贡献给采购商的利润率越相近时，采购商的订货量分配将更加分散，双源采购相对于单源采购的价值也越大。有趣的是，虽然成本较高的获胜供应商索取的信息租金总量更低，其批发单价投标中包含的单位信息租金却比成本较低的获胜供应商更高，这导致不对称信息下，采购商的订货分散程度、双源采购的概率和双源采购的相对价值都比对称信息下低。另外，虽然报童模型和寡头模型分别对应现实中两种截然不同的市场结构，上述报童模型下的所有结论在寡头模型下依然成立，且在一定条件下两模型完全等价。

本章研究对现实中需要实施双源采购拍卖来分散供应风险的企业具有一定参考价值。主要管理启示如下：①采购商在实施双源采购拍卖最优机制时，有可能内生出选一个或选两个的结果，这表明，如果不考虑管理成本，则双源采购拍卖最优机制一定优于单源采购拍卖最优机制（只能选一个）。采购商在具体实施时，应当注意到选两个供应商时管理成本也较高，只有当双源采购带来的好处大于其高出的管理成本时，才应该选择双源采购。②实施双源采购的企业想要实现期望利润最大化，关键就在于优化事前的订货量分配规则，而本章给出了最优订货分配规则的一般求法，可为采购商提供借鉴。③想要实施本章提出的双源采购拍卖最优机制，采购商需要通过市场调查等手段事先掌握供应商的成本分布情况。关于供应商成本分布难以获得时采购商该如何设计双源采购拍卖机制，将在第 5 章进行探讨。

# 第 5 章

# 产品数量风险下的双源采购招标鲁棒机制①

本章继续研究产品数量风险下的双源采购拍卖机制设计。但与第 5 章不同，本章考察供应商成本分布未知的情形，主要有两方面原因。一方面，传统（贝叶斯）最优采购机制对类型分布的依赖太强，导致机制的鲁棒性不高，即机制结果对现实环境变化过于敏感。因此不少学者呼吁，应当放松机制设计中对公共知识（如类型分布）的假设，探索对环境因素不那么敏感的鲁棒机制设计（Wilson，1987；Dasgupta and Maskin，2000）。这在理论层面对成本分布未知情形下的采购拍卖机制设计提出了要求。另一方面，现实中的采购商通常也难以获得确切的供应商成本分布。一般而言，供应商成本分布的获取途径有历史交易数据（Cole and Roughgarden，2014）或市场调查（Baliga and Vohra，2003）等。然而，采购商并不总是有足够且有效的历史交易数据，而市场调查又存在着许多弊端，比如：①调查成本太高；②调查对象可能提供虚假信息；③调查样本太小，不能反映整体情况；④供应市场企业总数太少，无法通过市场调查获得有效分布（Baliga and Vohra，2003；Ha and Hartline，2013）。因此，要掌握供应商的确切成本分布往往是很困难的。这在现实层面说明了研究成本分布未知情况下采购拍卖机制设计的必要性。基于以上背景，本章继续针对具有产品数量风险的采购环境，着力探讨供应商成本分布未知时的双源采购拍卖机制设计（关于产品数量风险和双源采购的背景见第 4 章）。

拍卖理论和机制设计理论（Myerson，1981；Krishna，2009）表明，在供应商成本分布未知情形下，采购商已无法如第 4 章那样设计双源采购拍卖

① 本章主要内容发表在期刊《Decision Sciences》2018 年第 49 期，第 4 卷，第 754 ~ 780 页（Huang et al.，2018）。

最优机制。事实上，鉴于最优机制的设计和执行条件通常十分严苛，现实中的采购商常常更愿意选择非最优但易于执行的机制（Bergemann and Valimaki，2006）。如著名的逆向英式拍卖（reverse English auction）就不是最优机制，但它因规则简单、容易执行等显著优点而成为应用最广泛的采购拍卖形式之一（Jap，2003；Chen et al.，2016），尤其是在 B2B 在线采购中更是常见（Beall et al.，2003；Elmaghraby，2007）。传统的逆向英式拍卖（公开降价拍卖）只有一个获胜者（单源采购），但也有不少企业将其成功地应用于双（多）源采购。如 Sun 公司（Sun Microsystems）就大量使用公开降价拍卖进行采购，其中大部分都不止一个获胜者（Carbone，2007）。目前对双（多）源采购公开降价拍卖的研究，主要针对生产规模不经济（Tunca and Wu，2009）、供应产能限制（Gupta et al.，2015；Chaturvedi，2015）、预留供应商（Chaturvedi et al.，2014）等原因，缺乏对供应数量风险的考虑，且都假设供应商类型分布已知。基于以上事实，本章的主要内容之一就是在供应数量及成本分布不确定下研究广义英式拍卖（Generalized English Auction，GEA），即对传统逆向英式拍卖进行扩展，使其实现双源采购。虽然广义英式拍卖不是最优机制，但它依然有重要的研究意义，因为它的机制原型（逆向英式拍卖）具有广泛的现实应用基础，而且它在实现双源采购的同时能够保持传统逆向英式拍卖形式简单、容易操作的优点，具有广阔的应用前景。

在广义英式拍卖研究的基础上，一个很自然的科学问题是能否对其改进以实现更高的采购商期望利润？更进一步，采购商在供应数量及成本分布不确定下能够实现的最高双源采购期望利润是什么，相应机制该如何设计？为回答上述问题，本章提出了一个（两阶段）渐进最优机制（Asymptotically Optimal Mechanism，AOM）。此机制有两方面现实基础。一方面，现实采购中采购商常常先通过投标来筛选出少量预选供应商，然后再和预选供应商进行谈判，以确定最终获胜者及相关交易条款（Beall et al.，2003；Elmaghraby，2007；Tunca and Wu，2009；Duenyas et al.，2013）。AOM 就是这样一个两阶段机制：一方面，先用一个公开降价拍卖（规则类似于 GEA）选出两位获胜供应商，再让获胜供应商参与一个直接机制以确定各自订货量和批发价格；另一方面，在不知道投标人类型分布的情况下，许多拍卖利用投标过程中披露的投标信息来估计相应分布并据此进行机制设计（Baliga and Vohra，2003；Segal，2003；Gollberg et al.，2006；Roughgarden and Schrijvers，2016；Loertscher and Marx，2016）。如在雅虎（Yahoo!）的关键词拍卖中，最近的投标数据被用来估计投标者的估价分布，从而进行贝叶斯分析以改善对保留价的设置（Cole and Roughgarden，2014）。AOM 借鉴了这种做法，即根据第一阶段的投标信息和第二阶段获胜者报告的信息，对获胜者分布进行估计，并设计出激励相容的分配规则和支付规则。

## 5.1　模型描述

采购商向 $n \geqslant 3$ 个潜在供应商采购某产品用于销售。在市场端，采购商符合报童假设，以零售价格 $r$（外生常数）将产品销往市场以满足随机需求 $D \sim U[0, a]$（Burke et al.，2009）；不考虑缺货成本和产品残值（Li and Scheller - Wolf，2011）。在此假设下，采购商向市场投放 $Q \geqslant 0$ 单位产品可获得的期望收益为：

$$R(Q) = rE_D[\min\{D, Q\}] = rQ - \frac{rQ^2}{2a}，\text{其中 } Q \in [0, a]$$

不失一般性，与伯克等（Burke et al.，2009）相同，忽略可销售数量高于需求上限的情况（$Q > a$），因为该情况只会在零售价格远高于采购价格时存在。在供应端，由于生产、存储、搬运和配送等过程中的不确定性，供应商具有随机产出供应风险：给定订货量 $Q_i$，供应商 $i \in \{1, \cdots, n\}$ 只能成功交付其中的一定比例 $\rho_i \in [0, 1]$。产出率 $\{\rho_i\}_{i=1}^n$ 是独立同分布的随机变量，均值为 $\mu$，标准差为 $\sigma$。对供应商 $i$，每单位成功交付产品的成本 $c_i$ 为其私有信息；不妨设 $c_1 \leqslant c_2 \leqslant \cdots \leqslant c_n$。与第 4 章不同，本章研究成本分布未知的情形，即所有参与者只知道供应商的成本 $\{c_i\}_{i=1}^n$ 在 $[\underline{c}, \overline{c}]$ 上独立同分布，但都不知道累计分布函数 $F(\cdot)$ 和概率密度函数 $f(\cdot)$ 的具体表达式。用参数 $\theta = \frac{1}{1 + CV^2}$ 表示（供应）可靠性水平，其中 $CV = \frac{\sigma}{\mu}$ 为产出率的变异系数，代表（供应）风险水平。显然，产出率的均值 $\mu$ 越高或标准差 $\sigma$ 越小，可靠性 $\theta$（风险 $CV$）就越高（低）。另外，定义 $s(w_i) = \frac{r - w_i}{r}$ 为供应商 $i$ 贡献给采购商的利润率，其中 $w_i$ 表示供应商 $i$ 的批发价格，不妨设 $0 \leqslant w_1 \leqslant \cdots \leqslant w_n \leqslant r$。

采购商依然希望通过投标批发单价的逆向拍卖机制实现双源采购以分散供应风险。根据经典的最优拍卖设计理论（Myerson，1981），拍卖设计者需要知晓竞标人的私有类型分布才能设计最优机制；在本章考虑的成本分布未知的情况下，采购商已无法设计如第 4 章的最优拍卖机制。因此，本章考虑如下两种不依赖于成本分布的采购拍卖机制（见图 5 - 1）：

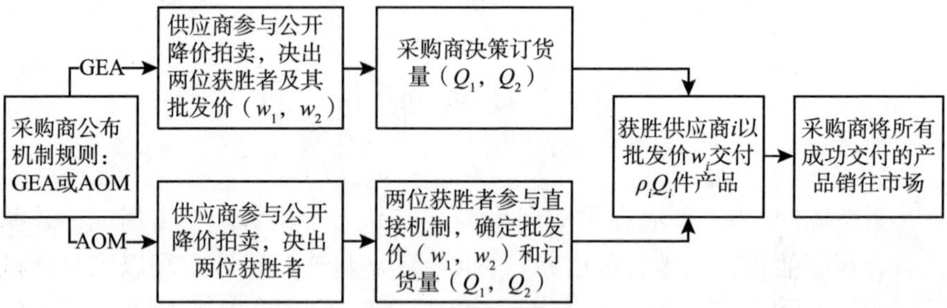


**图 5 - 1　事件顺序**

（1）广义英式拍卖（Generalized English Auction，GEA）。众所周知，（逆向）英式拍卖（English Auction，EA）是应用最广泛的采购拍卖形式之一。而广义英式拍卖是对传统单源采购英式拍卖的一种扩展和变形，可以实现双源或多源采购。双源采购下的广义英式拍卖规则如下：有一个显示器向所有参与者显示当前的拍卖价格，该价格从 $\bar{c}$ 开始随时间逐步降低。每位竞标供应商要做的唯一决策，是选择一个时刻（价格）退出拍卖，一旦退出就永久失去竞争机会。每位供应商退出时的拍卖价格可以被采购商和所有未退出的供应商观测到。当倒数第二位供应商退出（即只有一位供应商未退出）时，拍卖结束。最后一位供应商和倒数第二位供应商成为拍卖获胜者，他们的批发价格分别为各自前一位退出者的退出价格，即分别为倒数第二位和倒数第三位供应商的退出价格。拍卖结束后，采购商根据上述批发价格确定两位获胜供应商的订货量。

（2）渐近最优机制（Asymptotically Optimal Mechanism，AOM）。采购实践中，采购商常常用拍卖机制对供应商进行第一轮预选，然后对预选获胜的供应商进行第二轮谈判，以最终确定相关交易条款（Beall et al.，2003；Elmaghraby，2007；Tunca and Wu，2009；Duenyas et al.，2013）。本章的渐近最优机制就是这样一种两阶段采购机制，具体规则如下：第一阶段，所有供应商参与公开降价拍卖，规则与前述广义英式拍卖类似，只不过在倒数第三位供应商退出时拍卖结束，剩下的两位供应商成为获胜供应商，进入第二阶段。第二阶段是一个直接机制：采购商向两位获胜供应商公布一个分配规则（$Q(\cdot)$，$w(\cdot)$），并要求他们报告自己的真实成本。根据第一阶段拍卖中观测到的$(n-2)$个退出价格（组成向量$c^{\mathrm{I}}$），和第二阶段中获胜供应商报告的成本（组成向量$c^{\mathrm{II}}$），采购商即以批发价格$w_i(c^{\mathrm{I}}, c^{\mathrm{II}})$向获胜供应商$i$订货$Q_i(c^{\mathrm{I}}, c^{\mathrm{II}})$，$i=1, 2$。为了保证机制的有效性，采购商在第一阶段拍卖开始前就向所有竞标供应商声明，第二阶段的批发价格不会高于第一阶段结束时的拍卖价格。

综上，本章关于市场端和供应端的基本假设与4.3节的报童模型一致，但本章关于供应商成本分布的假设与第4章截然不同，这也导致采购商面临完全不同的双源采购拍卖机制设计问题。由于给定批发价格时，采购商的最优订货决策与4.3节中完全相同，本章直接引用推论4-2的结果作为本章的一个重要引理。

引理5-1：给定批发价$0\leqslant w_1\leqslant\cdots\leqslant w_n\leqslant r$，采购商的最优双源采购订货决策为：

$$Q_1^*(w_1, w_2)=\frac{a\theta s(w_1)}{\mu}-\frac{a\theta^2[s(w_2)-\theta s(w_1)]^+}{\mu(1-\theta^2)}, \quad Q_2^*(w_1, w_2)=\frac{a\theta[s(w_2)-\theta s(w_1)]^+}{\mu(1-\theta^2)}$$

证明：见推论4-2。

证毕。

## 5.2 广义英式拍卖（GEA）

### 5.2.1 投标均衡

传统的逆向英式拍卖最重要的性质之一就是具有说真话（truth-telling）均衡，即均衡时所有供应商都会选择在拍卖价格到达自己的真实成本时退出拍卖（Beil，2010）。本章的双源采购广义英式拍卖部分保持了这个重要性质，如引理5-2所述。

引理5-2：在广义英式拍卖中，当存在3位或3位以上供应商参与竞争时，每位供应商的占优策略都是等待拍卖价格到达自己的真实成本时退出。

证明：假设供应商$i$和其他两位或两位以上供应商还未退出，并假定

在 $t$ 时刻拍卖价格将抵达供应商 $i$ 的成本。显然，供应商 $i$ 不会在 $t$ 时刻之前退出，因为一旦退出，其利润为零，而如果继续竞争，则有正的概率以高于成本的批发价获胜，赚取正的利润。同样，供应商 $i$ 也不会选择在 $t$ 时刻之后退出，因为一旦在 $t$ 时刻之后成为获胜者，则必须接受一个低于成本的批发价格，导致利润为负。所以，供应商 $i$ 会选择在 $t$ 时刻退出。

证毕。

根据引理 5-2，拍卖中前 $(n-2)$ 个供应商都会在自己的成本价退出。最后两位供应商（假定其中一人为供应商 $i$）的投标博弈需要考虑以下两方面的权衡。一方面，如果供应商 $i$ 最终成为第二获胜者（其批发价格为倒数第三位供应商的退出价格），那么越迟退出对他越不利，因为他的退出价格将成为第一获胜者的批发价格，该价格越低，供应商 $i$ 分到的订货数量就越少，利润也就越低。另一方面，迟些退出也可能对供应商 $i$ 有利，因为很有可能另一名供应商会先退出，这样供应商 $i$ 就成为第一获胜者，可以获得更多的订货数量，尽管批发价格也更低。因此，很自然地可能产生如下预期：最后两位供应商（即获胜供应商）的均衡退出价格为各自私有成本的函数。然而，上述直觉在本节模型中并不成立；本节发现，最后两位获胜供应商关于边际收益（批发价格）和订货数量的权衡，最终导致了如以下命题所述的默契共谋（tacit collusion）均衡。

命题 5-1：在广义英式拍卖中，最后两位供应商都会选择在倒数第三位供应商退出时退出，这是唯一的对称、单调不减纳什投标均衡。

证明：首先推导两位获胜供应商的目标函数。给定倒数第三位供应商的退出价格 $p_3$，获胜供应商 $i$ 和 $j$ 选择各自的退出价格 $p_i$ 和 $p_j$。如果 $p_i < p_j$，则供应商 $i$ 成为第一获胜者，其利润为 $u_i^{\mathrm{I}}(p_j) = E_{\rho_i}[\rho_i(p_j - c_i)Q_1^*(p_j, p_3)]$；如果 $p_i > p_j$，则供应商 $i$ 成为第二获胜者，其利润为 $u_i^{\mathrm{II}}(p_i) = E_{\rho_i}[\rho_i \cdot (p_3 - c_i)Q_2^*(p_i, p_3)]$；如果 $p_i = p_j$，则供应商 $i$ 有 $\frac{1}{2}$ 概率成为第一或第二获胜者。记 $p^*(\cdot)$ 为对称、单调不减的投标均衡（均衡退出价格）。给定供应商 $j$ 选择在价格 $p^*(c_j)$ 退出，供应商 $i$ 选择在价格 $p^*(x_i)$ 退出时的期望利润为：

$$u_i(p^*(x_i)) = \int_{x_i}^{p_3} u_i^{\mathrm{I}}(p^*(c_j))h(c_j)dc_j + u_i^{\mathrm{II}}(p^*(x_i))H(x_i) \quad (5-1)$$

其中 $H(\cdot) = \frac{F(\cdot)}{F(p_3)}$ 和 $h(\cdot) = \frac{f(\cdot)}{F(p_3)}$ 分别表示 $c_j$ 在 $[\underline{c}, p_3]$ 上的截断累积分布函数和截断概率密度函数。

下面分情况：①$c_i \in (c_0, p_3]$，②$c_i \in (\underline{c}, c_0]$和③$c_i = \underline{c}$，分别讨论均衡投标解，其中$c_0 = \max\{\underline{c}, (2-\theta)p_3 - (1-\theta)r\}$。

①当$c_i \in (c_0, p_3]$时，$u_i^{\mathrm{I}}(\cdot)$和$u_i^{\mathrm{II}}(\cdot)$都是增函数，意味着对所有$p^*(x_i) \in [0, p_3)$，有$u_i(p^*(x_i)) < \int_{x_i}^{p_3} u_i^{\mathrm{I}}(p_3)h(c_j)dc_j + u_i^{\mathrm{II}}(p_3)H(x_i) = u_i(p_3)$，其中等式成立是因为$u_i(p_3) = u_i^{\mathrm{I}}(p_3) = u_i^{\mathrm{II}}(p_3)$。故$p^*(c_i) = p_3$是情况①下唯一最优解。

②当$c_i \in (\underline{c}, c_0]$时，问题（5－1）的一阶条件$\left[\dfrac{\partial u_i(p^*(x_i))}{\partial x_i}\right]_{x_i=c_i} = 0$可表达为：

$$[u_i^{\mathrm{II}}(p^*(c_i)) - u_i^{\mathrm{I}}(p^*(c_i))]h(c_i) + H(c_i)\frac{\partial u_i^{\mathrm{II}}(p^*(c_i))}{\partial p^*(c_i)}\frac{dp^*(c_i)}{dc_i} = 0 \tag{5-2}$$

因为$\dfrac{\partial u_i^{\mathrm{II}}(p^*(c_i))}{\partial p^*(c_i)}$在$p^*(c_i) > p_0 = \max\left\{0, \dfrac{p_3-(1-\theta)r}{\theta}\right\}$时为正而在其他时候为0，故应分情况讨论。

a. 若$p^*(c_i) > p_0$，则式（5－2）可改写为：

$$\frac{dp^*(c_i)}{dc_i} = \frac{(p_3-p^*)[(1+\theta)s(c_i)-s(p_3)-s(p^*)]h(c_i)}{\theta[s(c_i)-s(p_3)]H(c_i)} \tag{5-3}$$

显然，$p^*(c_i) = p_3$是一个解。注意到式（5－3）等号右端的表达式及其关于$p^*$的一阶导数在$(\underline{c}, c_0] \times (p_0, p_3]$上是连续的。将$p^*(c_0) = p_3$作为初始值（以与$c_i \in (c_0, p_3]$时的解连续），根据常微分方程解的存在性和唯一性定理，可知$p^*(c_i) = p_3$是常微分方程（5－3）在$c_i \in (\underline{c}, c_0]$和$p^*(c_i) > p_0$下的唯一解。

b. 若$p^*(c_i) \leqslant p_0$，则根据$p^*(c_i)$的单调不减性，可由式（5－2）推出：当$c_i \in (\underline{c}, p_0]$时，$p^*(c_i) = c_i$；当$c_i \in (p_0, c_0]$时，$p^*(c_i) = p_0$。结合情况①和情况②a的分析结果，可知供应商$i$在区间$(\underline{c}, p_3]$上的策略为：

$$p^*(c_i) = \begin{cases} c_i - (c_i - p_0)^+ & c_i \in (\underline{c}, c_0] \\ p_3 & c_i \in (c_0, p_3] \end{cases} \tag{5-4}$$

其中，$c_i = c_0$是一个跳跃间断点。下面证明上述策略（5－4）不可能是一个均衡策略。如果式（5－4）是一个均衡策略，则成本为$c_0$的获胜供应商$i$会采用策略$p^*(c_0) = p_0$。那么，另一位获胜供应商$j$不会令$p_j \in (p_0, p_3)$，因为在区间（$p_0$，$p_3$）上任意提高 $p_j$ 都不会影响他的排名，也不会影响他成为第一名时的利润，但可以增加他成为第二名时的利润$\left(\text{注意到}\frac{\partial u_j^{\mathrm{II}}(p_j)}{\partial p_j}>0,\ \frac{\partial u_j^{\mathrm{I}}(p_i)}{\partial p_j}=0\right)$。考虑到这点，供应商 $i$ 会将策略改为 $p^*(c_0)=p_3$，因为这样改变不影响他的排名，也不影响他成为第一名时的利润，但会增加他成为第二名时的利润$\left(\text{注意到}\frac{\partial u_i^{\mathrm{II}}(p_i)}{\partial p_i}>0,\ \frac{\partial u_i^{\mathrm{I}}(p_j)}{\partial p_i}=0\right)$。所以，式（5－4）不可能是均衡；从而，情况 b 不会出现。故 $p^*(c_i)=p_3$ 是 $c_i\in(\underline{c},\ c_0]$ 时的唯一均衡。

③当 $c_i=\underline{c}$时，式（5－2）变为$[u_i^{\mathrm{II}}(p^*(\underline{c}))-u_i^{\mathrm{I}}(p^*(\underline{c}))]h(\underline{c})=0$，推出 $p^*(\underline{c})=p_3$ 或 $p^*(\underline{c})=\underline{c}+[(1-\theta)r-p_3+\theta\underline{c}]^+$。因为情况①和②的分析表明 $p^*(c_i)=p_3$ 对 $c_i\in(\underline{c},\ p_3]$成立，所以如果采用策略$p^*(\underline{c})=\underline{c}+[(1-\theta)r-p_3+\theta\underline{c}]^+$，则 $c_i=\underline{c}$为一个跳跃间断点。与对式（5－4）的分析类似，含有跳跃间断点的策略不可能是均衡。所以，$p^*(\underline{c})=p_3$ 是 $c_i=\underline{c}$时的唯一均衡解。

结合情况①②③的分析，对 $c_i\in[\underline{c},\ p_3]$，$p^*(c_i)=p_3$ 是唯一的对称、单调不减纳什投标均衡。

证毕。

出乎意料，命题5－1 表明最后两位供应商会在倒数第三位供应商退出时立即停止竞争，形成一种默契共谋。这种共谋均衡能够存在，是因为广义英式拍卖中动态、公开的竞标过程向两位获胜者透露了可能的最高批发价格（即所有供应商中第三低的成本 $c_3$），为他们提供了一个可观测的双赢共谋点。这种共谋行为未在双源采购直接机制（Chaturvedi and Martínez-de-Albéniz，2011）、双源采购合同（Yang et al.，2012）或双源采购密封投标机制（如本书第4 章的机制）中被观测到，因为这些机制中的供应商进行一次性同时决策，无法根据对手的投标情况发现可能的共谋价格。另外，和第4 章研究的成本分布已知情况下的双源采购拍卖最优机制形成对比，本章中的采购商由于不知道成本分布而无法在拍卖开始前给出一个最优的订货量分配规则，而是选择在拍卖后根据投标结果决定订货数量。缺少事前分配规则的规制，广义英式拍卖中的采购商对订货数量和单位信息租金之间的平衡缺乏掌控力。结果，第一获胜者不惜以丧失其在订货数量上的全部优势为代价，去榨取尽可能高的单位信息租金。这与第

4 章最优双源采购机制中“第一获胜者宁愿比第二获胜者索要更低的单位信息租金来加强其在订货数量上的优势”的结果截然不同。

广义英式拍卖中的共谋均衡有以下特征。第一，该共谋均衡在任意的成本分布下都存在，且均衡的唯一性只要求获胜供应商的成本是独立同分布的，与成本分布的具体形式无关。第二，共谋均衡隐藏了两位获胜供应商的成本信息，导致采购商在任意的供应风险水平下都只能平分订货数量，即采取完全分散的订货策略。这与第 4 章最优双源采购机制下“订货分散程度随供应风险的增加而增加”这一现象不同。另外，既往研究中有些双源/多源采购机制假定平分订货数量是一个外生结果（Tunca and Wu，2009）；与之不同，广义英式拍卖中的数量平分是一个内生决策结果。

### 5.2.2　双源采购的价值

传统的单源采购英式拍卖中，均衡时获胜供应商的批发价格为所有供应商中第二低的成本 $c_2$（Beil，2010）。与单源采购英式拍卖相比，广义英式拍卖能把订货量分配给两位供应商，因而具有风险分散效应；同时，广义英式拍卖中的共谋均衡使采购商的单位采购成本由 $c_2$ 增加到 $c_3$，因而具有共谋效应（或称价格抬升效应）。风险分散效应和共谋效应的同时存在，意味着双源采购未必比单源采购好。因此，何时该选择单源采购英式拍卖，何时该选择双源采购广义英式拍卖，是采购商面临的一个重要决策问题。

为了量化风险分散效应和共谋效应，考虑一个虚构的双源采购拍卖（FA），在该拍卖中采购商以相同的批发价格 $c_2$ 向两位获胜供应商订货。这样，对比 FA 与单源采购英式拍卖（EA），可以量化出风险分散效应；对比 FA 与双源采购广义英式拍卖（GEA），可以量化出共谋效应。容易验证，采购商在 GEA、EA 和 FA 中的期望利润分别为：

$$\Pi^{GEA}=\frac{ar\theta E_{c_3}[s^2(c_3)]}{1+\theta}\tag{5-5}$$

$\Pi^{EA}=\dfrac{ar\theta E_{c_2}[s^2(c_2)]}{2}$和 $\Pi^{FA}=\dfrac{ar\theta E_{c_2}[s^2(c_2)]}{1+\theta}$。采购商会选用 GEA 而非 EA 的条件为 $\Pi^{GEA}\geqslant\Pi^{EA}$，整理可得：

$$\frac{2}{1+\theta}\geqslant\frac{E[(r-c_2)^2]}{E[(r-c_3)^2]}\tag{5-6}$$

注意，不等式（5－6）的左端恰好等于$\frac{\Pi^{FA}}{\Pi^{EA}}$，代表 FA 相对于 EA 的优势，可表征风险分散效应；而不等式（5－6）的右端恰好等于$\frac{\Pi^{FA}}{\Pi^{GEA}}$，代表 FA 相对于 GEA 的优势，可表征共谋效应。因此，不等式（5－6）的管理意义很清楚：当风险分散效应超过了共谋效应时，采购商会选用双源采购广义英式拍卖，否则选用单源采购英式拍卖。

命题 5－2：相比于单源采购英式拍卖，当供应风险越高、竞标人数越多或零售价格越高时，采购商越有可能偏好广义英式拍卖。

证明：分别用分散效应（diversification effect，DE）和共谋效应（collusion effect，CE）表示不等式（5－6）左端和右端的表达式。显然，DE 仅与供应风险有关，而 CE 与零售价格 $r$、投标人数 $n$ 以及成本分布都有关。当供应风险增加（即供应可靠性 $\theta$ 变小）时，分散效应变大，采购商更有可能选双源采购 GEA。关于零售价格 $r$ 和投标人数 $n$ 的影响，需要用到切比雪夫不等式（Chebyshev's inequality，可参考 Pečarić，1984）：如果函数 $\tau(x)$ 和 $\zeta(x)$ 单调性相同（即同为增函数或同为减函数），则不等式：

$$\left(\int_X \omega\right)\left(\int_X \tau\zeta\omega\right) \geqslant \left(\int_X \tau\omega\right)\left(\int_X \zeta\omega\right) \tag{5-7}$$

对所有 $\omega(x)>0$ 和 $x \in X$ 成立；如果 $\tau(x)$ 和 $\zeta(x)$ 单调性相反（即一增一减），则式（5－7）的不等号反向。现将 CE 重新表达为：

$$CE = \frac{2\int_{\underline{c}}^{\bar{c}}(r-c)^2 F(c)\bar{F}^{n-2}(c)f(c)dc}{\left[(n-2)\int_{\underline{c}}^{\bar{c}}(r-c)^2 F^2(c)\bar{F}^{n-3}(c)f(c)dc\right]} \tag{5-8}$$

并令 $\omega(c)=(r-c)F^2(c)\bar{F}^{n-3}(c)f(c)$，$\tau(c)=\frac{\bar{F}(c)}{F(c)}$和 $\zeta(c)=r-c$，则由不等式（5－7）得 $\frac{\int\tau\omega}{\int\omega} \leqslant \frac{\int\tau\omega\zeta}{\int\omega\zeta}$，等价于$\frac{\partial CE}{\partial r}\leqslant 0$。因此，当零售价格 $r$ 增加时，共谋效应降低，采购商更可能选双源采购 GEA。最后，通过分部积分可得等式：

$$(n-2)\int_{\underline{c}}^{\bar{c}}(r-c)^2 F^2(c)\bar{F}^{n-3}(c)f(c)dc =$$

$$2\int_{\underline{c}}^{\bar{c}}(r-c)[r-\psi(c)]F(c)\bar{F}^{n-2}(c)f(c)dc$$

同时，式（5－8）可重新表达为：

$$CE = \frac{\int_{\underline{c}}^{\bar{c}} (r-c)^2 F(c) \bar{F}^{n-2}(c) f(c) dc}{\int_{\underline{c}}^{\bar{c}} (r-c)[r-\psi(c)] F(c) \bar{F}^{n-2}(c) f(c) dc}$$

重新令 $\omega(c)=(r-c)[r-\psi(c)]F(c)\bar{F}^{n-2}(c)f(c)$，$\tau(c)=\frac{r-c}{r-\psi(c)}$（增函数）和 $\zeta(c)=\bar{F}(c)$（减函数），则由不等式（5－7）得到 $\frac{\int\tau\omega}{\int\omega} \geqslant \frac{\int\tau\omega\zeta}{\int\omega\zeta}$，即 $CE|_n \geqslant CE|_{n+1}$。因此，当投标人数 $n$ 增加时，共谋效应降低，采购商更有可能选双源采购 GEA。

证毕。

命题 5－2 的管理意义如下。供应风险越高时，双源采购广义英式拍卖的风险分散效应越有可能超过其共谋效应，因而采购商越有可能实施双源采购。投标人数增加时，供应商竞争更为激烈，使得英式拍卖和广义英式拍卖下的采购价格都被降低，且两者差异变小，导致共谋效应降低。零售价格的增加也会降低共谋效应，因为采购商从市场获得的边际收益越高，供应商共谋造成的采购成本上升对其影响就相对越小。

## 5.3　两阶段渐近最优机制（AOM）

5.2 节研究的广义英式拍卖规则简单、容易执行，在采购实践中被广泛应用，但共谋均衡的存在使得它并不能实现采购商的利润最大化。根据经典的拍卖理论，一个自然的改进方法是通过设置合适的保留价来优化拍卖结果（Krishna，2009）。然而，在供应商成本分布未知的情况下，此法并不可行，因为最优的拍卖保留价必须依赖于成本分布。本节考虑另一种改进方案，即设计一个两阶段的渐近最优机制：首先用一个类似于广义英式拍卖的竞标过程选出两位获胜供应商，并根据投标过程中披露的其他供应商的成本信息，来估计获胜供应商的成本分布；然后，用估计的成本分布对两位获胜供应商设计直接机制。注意，渐近最优表明此机制只能实现成本分布未知情况下的最优，并不是传统意义上的最优机制（如第 4 章的最优机制）；但是，当投标人数非常多时，此机制可以无限逼近成本分布已知情况下的最优机制。另外，与大多数直接机制要求所有潜在供应商都报告真实成本的做法不同，两阶段渐近最优机制只要求两个获胜供应商报告真实成本，这极大地减少了采购过程中不必要的商业机密暴露，更易于被潜在供应商接受。该机制的具体规则已在模型部分描述，下面进行分析求解。

首先分析第一阶段的投标均衡。与广义英式拍卖中还剩余三位或三位以上供应商的情况（引理5－2）类似，第一阶段具有说真话的投标均衡。

引理5－3：在两阶段渐近最优机制中，所有供应商在第一阶段的占优投标策略为等待拍卖价格到达自己的真实成本时退出。

证明：考虑供应商 $i$ 并假定拍卖价格将在 $t$ 时刻抵达其成本。显然，供应商 $i$ 不会在 $t$ 时刻之前退出，因为一旦退出，其利润为零，而如果继续竞争，则有正的概率以高于成本的批发价获胜。同样，供应商 $i$ 也不会选择在 $t$ 时刻之后退出，因为一旦在 $t$ 时刻之后成为获胜者，则必须接受一个低于成本的批发价格（注意，采购商声明过第二阶段的批发价格不会高于第一阶段结束时的拍卖价格）。所以，供应商 $i$ 会选择在 $t$ 时刻退出。

证毕。

引理5－3表明，均衡时，第一阶段中被淘汰的$(n-2)$位供应商的退出价格向量 $\boldsymbol{c}^{\mathrm{I}}$ 就是他们的真实成本向量，即 $\boldsymbol{c}^{\mathrm{I}}=(c_n,\ \cdots,\ c_3)$。另外，两位获胜供应商在第二阶段报告的成本不应高于第一阶段结束时的拍卖价格 $c_3$，即 $\boldsymbol{c}^{\mathrm{II}}\in[\underline{c},\ c_3]^2$。不失一般性，可用所有供应商的真实成本向量 $\boldsymbol{c}$ 替换$(\boldsymbol{c}^{\mathrm{I}},\ \boldsymbol{c}^{\mathrm{II}})$，这样，第二阶段的直接机制可以重新表示为$(Q(\boldsymbol{c}),\ w(\boldsymbol{c}))$。由于所有供应商的成本是独立同分布的，根据机制中收集到的成本信息 $\boldsymbol{c}$，采购商可以得到获胜供应商 $i$ 的成本分布的估计值$\hat{F}_i(c_i\mid \boldsymbol{c}_{-i})$，进而像成本分布已知情况那样设计直接机制。下述命题给出了第二阶段最优的机制结构。

命题5－3：假设①$\hat{\psi}_1(\boldsymbol{c})\leqslant\cdots\leqslant\hat{\psi}_n(\boldsymbol{c})\leqslant r$ 和②$\dfrac{\partial\hat{\psi}_i(\boldsymbol{c})}{\partial c_i}\geqslant\dfrac{\partial\hat{\psi}_j(\boldsymbol{c})}{\partial c_i}$，$i=1,\ 2,\ j\neq i$。在两阶段渐近最优机制的第二阶段，以下订货量分配规则和批发价支付规则实现了成本分布未知情况下的最优双源采购：

$$Q_i^{AOM}(\boldsymbol{c})=Q_i^*(\hat{\psi}_1(\boldsymbol{c}),\ \hat{\psi}_2(\boldsymbol{c}))$$

$$w_i^{AOM}(\boldsymbol{c})=c_i+\frac{\int_{c_i}^{c_3}Q_i^{AOM}(x,\ \boldsymbol{c}_{-i})\,dx}{Q_i^{AOM}(\boldsymbol{c})}(\text{如果 }Q_i^{AOM}(\boldsymbol{c})>0),\ i=1,\ 2$$

其中 $\hat{\psi}_i(\boldsymbol{c}) \equiv c_i + \dfrac{\hat{F}_i(c_i \mid \boldsymbol{c}_{-i})}{\hat{f}_i(c_i \mid \boldsymbol{c}_{-i})}$ 为获胜供应商 $i$ 虚拟成本的估计值。

证明：本节模型中，采购商只针对最后两位获胜供应商设计直接机制，这与通常的做法即面向所有竞标者进行机制设计略有不同。为了方便比照机制设计的标准做法，本节分两步证明命题5－3。首先，针对所有潜在供应商都参与机制的情况，设计成本分布未知时的最优双源采购直接机制。然后，证明两阶段渐近最优机制可以实现相同的采购商期望利润。

西格尔（Segal，2003）研究了分布未知情况下的最优销售机制设计，西格尔为一般的渐近最优机制设计提供了分析范例。参照西格尔的做法，在不知供应商成本分布时，采购商可以先假设供应商的成本在 $[\underline{c}, \bar{c}]^n$ 上服从任意的联合累计分布 $\hat{F}(\boldsymbol{c})$ 和累计概率密度 $\hat{f}(\boldsymbol{c})$。这样，经过标准的机制设计分析，采购商的最优采购机制设计问题可以最终表述为：

$$\max_{Q} E_{\rho}\left[R\left(\sum_{i=1}^{n} \rho_i Q_i(\boldsymbol{c})\right)\right] - \mu \sum_{i=1}^{n} Q_i(\boldsymbol{c}) \hat{\psi}_i(\boldsymbol{c})$$

s. t. 对任意 $i$，$Q_i(\boldsymbol{c}) \geqslant 0$ 且 $Q_i(\boldsymbol{c})$ 关于 $c_i$ 单调非增。

在假设 $\hat{\psi}_1(\boldsymbol{c}) \leqslant \cdots \leqslant \hat{\psi}_n(\boldsymbol{c}) \leqslant r$ 下，根据引理5－1可得：最优双源采购分配规则为 $Q_i(c) = Q_i^*(\hat{\psi}_1(c), \hat{\psi}_2(c))$，$i = 1, 2$，其中 $Q_i(\boldsymbol{c})$ 关于 $c_i$ 的单调性可由假设 $\dfrac{\partial \hat{\psi}_i(\boldsymbol{c})}{\partial c_i} \geqslant \dfrac{\partial \hat{\psi}_j(\boldsymbol{c})}{\partial c_i} (j \neq i)$ 保证；每单位成功交付产品的零售价格为 $w_i(c) = c_i + \dfrac{\int_{c_i}^{\bar{c}} Q_i(x, \boldsymbol{c}_{-i}) dx}{Q_i(\boldsymbol{c})}$（如果 $Q_i(\boldsymbol{c}) > 0$）；采购商的期望利润为：

$$E_{\boldsymbol{c},\boldsymbol{\rho}}\left[R\left(\sum_{i=1}^{2} \rho_i Q_i(\boldsymbol{c})\right) - \mu \sum_{i=1}^{2} Q_i(\boldsymbol{c}) \psi(c_i)\right] \tag{5-9}$$

在两阶段渐近最优机制的第二阶段，采购商面临上述机制设计问题的一种特殊情况：参与供应商人数为2，且其成本在 $[\underline{c}, c_{(3)}]^2$ 上服从任意的联合累积分布 $\Phi(\boldsymbol{c}^{\mathrm{II}} \mid \boldsymbol{c}^{\mathrm{I}})$ 和累积概率密度 $\phi(\boldsymbol{c}^{\mathrm{II}} \mid \boldsymbol{c}^{\mathrm{I}})$。因此，此情况的最优机制结果可以根据上面的分析立即得到：只需将原问题中的 $(\hat{F}_i(c_i \mid \boldsymbol{c}_{-i}), \hat{f}_i(c_i \mid \boldsymbol{c}_{-i}), \bar{c})$ 替换为 $(\Phi_i(c_i \mid \boldsymbol{c}^{\mathrm{I}}, \boldsymbol{c}^{\mathrm{II}}_{-i}), \phi_i(c_i \mid \boldsymbol{c}^{\mathrm{I}}, \boldsymbol{c}^{\mathrm{II}}_{-i}), c_3)$ 即可。容易验证，数量分配规则保持不变，因为根据贝叶斯定理 $\dfrac{\Phi_i(c_i \mid \boldsymbol{c}^{\mathrm{I}}, \boldsymbol{c}^{\mathrm{II}}_{-i})}{\phi_i(c_i \mid \boldsymbol{c}^{\mathrm{I}}, \boldsymbol{c}^{\mathrm{II}}_{-i})} = \dfrac{\hat{F}_i(c_i \mid \boldsymbol{c}_{-i})}{\hat{f}_i(c_i \mid \boldsymbol{c}_{-i})}$ 成立。另外，给定 $\boldsymbol{c}^{\mathrm{I}}$，采购商第二阶段的期望利润为：

$$\Pi^{AOM}(\boldsymbol{c}^{\mathrm{I}}) = E_{\boldsymbol{c}^{\mathrm{II}}, \boldsymbol{\rho}^{\mathrm{II}}}\left[R\left(\sum_{i=1}^{2} \rho_i Q_i(\boldsymbol{c})\right) - \mu \sum_{i=1}^{2} Q_i(\boldsymbol{c}) \psi(c_i)\right]$$

与供应商的批发价格 $w_i^{AOM}(\boldsymbol{c}) = c_i + \dfrac{\int_{c_i}^{c_3} Q_i(x, \boldsymbol{c}_{-i})dx}{Q_i(\boldsymbol{c})}$（$Q_i(\boldsymbol{c}) > 0$）独立。再对 $\boldsymbol{c}^{\mathrm{I}}$ 求期望，可得：

$$\Pi^{AOM} = E_{\boldsymbol{c}^{\mathrm{I}}}[\Pi^{AOM}(\boldsymbol{c}^{\mathrm{I}})] = \frac{1}{2}ar\theta E_c\left[\hat{S}_1\tilde{S}_1 + \frac{(\hat{S}_2 - \theta\hat{S}_1)^{+}(\tilde{S}_2 - \theta\tilde{S}_1)}{(1-\theta^2)}\right] \tag{5-10}$$

其中 $S_i = s(\psi(c_i))$，$\hat{S}_i = s(\hat{\psi}_i(c))$，$\tilde{S}_i = 2S_i - \hat{S}_i$。容易验证，式（5-10）与式（5-9）的结果完全一样。

证毕。

命题5-3表明，两阶段渐近最优机制的均衡分配结果和供应商成本分布已知时的最优机制分配结果（见命题4-1）类似，但是要将后者中的虚拟成本 $\psi(c_i)$ 替换为虚拟成本估计值 $\hat{\psi}_i(c)$。命题5-3中的假设①保证了采购商一定会采购，且真实成本越低的供应商获得的订货数量越多，因而分配是有效的。注意，每位供应商的虚拟成本估计值都与所有供应商的成本有关；假设②说明每位供应商的虚拟成本估计值受该供应商自身成本的影响比受其他供应商成本的影响大，这保证了 $Q_i(c)$ 关于 $c_i$ 的单调性条件成立。

与第4章中类似，定义两阶段渐近最优机制中的获胜供应商利润率贡献相近程度为 $\hat{\eta} = \dfrac{s(\hat{\boldsymbol{\psi}}_2(\boldsymbol{c}))}{s(\hat{\psi}_1(c))}$，采购商的订货分散程度为 $\hat{d} = \dfrac{\boldsymbol{Q}_2(\boldsymbol{w})}{Q_1(w)}$。

命题5-4：在两阶段渐近最优机制中：①当且仅当获胜供应商的利润率贡献相近程度 $\hat{\eta}$ 超过供应可靠性 $\theta$ 时，采购商才会使用双源采购；②双源采购时的订货分散程度 $\hat{d}$ 是获胜供应商利润率贡献相近程度 $\hat{\eta}$ 的增函数，是供应可靠性 $\theta$ 的减函数。

证明：根据命题5-3的分配结果和订货分散程度 $\hat{d}$ 的定义，得 $\hat{d} = \dfrac{(\hat{\eta}-\theta)^{+}}{1-\theta\hat{\eta}}$。显然，$\hat{\eta} > \theta$ 时 $\hat{d} > 0$（双源采购），否则 $\hat{d} = 0$（单源采购），故命题的第①部分成立。分别对 $\hat{\eta}$ 和 $\theta$ 求一阶偏导，得 $\dfrac{\partial\hat{d}}{\partial\hat{\eta}} = \dfrac{(1-\theta^2)\mathbf{1}_{\hat{\eta}>\theta}}{(1-\theta\hat{\eta})^2} \geqslant 0$ 和 $\dfrac{\partial\hat{d}}{\partial\theta} = \dfrac{(\hat{\eta}^2-1)\mathbf{1}_{\hat{\eta}>\theta}}{(1-\theta\hat{\eta})^2} \leqslant 0$，证明了命题的第②部分。

证毕。

与5-2节中广义英式拍卖始终完全平分订货数量的结果不同，两阶段渐近最优机制可能得到任意的订货分散程度。这是因为，第二阶段的直接机制切断了第一阶段投标中的共谋现象，并允许采购商利用估计出来的成本分布制定出与成本分布已知情况下类似的分配策略，进而找到订货数量与单位信息租金之间的平衡点，实现合适的订货分散程度。与成本分布已知时的最优双源采购机制（第4章）相比，两阶段渐近最优机制由于分布估计的不精确而产生数量分配的扭曲。事实上，分布估计的不精确既可能导致订货过于分散（$\hat{d} \geqslant d$），也可能导致订货过于集中（$\hat{d} < d$），这取决于虚拟分布的真实值 $\psi(c_i)$ 与估计值 $\hat{\psi}_i(c)$ 的大小关系。由于 $\hat{\psi}_i(c)$ 与实际的成本分布以及采购商估计成本分布的具体方法都有关（更多讨论请参考 Segal，2003），$\psi(c_i)$ 与 $\hat{\psi}_i(\boldsymbol{c})$ 的大小关系并没有一般结论。但下述结论可以确定：若令 $\Delta_i \equiv \hat{\psi}_i(\boldsymbol{c}) - \psi(\boldsymbol{c}_i)$ 为虚拟分布的估计误差，则当 $\Delta_2 \leqslant \eta \Delta_1$ 时，$\hat{d} \geqslant d$，否则，$\hat{d} < d$。

## 5.4　GEA 与 AOM 机制比较与选择

在供应商具有随机产出风险且供应商成本分布未知情形下，5.2 节和 5.3 节分别研究了双源采购广义英式拍卖（GEA）和双源采购渐近最优机制（AOM）。上述两个机制都有各自的优缺点：广义英式拍卖执行简单，但存在共谋均衡，订货完全分散的同时批发价格也较高；渐近最优机制避免了共谋，可以平衡订货数量与单位信息租金，但有两个阶段从而执行成本较高。本节从市场需求的满足程度（服务水平）和采购商期望利润这两个方面对上述机制进行比较分析，探究不同因素对采购商机制选择的影响。

### 5.4.1　服务水平比较

服务水平（service level）通常被定义为需求的满足率（Akçay and Xu，2004）。由于存在私有信息及供、需端的不确定性，本章考虑事前的服务水平，其定义为：

$$SL = \frac{E[sales]}{E[demand]} = \frac{E_{D,\rho,c}[\min\{D, \sum_{i=1}^{2} \rho_i Q_i\}]}{\frac{1}{2}a}$$

另外，采购商向市场的期望输出数量为 $q_{out} = E_{\boldsymbol{\rho}, \boldsymbol{c}}[\sum_{i=1}^{2} \rho_i Q_i]$。

在传统的报童模型（不考虑供应风险或双源采购）中，期望输出数量越高，则市场需求的满足程度越高，即服务水平越高。但本章研究发现，在供应风险下的双源采购机制中，上述传统观点不再成立。如图 5－2 所示，尽管两阶段渐近最优机制的期望输出数量比广义英式拍卖多，但其服务水平却不一定比广义英式拍卖高。广义英式拍卖中两获胜供应商以相同批发价格平分订货数量，而两阶段渐近最优机制中第一获胜者（成本较低者）获得大部分订单，这导致采购商在后一机制中的期望采购成本更低，从而产生更高的期望输出数量（或期望订货数量）。这一事实反映了两阶段渐近最优机制相对于广义英式拍卖的成本优势。然而，不同于不考虑供应风险或双源采购的传统报童模型，在本章模型中，事前的服务水平不仅与供应的“均值”（即期望输出数量）正相关，还与供应的“方差”负相关。给定期望输出数量，订货越分散，供应的方差就越小。因此，尽管期望输出数量较少，广义英式拍卖因其订单的完全分散化而可能比两阶段渐近最优机制具有更高的服务水平。这一事实反映了广义英式拍卖相对于两阶段渐近最优机制的可靠性优势。当供应风险很高、零售价格很高或投标人数很多时，广义英式拍卖的可靠性优势尤为突出，可以超高两阶段渐近最优机制的成本优势，从而导致更高的服务水平。

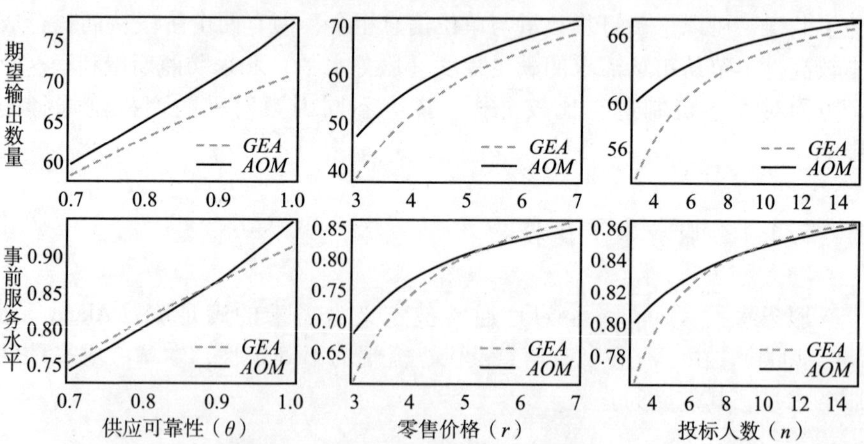


**图 5－2　期望输出数量和事前服务水平**

注：真实的成本分布为 $F(c_i) = (c_i - 1)^{\lambda}$，其中 $\lambda = 1$（采购商不知），$c_i \in [1, 2]$（即 $c_i \sim U[1, 2]$）。两阶段渐近最优机制中，采购商用最大似然法估计 $\lambda$ 的值。其他参数取值：$a = 100$；左：$n = 6$，$r = 3$；中：$n = 3$，$\theta = 0.85$；右：$r = 4$，$\theta = 0.9$。

图 5－2 还表明，当供应可靠性、零售价格或投标人数越高/多时，两机制的服务水平都越高，原因如下。可靠性越高时，采购商可以以越低的风险收到越多的数量；零售价格越高时，采购商越有动机以更大的分散程度订更多的货；投标人数越多时，激烈的竞争压低批发价格从而增加订货数量。上述所有情形都导致更高的期望销售量，从而实现更高的事前服务水平。

## 5.4.2　采购商期望利润比较

显然，两阶段渐近最优机制是对广义英式拍卖的一种改进，必然给采购方带来更高的期望拍卖利润。但与此同时，两阶段机制的执行也需要付出额外的成本。因此，在实际运作时，采购商还面临上述两种机制的选择问题。本小节假定两机制的执行成本为外生常数，以着重探讨环境参数对拍卖利润的影响，进而研究采购商的机制选择。

采购商在两阶段渐近最优机制（AOM）和广义英式拍卖（GEA）中的期望利润分别为 $\Pi^{AOM}$［见式（5－10）］和 $\Pi^{GEA}$［见式（5－5）］，两机制下的采购商期望利润之差记为 $V_{DE}=\Pi^{AOM}-\Pi^{GEA}$，代表分布估计的价值，因为 AOM 与 GEA 的本质区别在于，AOM 对供应商成本分布进行了估计并用成本分布的估计值进行机制设计。为了确保分布的估计值与真实值具有类似性质，假设 $\tilde{\psi}_i(\boldsymbol{c})\equiv 2\psi(c_i)-\hat{\psi}_i(\boldsymbol{c})$ 关于 $c_i$ 单调递增，且 $r\geqslant\tilde{\psi}_i(\bar{c},\boldsymbol{c}_{-i})$ 对所有 $i$ 成立。另外，记 $\hat{r}=sup_{\boldsymbol{c}\in[\underline{c},\bar{c}]^n}\left\{\dfrac{\hat{\psi}_2(\boldsymbol{c})-\theta\hat{\psi}_1(\boldsymbol{c})}{1-\theta}\right\}$，则有以下命题。

命题 5－5：供应风险（CV）越高，分布估计的价值 $V_{DE}$ 越小；当 $n\to\infty$ 时，$V_{DE}\to 0$；当零售价格 $r\geqslant\hat{r}$ 时，零售价格越高，分布估计的价值 $V_{DE}$ 越小。

证明：首先考察供应风险。令 $A=E_c\left[(1+\theta)\hat{S}_1\tilde{S}_1+\dfrac{(\tilde{S}_2-\theta\tilde{S}_1)(\hat{S}_2-\theta\hat{S}_1)^+}{(1-\theta)}\right]$，$B=2E_{c_{(3)}}[s^2(c_{(3)})]$，则 $V_{DE}$ 可以表达为 $V_{DE}=\left(\dfrac{A}{B}-1\right)\Pi^{GEA}$。因为 $\dfrac{\partial\left(\dfrac{A}{B}-1\right)}{\partial A}>0$，$\dfrac{\partial A}{\partial\theta}=E_{\boldsymbol{c}}\left[\hat{S}_1\tilde{S}_1(1-\mathbf{1}_{\hat{S}_2\geqslant\theta\hat{S}_1})+\dfrac{(\hat{S}_1-\hat{S}_2)(\tilde{S}_1-\tilde{S}_2)\mathbf{1}_{\hat{S}_2\geqslant\theta\hat{S}_1}}{(1-\theta)^2}\right]\geqslant 0$，$\dfrac{\partial\Pi^{GEA}}{\partial\theta}=\dfrac{arE_{c_3}[s^2(c_3)]}{(1+\theta)^2}>0$，且 $\dfrac{\partial\theta}{\partial CV}<0$，

所以$\frac{\partial V_{DE}}{\partial CV}<0$。

接着证明 $n\to\infty$ 时 $V_{DE}$的收敛性。分两步进行：①证明当 $n\to\infty$ 时，渐近最优机制下的采购商期望利润收敛于成本分布已知情况下的采购商期望利润 $\Pi^D$，其中 $\Pi^D$ 的表达式已在第 4 章 4.3.3 节给出；②证明当 $n\to\infty$ 时，$\Pi^D-\Pi^{GEA}\to 0$。

①采购商在成本分布已知和未知情况下的最优双源采购事后利润分别为：

$$\pi^D=\frac{ar\theta}{2}\left\{S_1^2+\frac{[(S_2-\theta S_1)^+]^2}{(1-\theta^2)}\right\}$$

$$\pi^{AOM}=\frac{ar\theta\left[\hat{S}_1\tilde{S}_1+\frac{(\hat{S}_2-\theta\hat{S}_1)^+(\tilde{S}_2-\theta\tilde{S}_1)}{(1-\theta^2)}\right]}{2}$$

显然，如果 $\hat{\psi}_i(\boldsymbol{c})=\psi(c_i)(i=1,\ 2)$，则必有 $\boldsymbol{\pi}^{AOM}=\boldsymbol{\pi}^D$。假设$\hat{F}_i(c_i\mid\boldsymbol{c}_{-i})$和$\hat{f}_i(c_i\mid\boldsymbol{c}_{-i})$分别依概率收敛于 $F(c_i)$和$f(c_i)$，则当 $n\to\infty$ 时有 $\boldsymbol{\pi}^{AOM}\to\boldsymbol{\pi}^D$。再假设 $\hat{\psi}_i(\boldsymbol{c})$是渐近一致可积的，则当 $n\to\infty$ 时，必有 $E_c[\boldsymbol{\pi}^{AOM}]\to E_c[\boldsymbol{\pi}^D]$，即$\lim_{n\to\infty}(\Pi^{AOM}-\Pi^D)=0$。

②应用分部积分，可以将 $\Pi^{GEA}$重新表达为：

$$\Pi^{GEA}=\frac{ar\theta\{s^2(\underline{c})+\int_{\underline{c}}^{\bar{c}}s(c)s'(c)\bar{F}^{n-2}(c)[(n^2-3n+2)\bar{F}^2(c)-2n(n-2)\bar{F}(c)+n(n-1)]dc\}}{1+\theta}$$

再根据斯托尔兹 - 切萨罗定理（Stolz - Cesàro theorem），有 $\lim_{n\to\infty}\Pi^{GEA}=\frac{ar\theta s^2(\underline{c})}{1+\theta}$。又因为在命题 4 - 8 的证明中已证明 $\lim_{n\to\infty}\Pi^D=\frac{ar\theta s^2(\underline{c})}{1+\theta}$，所以有 $\lim_{n\to\infty}(\Pi^D-\Pi^{GEA})=0$。结合①②的分析，可知当 $n\to\infty$ 时，$V_{DE}\to 0$。

最后证明 $V_{DE}$关于零售价格 $r$ 的单调性。求一阶导数得：

$$\frac{\partial V_{DE}}{\partial r}=\frac{a\theta E_c[(S_2-\theta S_1)(1_{\hat{S}_2\geqslant\theta\hat{S}_1}-1)]}{1+\theta}-\frac{V_{DE}}{r}$$

当 $r\geqslant\hat{r}$ 时，$\mathbf{1}_{\hat{S}_2\geqslant\theta\hat{S}_1}-1=0$ 对所有 $c$ 成立，故有$\frac{\partial V_{DE}}{\partial r}<0$。

证毕。

前文已经阐释，广义英式拍卖与两阶段渐近最优机制相比，前者具有可靠性优势，后者具有成本优势。命题5－5进一步揭示，当供应风险越高时，广义英式拍卖的可靠性优势越显著，而渐近最优机制的成本优势则相应弱化，导致采购商通过额外阶段来估计成本分布并改进拍卖利润的价值减小。当投标人数很多时，广义英式拍卖与两阶段渐近最优机制中的采购价格都趋于$\underline{c}$，意味着已无必要去估计成本分布进行额外阶段的机制设计。当零售价格很高时，渐进最优机制的成本优势会被高额的边际市场回报弱化，因而分布估计的价值也变小。图5－3数值模拟了命题5－5的结果。从中可以发现，当零售价格较小时，$V_{DE}$可能随着零售价格的增加而增加。这是因为，零售价格较小时，渐近最优机制的成本优势凸显，导致产品输出数量和销售数量显著高于广义英式拍卖；从而，零售价格的增加使渐近最优机制中的采购商利润增加速度高于广义英式拍卖，$V_{DE}$增加。另外，除了命题5－5中的收敛性质，图5－3进一步表明$V_{DE}$是投标人数$n$的减函数。这是因为，竞争越激烈，公开降价拍卖阶段的价格越低，导致第二阶段的利润改进余地越小。

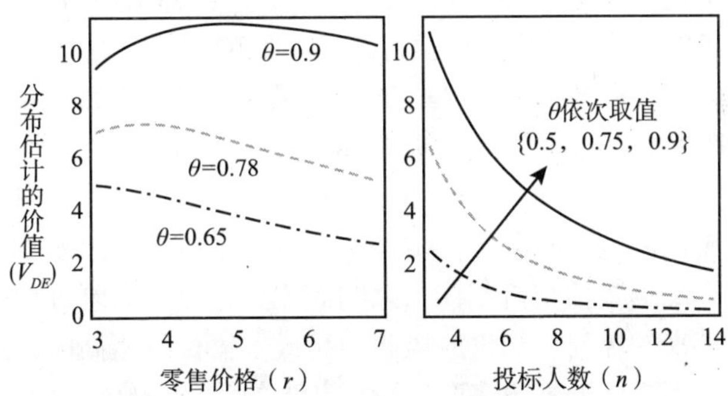


**图5－3　参数对分布估计的价值$V_{DE}$的影响**

注：真实的成本分布为$F(c_i)=1-(2-c_i)^{\lambda}$，其中$\lambda=1$（采购商不知），$c_i\in[1,2]$（即$c_i\sim U[1,2]$）。两阶段渐近最优机制中，采购商用最大似然法估计$\lambda$的值。其他参数取值：$a=100$；左：$n=3$；右：$r=4$。

## 5.5　本章小结

本章继续针对产品数量风险这种典型的采购风险，探讨了当供应商成本分布未知时采购商的双源采购拍卖机制设计。鉴于采购商在不知成本分布的情况下已无法设计贝叶斯最优机制，本章着重探讨如何基于现实应用最广泛的逆向英式拍卖设计双源采购广义英式拍卖，并分析如何用一个两阶段渐进最优机制改进广义英式拍卖暴露的不足，以实现成本分布未知情况下的最优双源采购。

研究发现，广义英式拍卖中前$(n-2)$位供应商会在拍卖价格抵达自己的真实成本时退出拍卖，这保持了传统逆向英式拍卖说真话的均衡；然而，最后两位供应商（获胜者）则会在倒数第三位供应商退出时同时退出，形成默契共谋均衡。共谋均衡的存在迫使采购商总是平分订货数量，也使采购商必须权衡共谋效应与风险分散效应来决定该采用双源采购广义英式拍卖还是单源采购英式拍卖。研究显示，当供应风险越高、竞标人数越多或零售价格越高时，采购商越有可能偏好广义英式拍卖。在广义英式拍卖基础上，两阶段渐进最优机制引入了额外阶段的直接机制设计，这切断了第一阶段投标中的共谋现象，并用机制中披露的供应商成本信息估计获胜者的成本分布。结果表明，两阶段渐进最优机制可根据采购成本和供应可靠性的平衡内生出任意的订货分散程度，并可实现成本分布未知情形下的最优双源采购。此外，本章还从市场服务水平和采购商期望利润两个方面比较了上述双源采购拍卖机制，发现：①尽管两阶段渐进最优机制因成本优势而产生更高的采购商期望利润，广义英式拍卖却因供应可靠性优势而可能产生更高的服务水平；②随着供应风险、投标人数或零售价格的增加，两机制产生的采购商期望利润差异减少，即成本分布估计的价值减小。

本章研究为采购实践中企业在难以获得供应商成本分布时该如何设计双源采购拍卖机制这一问题提供了参考意见。主要管理启示如下：①在使用双源采购广义英式拍卖机制前，采购商应充分评估风险分散带来的好处与共谋投标带来的坏处。当供应风险很高或零售价格很高时，风险分散显得更为重要；而投标人数很多时，投标共谋的危害较轻。因此，上述情形下，采购商应该使用双源采购广义英式拍卖，而非传统的单源采购英式拍卖。②采购商应当充分利用投标过程中供应商披露的信息来估测他们的成本分布，从而优化订货量分配规则。本章的两阶段渐进最优机制可指导采购商如何通过估计成本分布来设计成本分布未知情形下的双源采购拍卖最优机制。③采购商可根据以下原则来从本章提出的两个双源采购拍卖机制中进行选择：如果采购商追求短期的期望利润最大化，则应该选用两阶段渐进最优机制；如果采购商追求高的市场服务水平，则供应风险越大，越应该考虑双源采购广义英式拍卖。

# 第 6 章

# 服务质量风险下考虑再谈判的不完备合同采购招标机制[①]

在信息技术（IT）被广泛应用的今天，信息技术服务采购已成了政府和企事业单位采购的重要组成部分。据报道，全球范围内，约有 31% 的信息技术服务被外包（Deloitte，2016）；2015 年的全球信息技术服务外包市场容量约为 2742 亿美元（Gartner，2016）。与标准化产品的采购不同，信息技术服务采购通常订制化程度高，项目服务质量的实现具有很大不确定性（服务质量风险）。通常来说，服务质量风险主要由以下三方面原因造成：第一，信息技术服务开发过程常常伴随不可预见事件（Aubert et al.，2004）。以软件外包为例，许多技术细节在事前是无法全部预料的，而且开发过程中经常发生设计的变化（Wang et al.，2002）；所以从事前来看，软件最终能实现怎样的效果具有很大不确定性。第二，服务质量的好坏很大程度上取决于交易双方的努力（Susarla et al.，2010），但由于供应商努力通常不可观测或虽然可观测但不可证实，采购商难以用合同对其直接规定（Alaghehband et al.，2011；Susarla，2012），而只能采取合适的手段进行激励。如若激励不当，供应商就可能出于自身利益最大化而付出对采购商来说次优的努力水平，从而导致服务质量不理想。第三，服务质量本身可能就难以度量（Aubert et al.，2012；Fitoussi and Gurbaxani，2012），或者具有一定主观性（如满意度），因而很难被第三方（如法院）证实。

出于以上原因，交易双方难以在事前合同中就服务质量签订相关条款，故信息技术服务采购中的事前合同通常是不完备的（incomplete）（Nam et al.，1996；Wang，2002；Bahli and Rivard，2003；Aubert et al.，

① 本章主要内容发表在期刊《IEEE Access》2019 年第 4 期，第 8416 ~ 8426 页（Li and Chen，2019）。

2004；Gefen et al.，2008；Susarla et al.，2010；Susarla，2012；Fitoussi and Gurbaxani，2012）。在此情况下，现实中常见的做法为在事前签订简单的非相机合同（non-contingent contracts，如固定价格合同），等事后观测到项目服务质量后再通过再谈判（renegotiation）修改事前合同（Bhattacharya et al.，2014b），并共享再谈判带来的收益。例如，印度电信巨头 Bharti Airtel 和 IBM 于2004 年签订了信息技术服务协议，双方在2009 年观测到联合改进成效后，基于收益共享原则对初始协议进行了再谈判（Vadlamani，2009）。尽管事前合同难以做到完备，但根据行业惯例，事前合同一般都需要明确项目涵盖的范围，即服务内容。服务内容是可观测、可量化、可评估的业务功能指标，通常会在服务水平协议（service level agreement）中明确规定。但考虑到服务采购过程的不确定性，交易双方也常常会在事后对服务内容进行调整。

如今，信息技术服务市场已十分繁荣；面对市场上存在的众多潜在供应商，采购商通常使用招标过程（采购拍卖）来采购所需服务（Reece，2004；Thomson，2010；Mishra and Bureau，2012）。据估计，在价值 500 万美元以上的信息技术服务项目中，将近 75% 都会召集多个服务提供商竞标（Mishra and Bureau，2012）。例如，2016 年 6 月，美国总务管理局（GSA）开始对总价值约 500 亿美元的政府信息技术服务项目进行招标（Wilson，2016）。

在前文所述采购情境中，逆向拍卖、双边努力和再谈判共存，这使得采购商的采购决策变得十分具有挑战性。比如，事后再谈判的可能存在会如何影响潜在供应商的投标策略和获胜供应商的服务质量改进努力？采购商该如何策略性地披露采购内容来影响供应商的行为？为什么有的采购商愿意先公布较少的服务内容并在事后上调（Fenton，2016），而有的供应商则愿意一开始就公布足够大的服务采购范围（ESSU，2017）？这些问题在既往研究中尚未有明确答案。本章将考察一个具有前述特征的信息技术服务外包模型，致力于回答以下科学问题：①在考虑再谈判的信息技术服务外包招标项目中，采购商的初始服务内容设计会如何影响获胜供应商的服务质量努力水平和信息租金？②当逆向选择和道德风险共存时，信息技术服务外包招标项目中的再谈判有何价值？目前，仅有几篇实证研究考察了不完备合同的拍卖问题（Gil and Oudot，2009；Miller，2014；Bajari et al.，2014），相关理论研究还未见发表。对上述问题的探讨，不仅映照了信息技术服务采购中的实际决策问题，还弥补了不完备合同拍卖机制理论研究的不足，因而具有重要的现实和理论意义。

## 6.1　模型描述

采购商需要采购一项信息技术服务，将从 $n \geqslant 2$ 个预选合格的潜在供应商中选出一位获胜者进行交易。该项目对采购商的价值为 $q \times e$，其中：$q$ 为服务内容，是可缔约的（contractible）功能指标，代表信息技术服务所涵盖的功能单元的多少；$e$ 为（平均）服务质量，是可观测但不可证实因而不可缔约的（incontractible）效能参数，反映信息技术服务内容所呈现出来的效果好坏。上述乘积形式表明，只有当信息技术服务的“量”（由服务内容 $q$ 体现）与“质”（由服务质量 $e$ 体现）都比较高时，采购商才能获得较高的项目价值。按照行业惯例，交易双方通常在事前明确规定服务内容 $q$，等观测到服务质量 $e$ 的实现后再对 $q$ 进行再谈判。而服务质量 $e$ 的实现取决于以下三方面因素：

（1）供应商的努力程度 $s$ 及其专业技能水平 $\theta$。显然，给定其他条件不变，供应商努力程度 $s$ 越高，或专业技能水平 $\theta$ 越高，对服务质量的改进就越大；因此本章用供应商努力程度 $s$ 与其专业技能水平 $\theta$ 的乘积 $\theta s$ 表示供应商对服务质量的改进量。需要注意的是，供应商努力通常是不可证实的，因而无法写入合同。同时，供应商的专业技能水平也往往是私有信息。本章假设，每个供应商 $i$ 的专业技能 $\theta_i$ 只有供应商 $i$ 自己知道，但所有参与者（包括采购商）都知道 $\{\theta_i\}_{i=1}^{n}$ 在区间 $[\underline{\theta}, \overline{\theta}]$ 上独立同分布，有累积分布函数 $F(\cdot)$ 和概率密度函数 $f(\cdot)$。

（2）采购商的努力程度 $b$ 及其专业技能水平 $k$。与供应商方面类似，采购商对服务质量的改进量可用其努力程度 $b$ 与专业技能水平 $k$ 的乘积 $kb$ 表示。与供应商方面不同的是，本章假设 $k$ 为公共知识；这是因为，采购商为了项目成功，有动机将自己的项目经验相关信息披露给供应商，以尽量减少项目实施过程中的信息不对称及其负面影响。

（3）服务开发过程中的不确定因素 $v$。由于服务开发过程中存在诸多不确定因素，即使交易双方付出确定性的努力，服务质量的实现也依然具有不确定性。随机变量 $v$ 就刻画了这种不确定性，它是均值为 $\mu$、方差为 $\sigma^2$ 的随机变量，可观测但不可证实。此外，$v$ 也可以理解为项目的初始服务质量。比如，在很多软件开发服务中，供应商通常是在一套通用的软件原型基础上，针对采购商的个性化需求进行二次开发；这种情形下，$v$ 就可代表该软件原型所体现出来的服务质量。

基于以上三方面因素，最终实现的服务质量可表达为 $e = v + kb + \theta s$；这种加和形式的努力效果在文献中是十分常见的（Laffont and Tirole，1987；Li，2013）。为了开发出服务内容 $q$ 所包含的功能单元，供应商需要承担成本$\frac{q^2}{2}$。此外，采购商和供应商为了改进服务质量所付出的努力也有成本，分别为$\frac{b^2}{2}$和$\frac{s^2}{2}$。类似的二次型（quadratic）开发成本/努力成本在与研发相关的研究中十分常见（Xiao and Xu，2012；Wang and Shin，2015）。一般来说，双方对服务质量的联合改进努力发生在项目前期的需求分析、服务框架设计阶段，所以如果事后交易双方对服务内容进行再谈判，也不再产生额外的努力成本。

采购商使用逆向英式拍卖来选择获胜供应商。这个是一个公开降价拍卖，拍卖价格从很高的初始水平随着时间逐渐降低；每位供应商的决策是选择一个合适的价格（时间）永久退出拍卖；当仅剩一位供应商留在场上时，拍卖结束，剩下的这位供应商成为获胜者，并以当前的拍卖价格为采购商提供信息技术服务。事件发生的顺序如图 6 - 1 所示。

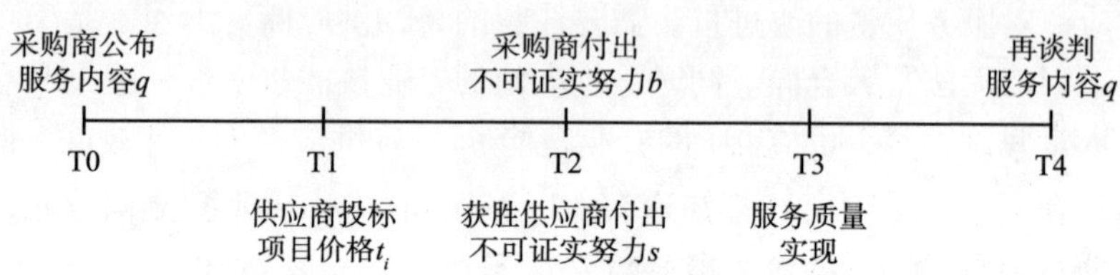


**图 6 - 1　事件顺序**

采购商在 T0 时刻向所有潜在供应商公布其所需的服务内容 $q \geqslant 0$。在 T1 时刻，所有供应商同时对项目价格进行英式投标，其中供应商 $i \in \{1, \cdots, n\}$ 的价格记为 $t_i$，价格最低的供应商成为获胜者。投标结束后，获胜者的价格（记为 $t$）和专业技能水平（记为 $\theta$）都被采购商获悉。在采购拍卖研究中，采购商在拍卖后可以掌握获胜者的类型，是一个很常见的假设（Wang，2000；Huh and Park，2010）。在 T2 时刻，获胜供应商付出不可证实努力 $s$，同时采购商也付出不可证实的努力水平 $b$；两者共同改善项目的服务质量。随着双方努力$(b, s)$和项目开发过程中随机性$v$的实现，在 T3 时刻，服务质量实现，为$v+kb+\theta s$。注意，服务质量是通过演示样品（demo）体现的，此时采购商要求的服务内容还未正式开发出来。初始合同中的服务内容$q$是采购商根据预期的服务质量制定的，它很可能不是事后最优的。因此，在体验到实际服务质量后（T4 时刻），买卖双方有动机通过再谈判将服务内容调整到整体最优的水平$\hat{q}$，并同时将项目价格调整为$\hat{t}$，以共享再谈判带来的额外整体利润（即再谈判剩余）。其中，供应商和采购商分得的再谈判剩余份额分别为$\alpha$和$1-\alpha$，这是由双方在再谈判过程中的相对谈判能力决定的，是外生常数。简单起见，本章将直接称$\alpha$为供应商的谈判力。最后，供应商付出成本$\frac{1}{2}\hat{q}^2$完成服务内容$\hat{q}$的开发；采购商从服务中获得收益$(v+kb+\theta s)\hat{q}$并向供应商支付项目价格$\hat{t}$。（如果没有发生再谈判，只需令$\hat{q}=q$和$\hat{t}=t$即可）。

为了避免无意义的结论，假设$k^2+\bar{\theta}^2\leq 1$。此假设保证了交易双方目标函数的凹性（concavity），它剔除了交易的任一方因专业技能水平太高而愿意付出无穷努力这种不切实际的情形。表 6－1 列出了本章的主要模型参数及其含义。

**表 6－1　　本章主要模型参数及其含义**

| 符号 | 含义 | 符号 | 含义 |
|---|---|---|---|
| $n$ | 潜在供应商数量 | $\theta$ | 获胜供应商的专业技能 |
| $q$ | 服务内容 | $\theta_i$ | 供应商 $i$ 的专业技能 |
| $e$ | 服务质量 | $\underline{\theta}$ | 供应商专业技能的取值下限 |
| $v$ | 服务质量实现过程中的随机性 | $\bar{\theta}$ | 供应商专业技能的取值上限 |
| $\mu$ | $v$ 的均值 | $F(\cdot)$ | $\theta_i$ 的累积分布函数 |
| $\sigma$ | $v$ 的均值标准差 | $f(\cdot)$ | $\theta_i$ 的概率密度函数 |
| $b$ | 采购商的服务质量改进努力 | $t_i$ | 供应商 $i$ 的服务价格 |
| $k$ | 采购商的专业技能 | $t$ | 获胜供应商的服务价格 |
| $s$ | 供应商的服务质量改进努力 | $\hat{t}$ | 再谈判之后的服务价格 |
| $\alpha$ | 获胜供应商的谈判力 | $\hat{q}$ | 再谈判之后的服务内容 |

## 6.2 主体模型分析求解

### 6.2.1 再谈判阶段最优决策

根据逆向归纳法，先分析观测到服务质量$(v+kb+\theta s)$后交易双方的再谈判过程。在再谈判中，交易双方通过最大化整体利润$(v+kb+\theta s)q-\frac{q^2}{2}$，找到整体最优的服务内容$\hat{q}$，结果如引理6-1所述。

引理6-1：给定服务质量$e=v+kb+\theta s$，采购商和获胜供应商通过再谈判，会将服务内容调整为$\hat{q}(e)=e$。

证明：在约束$q\geqslant 0$下求$(v+kb+\theta s)q-\frac{q^2}{2}$关于$q$的最优解，即得证。证毕。

引理6-1表明，事后实现的服务内容$\hat{q}$是服务质量$e$的线性增函数。这是容易理解的，因为项目价值是服务内容与服务质量的乘积，实现的服务质量$(v+kb+\theta s)$越好，交易双方作为整体从项目中获得的边际收益就越高，从而再谈判后的服务内容$\hat{q}$就越大。再谈判带来的额外整体利润（即再谈判剩余）为：

$$\Delta_R(q,\ e)=\left[e\hat{q}(e)-\frac{\hat{q}(e)^2}{2}\right]-\left[eq-\frac{q^2}{2}\right]=\frac{(\hat{q}(e)-q)^2}{2} \quad (6-1)$$

其中供应商获得的份额为$\alpha$。式（6-1）表明，再谈判剩余的多少是由服务内容的调整幅度决定的；服务内容调整幅度越大，再谈判剩余就越多。

再谈判剩余在采购商和获胜供应商之间的分配是通过项目价格的调整来实现的。再谈判后的供应商利润$\left(\hat{t}-\frac{\hat{q}^2}{2}-\frac{s^2}{2}\right)$应当等于初始合同下的供应商利润$\left(t-\frac{q^2}{2}-\frac{s^2}{2}\right)$加上供应商分得的再谈判剩余$\alpha\Delta_R(q,\ e)$，所以再谈判后的项目价格应为：

$$\hat{t}(q,\ e,\ t)=t+\frac{1}{2}[\hat{q}(e)^2-q^2]+\alpha\Delta_R(q,\ e) \quad (6-2)$$

式（6-2）可以重新表述为$\hat{t}-t=\frac{1}{2}(\hat{q}-q)[2\alpha e+(1-\alpha)(\hat{q}+q)]$，可以

看出 $\hat{t}-t$ 与$(\hat{q}-q)$的正负性相同。因此，通过再谈判，项目价格的调整方向与服务内容的调整方向是一致的。

### 6.2.2　交易双方关于努力的博弈

在 T2 时刻，交易双方同时决策自己的努力，构成一个完全信息下的纳什博弈。本节先分别求解双方努力的最佳反应函数（best response function），再求解双方努力的纳什均衡并分析均衡性质。

（1）最佳反应函数。

给定$(q, t, \theta)$和采购商的努力 $b$，获胜供应商选择努力水平 $s$ 时的期望利润为：

$$
\begin{aligned}
U_S(\theta, b, s) &= E_v\left[\hat{t}-\frac{1}{2}\hat{q}^2-\frac{1}{2}s^2\right] \\
&= t+\frac{\alpha}{2}[\sigma^2+(\mu+kb+\theta s-q)^2]-\frac{1}{2}q^2-\frac{1}{2}s^2 \\
&= \left(t-\frac{1}{2}q^2\right)+\frac{\alpha}{2}[\sigma^2+(\mu+kb-q)^2] \\
&\quad +\left[\alpha\theta(\mu+kb-q)s-\frac{1}{2}(1-\alpha\theta^2)s^2\right] \qquad (6-3)
\end{aligned}
$$

式（6-3）中，第一项$\left(t-\frac{1}{2}q^2\right)$代表初始合同下的供应商利润，这也是无再谈判情况下供应商所能获得的全部利润；第二项，重新记为：

$$R_S(b) \equiv \frac{\alpha[\sigma^2+(\mu+kb-q)^2]}{2}$$

是获胜供应商在自己不努力情况下因搭了再谈判与采购商努力的“便车”（free ride）而获得的收益，称之为供应商的“搭便车收益”；最后一项，重新记为：

$$\gamma_S(\theta, b, s) \equiv \alpha\theta(\mu+kb-q)s-\frac{(1-\alpha\theta^2)s^2}{2}$$

是供应商自身努力带来的利润，称为供应商的“努力回报”。类似地，给定$(q, t, \theta)$和供应商的努力 $s$，采购商选择努力水平 $b$ 时的期望利润为：

$$U_B(\theta, b, s) = E_v\left[(v+kb+\theta s)q-t-\frac{1}{2}b^2+(1-\alpha)\cdot\frac{1}{2}(v+kb+\theta s-q)^2\right] \qquad (6-4)$$

其中，$E_v\left[(v+kb+\theta s)q-t-\frac{1}{2}b^2\right]$为初始合同下的采购商期望利润，$E_v\left[\frac{1-\alpha}{2}(v+kb+\theta s-q)^2\right]$为采购商可分得的期望再谈判剩余。与式(6-3)类似，可将采购商期望利润重新表述为：

$$U_B(\theta,\ b,\ s)=[(\mu+kb+\theta s)q-t]+R_B(\theta,\ s)+\gamma_B(\theta,\ b,\ s) \tag{6-5}$$

其中，第一项：

$$[(\mu+kb+\theta s)q-t]$$

为初始合同下的采购商期望利润；第二项：

$$R_B(\theta,\ s)\equiv\frac{(1-\alpha)[\sigma^2+(\mu+\theta s-q)^2]}{2}$$

是采购商在自己不努力情况下因搭了再谈判与供应商努力的"便车"而获得的收益，称之为采购商的"搭便车收益"；最后一项：

$$\gamma_B(\theta,\ b,\ s)\equiv(1-\alpha)(\mu+\theta s-q)kb+\frac{[(1-\alpha)k^2-1]b^2}{2}$$

是采购商自身努力带来的利润，称为采购商的"努力回报"。

对于获胜供应商和采购商，在给定对方努力情况下求解自身的最优努力，就得到了自身努力对对方努力的最佳反应函数。

引理6-2：给定$(q,\ t,\ \theta)$，获胜供应商努力$s$对采购商努力$b$的最佳反应函数为：

$$s(b)=\frac{\alpha\theta(\mu+kb-q)^+}{(1-\alpha\theta^2)} \tag{6-6}$$

采购商努力$b$对获胜供应商努力$s$的最佳反应函数为：

$$b(s)=\frac{[(1-\alpha)(\mu+\theta s)+\alpha q]k}{1-(1-\alpha)k^2} \tag{6-7}$$

证明：先求供应商的最佳反应函数$s(b)$。在假设$k^2+\bar{\theta}^2\leqslant 1$下，求$U_S(\theta,\ b,\ s)$关于$s$的二阶偏导可得$\frac{\partial^2 U_S}{\partial s^2}=\alpha\theta^2-1\leqslant 0$，其中等号仅在$\alpha=1$和$\bar{\theta}=1$时成立。因此，$U_S(\theta,\ b,\ s)$是$s$的凹函数，从而获胜供应商的最佳反应函数由一阶条件：

$$\frac{\partial U_S}{\partial s}=(\alpha\theta^2-1)s+\alpha\theta(\mu+kb-q)=0,\ s\geqslant 0$$

唯一确定，求解即得式（6-6）。再求采购商的最佳反应函数$b(s)$。在假设

$k^2+\bar{\theta}^2\leqslant 1$ 下，求 $U_B(\theta,\ b,\ s)$ 关于 $b$ 的二阶偏导可得 $\frac{\partial^2 U_B}{\partial b^2}=-1+(1-\alpha)k^2<0$，表明 $U_B$ 是 $b$ 的凹函数，从而采购商的最佳反应函数由一阶条件：

$$\frac{\partial U_B}{\partial b}=(1-\alpha)(\mu+\theta s)k+\alpha qk-[1-(1-\alpha)k^2]b=0,\ b\geqslant 0$$

唯一确定，求解即得式（6－7）。

证毕。

基于引理6－2，分别考察交易双方的最佳反应函数受对方策略、初始服务内容 $q$ 及供应商谈判力 $\alpha$ 的影响，得到以下命题。

命题6－1：①获胜供应商努力 $s$ 和采购商努力 $b$ 是战略互补品。②给定采购商努力 $b$，初始服务内容 $q$ 对供应商努力 $s$ 具有负的激励效应；给定供应商努力 $s$，初始服务内容 $q$ 对采购商努力 $b$ 具有正的激励效应。

证明：由 $\frac{\partial^2 U_S}{\partial s\partial b}=\alpha k\theta>0$ 可知，$(b,\ s)$ 对获胜供应商来说是战略互补品；同理，由 $\frac{\partial^2 U_B}{\partial b\partial s}=(1-\alpha)k\theta>0$ 可知，$(b,\ s)$ 对采购商也是战略互补品。第①部分得证。此外，由 $\frac{\partial s(b)}{\partial q}=-\frac{\alpha\theta 1_{\mu+kb-q>0}}{1-\alpha\theta^2}\leqslant 0$ 和 $\frac{\partial b(s)}{\partial q}=\frac{\alpha q}{1-(1-\alpha)k^2}>0$ 可知第②部分成立。

证毕。

命题6－1第①部分表明，获胜供应商和采购商的努力具有相互增强的作用，即一方提高努力水平会促使另一方也提高努力水平。这是因为，一方努力水平的提高会增加对方努力对再谈判剩余 $\left(\Delta_R(q,\ e)=\frac{(v+kb+\theta s-q)^2}{2}\right)$ 的边际贡献，从而对方有动机提高努力来分享更多的再谈判剩余。第②部分揭示了初始服务内容 $q$ 对交易双方的努力具有不同的直接影响（注意，$q$ 还会通过影响一方努力间接影响另一方努力）。其中，初始服务内容 $q$ 对供应商努力 $s$ 具有直接的负激励效应，因为初始服务内容 $q$ 越大，供应商的努力对再谈判前整体福利 $\left(\text{即}(v+kb+\theta s)q-\frac{q^2}{2}\right)$ 的边际提升效果越好，从而导致供应商从再谈判中获得的边际回报减少，因此供应商努力越小。而对于采购商努力 $b$，初始服务内容 $q$ 具有直接的正向激励效应，因为初始服务内容 $q$ 的增加加强了采购商努力对再谈判前项目价值的边际贡献，尽管这种效应的 $(1-\alpha)$ 比例被再谈判抵消，采购商依然可以吸收其中的 $\alpha$ 比例。此外，命题 6－1 还解释了引理 6－2 所揭示的“采购商总是会付出正的努力，而供应商有可能付努力（若 $\mu+kb-q>0$）也有可能不付努力（若 $\mu+kb-q\leqslant0$）”这一事实。注意，在初始服务内容为 0、对方不付努力这种极端情况下，交易双方都有动机付出努力来提高再谈判收益。而供应商努力 $s$ 和初始服务内容 $q$ 都对采购商努力有加强作用，因此采购商努力必然总是为正的。相反，虽然采购商努力 $b$ 对供应商努力有加强作用，但初始服务内容 $q$ 对供应商努力有负的激励作用，因此供应商是否努力取决于 $b$ 与 $q$ 的相对关系，即取决于 $\mu+kb-q$ 是否为正。

（2）纳什均衡。

基于引理 6－2 给出的交易双方最佳反应函数，可求出双方努力的纳什均衡，结果如下。

引理 6－3：给定 $(q, t, \theta)$，获胜供应商和采购商的纳什均衡努力水平分别为：

$$s^{*}=\frac{\alpha\theta[\mu-(1-k^{2})q]^{+}}{1-\alpha\theta^{2}-(1-\alpha)k^{2}} \tag{6-8}$$

$$b^{*}=\frac{(1-\alpha)k(\mu+\theta s^{*})+\alpha qk}{1-(1-\alpha)k^{2}} \tag{6-9}$$

证明：根据式（6－6）的分段条件，分两种情况进行讨论。

①当 $\mu+kb-q\leqslant0$ 时，联立求解式（6－6）～式（6－7）得 $b^{*}=\frac{[(1-\alpha)\mu+\alpha q]k}{1-(1-\alpha)k^{2}}$，$s^{*}=0$。将解代回 $\mu+kb-q\leqslant0$，解得情况①的等价条件为 $\mu-(1-k^{2})q\leqslant0$。

②当 $\mu+kb-q>0$ 时，联立求解式（6－6）～式（6－7）得：

$$s^{*}=\frac{\alpha\theta[\mu-(1-k^{2})q]}{1-\alpha\theta^{2}-(1-\alpha)k^{2}}$$

$$b^{*}=\frac{[(1-\alpha)\mu+\alpha(1-\theta^{2})q]k}{1-\alpha\theta^{2}-(1-\alpha)k^{2}}$$

将解代回 $\mu+kb-q>0$，解得等价条件为 $\frac{\mu-(1-k^{2})q}{1-\alpha\theta^{2}-(1-\alpha)k^{2}}>0$。在假设 $k^{2}+\bar{\theta}^{2}\leqslant1$ 下，$1-\alpha\theta^{2}-(1-\alpha)k^{2}>0$ 恒成立，因此情况②的等价条件可进一步简化为 $\mu-(1-k^{2})q>0$。

结合情况①②的分析结果，可得获胜供应商和采购商的纳什均衡努力水平分别如式（6-8）~式（6-9）所示。

证毕。

分析引理6-3的纳什均衡解，可得如下命题。

命题6-2：初始服务内容 $q$ 增加时，获胜供应商的均衡努力水平 $s^*$ 减少，采购商的均衡努力水平 $b^*$ 增加。供应商的谈判力 $\alpha$ 增加时，$s^*$ 增加，但 $b^*$ 可能增加(若 $\mu-(1-k^2)q\leqslant 0$)也可能减少(若 $\mu-(1-k^2)q>0$)。

证明：分别求 $s^*$ 关于 $q$ 和 $\alpha$ 的一阶偏导，得：

$$\frac{\partial s^*}{\partial q}=-\frac{(1-k^2)\alpha\theta 1_{\mu>(1-k^2)q}}{1-\alpha\theta^2-(1-\alpha)k^2}\leqslant 0,\quad \frac{\partial s^*}{\partial \alpha}=\frac{(1-k^2)\theta[\mu-(1-k^2)q]^+}{[1-\alpha\theta^2-(1-\alpha)k^2]^2}\geqslant 0$$

类似地，分别求 $b^*$ 关于 $q$ 和 $\alpha$ 的一阶偏导，得：

当 $\mu-(1-k^2)q\leqslant 0$ 时，

$$\frac{\partial b^*}{\partial q}=\frac{\alpha k}{1-(1-\alpha)k^2}>0,\quad \frac{\partial b^*}{\partial \alpha}=\frac{-[\mu-(1-k^2)q]k}{[1-(1-\alpha)k^2]^2}\geqslant 0$$

当 $\mu-(1-k^2)q>0$ 时，

$$\frac{\partial b^*}{\partial q}=\frac{\alpha k(1-\theta^2)}{1-\alpha\theta^2-(1-\alpha)k^2}>0,\quad \frac{\partial b^*}{\partial \alpha}=\frac{-(1-\theta^2)[\mu-(1-k^2)q]k}{[1-\alpha\theta^2-(1-\alpha)k^2]^2}<0$$

证毕。

由引理6-2和命题6-1的分析可知，初始服务内容 $q$ 的增加，一方面会直接降低供应商的努力，另一方面又通过增加采购商努力来间接增加供应商努力；而命题6-2表明，供应商的均衡努力是 $q$ 的减函数，说明 $q$ 对供应商努力的直接作用占主导地位。同理，引理6-2和命题6-1表明，$q$ 的增加一方面会直接增加采购商的努力，另一方面又通过降低供应商努力来间接降低采购商努力；而命题6-2指出，采购商的均衡努力是 $q$ 的增函数，说明 $q$ 对采购商努力的直接作用占主导地位。供应商的谈判力 $\alpha$ 对供应商的努力具有正向激励作用，这很符合直觉，因为供应商分得的再谈判剩余份额 $\alpha$ 越高，供应商努力的边际收益就越大。然而，命题6-2也表明，采购商的均衡努力关于 $\alpha$ 不是单调的，原因如下。我们注意到，采购商努力 $b$ 增加时，初始合同下的整体利润和再谈判后的整体利润都会增加，且初始合同下整体利润的增加速度与 $q$ 相关。当 $q$ 较小(即 $\mu-(1-k^2)q>0$)时，初始合同下整体利润的增加速度较小，导致再谈判剩余随 $b$ 的增加而增加；此时供应商的份额 $\alpha$ 越大（即采购商的份额越小），采购商的努力动机就越小$\left(\frac{\partial b^*}{\partial \alpha}<0\right)$。相反，当 $q$ 较大(即 $\mu-(1-k^2)q\leqslant 0$)时，初始合同下

整体利润随 $b$ 增加的速度较大，导致再谈判剩余随 $b$ 的增加而减少；此时，供应商的份额 $\alpha$ 越大（即采购商的份额越小），采购商的努力动机就越大$\left(\frac{\partial b^*}{\partial \alpha}\geqslant 0\right)$。

### 6.2.3 供应商投标均衡与信息租金

将式（6－8）~式（6－9）代入式（6－3），得到 T1 时刻之后获胜供应商的期望利润为：

$$U_S^*(\theta)=U_S(\theta,\ b^*,\ s^*)=\left(t-\frac{q^2}{2}\right)+R_S^*(\theta)+\gamma_S^*(\theta)$$

其中 $R_S^*(\theta)$ 和 $\gamma_S^*(\theta)$ 分别为供应商的搭便车收益和努力回报，表达式分别为：

$$R_S^*(\theta)\equiv R_S(b^*)=\begin{cases}\dfrac{\alpha\sigma^2}{2}+\dfrac{\alpha[\mu-(1-k^2)q]^2}{2[1-(1-\alpha)k^2]^2} & \mu\leqslant(1-k^2)q\\ \dfrac{\alpha\sigma^2}{2}+\dfrac{\alpha(1-\alpha\theta^2)^2[\mu-(1-k^2)q]^2}{2[1-\alpha\theta^2-(1-\alpha)k^2]^2} & \mu>(1-k^2)q\end{cases}$$

$$\gamma_S^*(\theta)\equiv\gamma_S(\theta,\ b^*,\ s^*)=\begin{cases}0 & \mu\leqslant(1-k^2)q\\ \dfrac{\alpha^2\theta^2(1-\alpha\theta^2)[\mu-(1-k^2)q]^2}{2[1-\alpha\theta^2-(1-\alpha)k^2]^2} & \mu>(1-k^2)q\end{cases}$$

记 $\Lambda_S(\theta)\equiv R_S^*(\theta)+\gamma_S^*(\theta)$，代表供应商从再谈判中获得的总收益（再谈判收益），易得：

$$\Lambda_S(\theta)=\frac{\alpha\sigma^2}{2}+\begin{cases}\dfrac{\alpha[\mu-(1-k^2)q]^2}{2[1-(1-\alpha)k^2]^2} & \mu\leqslant(1-k^2)q\\ \dfrac{\alpha(1-\alpha\theta^2)[\mu-(1-k^2)q]^2}{2[1-\alpha\theta^2-(1-\alpha)k^2]^2} & \mu>(1-k^2)q\end{cases}$$

因此，T1 时刻之后获胜供应商的期望利润最终可表述为：

$$\begin{aligned}U_S^*(\theta)&=U_S(\theta,\ b^*,\ s^*)\\&=t-\frac{1}{2}q^2+\frac{\alpha}{2}\sigma^2+\begin{cases}\dfrac{\alpha[\mu-(1-k^2)q]^2}{2[1-(1-\alpha)k^2]^2} & \mu\leqslant(1-k^2)q\\ \dfrac{\alpha(1-\alpha\theta^2)[\mu-(1-k^2)q]^2}{2[1-\alpha\theta^2-(1-\alpha)k^2]^2} & \mu>(1-k^2)q\end{cases}\end{aligned}\tag{6-10}$$

在 T1 时刻，如果供应商 $i$ 赢得了拍卖，则其为了交付项目所须承担的期望成本为：

$$c(\theta_i)\equiv t-U_S^*(\theta_i)$$

$$=\frac{1}{2}q^2-\frac{\alpha}{2}\sigma^2+\begin{cases}-\dfrac{\alpha[\mu-(1-k^2)q]^2}{2[1-(1-\alpha)k^2]^2} & \mu\leqslant(1-k^2)q\\ -\dfrac{\alpha(1-\alpha\theta_i)[\mu-(1-k^2)q]^2}{2[1-\alpha\theta_i-(1-\alpha)k^2]^2} & \mu>(1-k^2)q\end{cases}\tag{6-11}$$

容易验证，$c(\theta_i)$是供应商 $i$ 私有类型 $\theta_i$ 的减函数，并且与其他供应商的类型独立。因此，$\{\theta_i\}_{i=1}^n$独立同分布就意味着$\{c(\theta_i)\}_{i=1}^n$也是独立同分布的，$c(\theta_i)$可被视为供应商 $i$ 的“伪类型”（pseudo type）。在英式拍卖下，均衡时每位供应商 $i$ 都会选择在拍卖价格抵达自身期望成本 $c(\theta_i)$时退出拍卖（Krishna，2009）。最后一位供应商（期望成本为 $c(\theta_{(1)})$）赢得拍卖，且项目价格等于倒数第二位供应商的退出价格，即 $t=c(\theta_{(2)})$。

将 $t=c(\theta_{(2)})$代入式（6-10），得到获胜供应商的均衡期望利润为：

$$U_S^*(\theta_{(1)})\mid_{t=c(\theta_{(2)})}=c(\theta_{(2)})-c(\theta_{(1)})$$
$$=[R_S^*(\theta_{(1)})-R_S^*(\theta_{(2)})]+[\gamma_S^*(\theta_{(1)})-\gamma_S^*(\theta_{(2)})]\tag{6-12}$$

这也正是采购商需要支付给获胜供应商的信息租金。容易验证：

$$\frac{\partial R_S^*(\theta)}{\partial\theta}=\frac{2k^2\alpha^2(1-\alpha)\theta(1-\alpha\theta^2)[(\mu-(1-k^2)q)^+]^2}{[1-\alpha\theta^2-(1-\alpha)k^2]^3}\geqslant0$$

$$\frac{\partial\gamma_S^*(\theta)}{\partial\theta}=\frac{\alpha^2\theta[2\alpha(1-\alpha)k^2\theta^2+1-\alpha\theta^2-(1-\alpha)k^2][(\mu-(1-k^2)q)^+]^2}{[1-\alpha\theta^2-(1-\alpha)k^2]^3}\geqslant0$$

即供应商的专业技能水平 $\theta$ 越高，其获得的搭便车收益 $R_S^*(\theta)$和努力回报 $\gamma_S^*(\theta)$就越高。因此，式（6-12）说明，获胜供应商的信息租金等于获胜供应商在搭便车收益和努力回报上相对于次优供应商的优势总和。

命题6-3：①当初始服务内容 $q$ 增加时，获胜供应商相对于次优供应商在搭便车收益和努力回报上的优势都减小，从而信息租金减小。②当供应商谈判力 $\alpha$ 增加时，获胜供应商相对于次优供应商在努力回报上的优势增加，在搭便车收益上的优势先增后减。

证明：先考察第①部分。分别求 $R_S^*(\theta)$和 $\gamma_S^*(\theta)$关于 $q$ 和 θ 的混合偏导，得：

$$\frac{\partial^2R_S^*(\theta)}{\partial q\partial\theta}=-\frac{4\alpha^2(1-\alpha)k^2(1-k^2)\theta(1-\alpha\theta^2)[\mu-(1-k^2)q]^+}{[1-\alpha\theta^2-(1-\alpha)k^2]^3}\leqslant0$$

$$\frac{\partial^2 \gamma_S^*(\theta)}{\partial q \partial \theta} = -\frac{2\alpha^2(1-k^2)\theta[2\alpha(1-\alpha)k^2\theta^2+1-\alpha\theta^2-(1-\alpha)k^2][\mu-(1-k^2)q]^+}{[1-\alpha\theta^2-(1-\alpha)k^2]^3} \leqslant 0$$

表明$\frac{\partial R_S^*(\theta)}{\partial q}$和$\frac{\partial \gamma_S^*(\theta)}{\partial q}$都是 $\theta$ 的增函数。因此有：

$$\frac{\partial[R_S^*(\theta_{(1)})-R_S^*(\theta_{(2)})]}{\partial q} = \frac{\partial R_S^*(\theta_{(1)})}{\partial q} - \frac{\partial R_S^*(\theta_{(2)})}{\partial q} \leqslant 0$$

$$\frac{\partial[\gamma_S^*(\theta_{(1)})-\gamma_S^*(\theta_{(2)})]}{\partial q} = \frac{\partial \gamma_S^*(\theta_{(1)})}{\partial q} - \frac{\partial \gamma_S^*(\theta_{(2)})}{\partial q} \leqslant 0$$

进而由式（6－12）有$\frac{\partial[c(\theta_{(2)})-c(\theta_{(1)})]}{\partial q} \leqslant 0$。至此第①部分得证。关于第②部分，先求 $\gamma_S^*(\theta)$关于 $\alpha$ 和 $\theta$ 的混合偏导，得：

$$\frac{\partial^2 \gamma_S^*(\theta)}{\partial \alpha \partial \theta} = \frac{2\alpha\theta[(\mu-q+k^2q)^+]^2\{(1-\alpha\theta^2-k^2+\alpha k^2)[1-k^2(1+\alpha^2\theta^2)]+3\alpha(1-\alpha)(1-k^2)k^2\theta^2\}}{[1-\alpha\theta^2-(1-\alpha)k^2]^4} \geqslant 0,$$

从而有$\frac{\partial[\gamma_S^*(\theta_{(1)})-\gamma_S^*(\theta_{(2)})]}{\partial \alpha} = \frac{\partial \gamma_S^*(\theta_{(1)})}{\partial \alpha} - \frac{\partial \gamma_S^*(\theta_{(2)})}{\partial \alpha} \geqslant 0$，即 $\alpha$ 越大，获胜供应商相对于次优供应商在努力回报上的优势越大。再求 $R_S^*(\theta)$关于 $\alpha$ 和 $\theta$ 的混合偏导，得$\frac{\partial^2 R_S^*(\theta)}{\partial \alpha \partial \theta} = -\frac{2\alpha k^2\theta(\mu-q+k^2q)^+T}{[1-\alpha\theta^2-(1-\alpha)k^2]^4}$，其中：

$$T(\alpha) \equiv (1-\alpha\theta^2-k^2+\alpha k^2)(1-\alpha^2\theta^2)-3(1-\alpha)(1-k^2)(1-\alpha\theta^2)$$

易验证，$T''(\alpha)<0$，$T'(1)>0$，故 $T'(\alpha)>0$ 恒成立。又因为 $T(0)=-2(1-k^2)<0$，$T(1)=(1-\theta^2)^2>0$，所以存在唯一的 $\hat{\alpha}$，使得当 $\alpha<\hat{\alpha}$ 时 $T(\alpha)<0$，当 $\alpha>\hat{\alpha}$ 时 $T(\alpha)>0$。进而可知，当 $\alpha<\hat{\alpha}$ 时$\frac{\partial^2 R_S^*(\theta)}{\partial \alpha \partial \theta}>0$，当 $\alpha>\hat{\alpha}$ 时$\frac{\partial^2 R_S^*(\theta)}{\partial \alpha \partial \theta}<0$。从而有，当 $\alpha<\hat{\alpha}$ 时$\frac{\partial[R_S^*(\theta_{(1)})-R_S^*(\theta_{(2)})]}{\partial \alpha}>0$，当 $\alpha<\hat{\alpha}$ 时$\frac{\partial[R_S^*(\theta_{(1)})-R_S^*(\theta_{(2)})]}{\partial \alpha}<0$，即获胜供应商相对于次优供应商在搭便车收益上的优势随着 $\alpha$ 先增后减。

证毕。

命题 6－3 表明，采购商事前公布的服务内容具有降低信息租金的作用。然而，对供应商来说，其谈判力不一定越大越好，因为谈判力对获胜供应商搭便车收益优势的边际减少量有可能超过其对获胜供应商努力回报优势的边际增加量。

### 6.2.4　采购商最优决策

在T0时刻，采购商基于对后续的供应商投标过程、交易双方努力决策及再谈判过程的预期，决定初始的服务内容$q$，以最大化自身期望利润。将$t=c(\theta_{(2)})$、$b=b^*$及$s=s^*$代入式（6－4）并对供应商类型求期望，得到T0时刻采购商的期望利润为：

$$U_B(q)=E_{\theta_{(1)},\theta_{(2)}}\left\{\Phi(\theta_{(1)},\ b^*,\ s^*)-\frac{1}{2}(s^*)^2-\frac{1}{2}(b^*)^2-\left[c(\theta_{(2)})-c(\theta_{(1)})\right]\right\} \quad (6-13)$$

其中：

$$\Phi(\theta,\ b,\ s)\equiv E_v\left[(v+kb+\theta s)\hat{q}-\frac{1}{2}\hat{q}^2\right]=\frac{1}{2}\sigma^2+\frac{1}{2}(\mu+kb+\theta s)^2$$

为交易双方付出努力之后，随机性实现之前对再谈判后整体利润的期望。在式（6－13）中，$E_{\theta_{(1)}}\left[\Phi(\theta_{(1)},\ b^*,\ s^*)-\frac{1}{2}(s^*)^2-\frac{1}{2}(b^*)^2\right]$为项目创造的期望整体利润，$E_{\theta_{(1)},\theta_{(2)}}[c(\theta_{(2)})-c(\theta_{(1)})]$为供应商的期望利润，也即信息租金。记：

$$\eta_1=E_{\theta_{(1)}}\left[\frac{1-\alpha\theta_{(1)}^4-(1-\alpha)k^2}{[1-\alpha\theta_{(1)}^2-(1-\alpha)k^2]^2}\right],$$

$$\eta_2=E_{\theta_{(1)}}\left[\frac{(1-\theta_{(1)}^2)[1-(1-\alpha)k^2]}{[1-\alpha\theta_{(1)}^2-(1-\alpha)k^2]^2}\right],$$

$$\eta_3=E_{\theta_{(2)}}\left[\frac{(1-\alpha\theta_{(2)}^2)(1-k^2)}{[1-\alpha\theta_{(2)}^2-(1-\alpha)k^2]^2}\right],$$

$$\rho=\frac{(\eta_2-\eta_3)^+}{\eta_1-\eta_3}<1$$

则有以下命题。

命题6－4：采购商的最优初始服务内容$q^*$为：

$$q^*=\frac{\mu\rho}{1-k^2},$$

最优期望利润为：

$$U_B^* = U_B(q^*) = \frac{\sigma^2}{2} + \frac{\mu^2}{2(1-k^2)} + \frac{\mu^2\alpha(1-\rho)[(\eta_2-\eta_3)^+ + \eta_1 - 2\eta_2 + \eta_3]}{2(1-k^2)} \tag{6-14}$$

证明：根据交易双方均衡努力水平的分段条件，分两种情况讨论最优解。

①当$\mu \leqslant (1-k^2)q$时，采购商的期望利润函数（6－13）可写为：

$$U_B(q) = \frac{\sigma^2}{2} + \frac{\alpha^2k^4q^2 - \alpha^2k^2(\mu-q)^2 + \mu^2[(2\alpha-1)k^2+1]}{2[1-(1-\alpha)k^2]^2} \tag{6-15}$$

在假设$k^2 + \bar{\theta}^2 \leqslant 1$下，式（6－15）的二阶导数为$\frac{\partial^2 U_B}{\partial q^2} = \frac{\alpha^2k^2(k^2-1)}{[1-(1-\alpha)k^2]^2} < 0$，说明式（6－15）是$q$的凹函数，最优解可由以下K－T条件唯一确定：

$$\frac{\partial U_B}{\partial q} + \lambda = 0,\ q \geqslant \frac{\mu}{(1-k^2)},\ \lambda\left[q - \frac{\mu}{(1-k^2)}\right] = 0,\ \lambda \geqslant 0。$$

a. 若$\lambda > 0$，则推出$q = \frac{\mu}{(1-k^2)}$，$\lambda = -\frac{\partial U_B}{\partial q} = 0$，与$\lambda > 0$矛盾；b. 若$\lambda = 0$，则推出$\frac{\partial U_B}{\partial q} = 0$，解得$q = \frac{\mu}{(1-k^2)}$。故情况①下初始服务内容的局部最优解为边界解$q = \frac{\mu}{(1-k^2)}$。

②当$\mu \geqslant (1-k^2)q$时，采购商的目标函数（6－13）可写为：

$$\begin{aligned} U_B(q) = E_{\theta_{(1)},\theta_{(2)}} \Bigg[ & \frac{\sigma^2}{2} + \frac{\alpha(1-\alpha\theta_{(2)}^2)[\mu-(1-k^2)q]^2}{2[1-\alpha\theta_{(2)}^2-(1-\alpha)k^2]^2} \\ & + \frac{\alpha\theta_{(1)}^2(1-\alpha)[\mu-(1-k^2)q]^2}{2[1-\alpha\theta_{(1)}^2-(1-\alpha)k^2]^2} \\ & + \frac{\mu^2+\alpha q^2[k^2-(1-k^2)\theta_{(1)}^2]-\alpha(\mu-q)^2}{2[1-\alpha\theta_{(1)}^2-(1-\alpha)k^2]} \Bigg] \end{aligned} \tag{6-16}$$

在假设$k^2 + \bar{\theta}^2 \leqslant 1$下，求二阶导有：

$$\frac{\partial^2 U_B}{\partial q^2} = \alpha(1-k^2)(\eta_3-\eta_1) \leqslant E\left[\frac{-\alpha^2(1-k^2)(1-\theta_{(1)}^2)(k^2+\theta_{(1)}^2)}{(1-\alpha\theta_{(1)}^2-(1-\alpha)k^2)^2}\right] < 0$$

说明式（6－16）是$q$的凹函数，最优解可由以下K－T条件唯一确定：

$$-\frac{\partial U_B}{\partial q} - \lambda_1 + \lambda_2 = 0,\ q \geqslant 0,\ q \leqslant \frac{\mu}{(1-k^2)},$$

$$\lambda_1 q = 0,\ \lambda_2\left[\frac{\mu}{(1-k^2)} - q\right] = 0,\ \lambda_1 \geqslant 0,\ \lambda_2 \geqslant 0。$$

下面分情况讨论最优解。

a. 若 $\lambda_1>0$ 且 $\lambda_2>0$，则推出 $q=0$ 且 $q=\frac{\mu}{1-k^2}$，显然矛盾。

b. 若 $\lambda_1>0$ 且 $\lambda_2=0$，则推出 $q=0$，$\lambda_1=-\frac{\partial U_B}{\partial q}=\alpha\mu(\eta_3-\eta_2)$。$\lambda_1>0$ 要求 $\eta_3>\eta_2$。

c. 若 $\lambda_1=0$ 且 $\lambda_2>0$，则推出 $\lambda_2=\frac{\partial U_B}{\partial q}=-E\left[\frac{\alpha\mu\theta_{(1)}^2}{1-\alpha\theta_{(1)}^2-(1-\alpha)k^2}\right]<0$ 和 $q=\frac{\mu}{1-k^2}$，矛盾。

d. 若 $\lambda_1=0$ 且 $\lambda_2=0$，则推出 $\frac{\partial U_B}{\partial q}=-\alpha(1-k^2)(\eta_1-\eta_3)q+\alpha\mu(\eta_2-\eta_3)=0$，解得 $q=\frac{\mu(\eta_2-\eta_3)}{(1-k^2)(\eta_1-\eta_3)}$。因为 $\eta_1>\eta_2$ 且 $\eta_1>\eta_3$，故 $q<\frac{\mu}{1-k^2}$ 成立。最后，条件 $q\geqslant0$ 要求 $\eta_2\geqslant\eta_3$。

综合 a ~ d 分析，可知情况②下的局部最优解为 $q=\frac{\mu(\eta_2-\eta_3)^+}{(1-k^2)(\eta_1-\eta_3)}$。容易看出，情况①下的局部最优解 $q=\frac{\mu}{1-k^2}$ 为情况②下的可行但非最优解。因此，情况②下的局部最优解即为全局最优解。将上述最优解代入原始目标函数式（6－13），即可得到式（6－14）。

证毕。

结合命题6－4和引理6－3，可知必有 $s^*>0$ 和 $b^*>0$，即采购商在事前决策服务内容时一定会保证拍卖后交易双方都付出正的努力来改进服务质量，这与采购现实相符。结合命题6－4和命题6－2可知，在最优初始服务内容 $q^*$ 下，命题6－2中给出的采购商努力随供应商谈判力的增加而增加的情况不会发生；供应商谈判力的增加必定会抑制采购商的努力。此外，由 $\hat{q}-q^*=(v-\mu)+\frac{\mu-(1-k^2)q^*}{1-\alpha\theta^2-(1-\alpha)k^2}$ 可知，当服务质量被低估（即 $\mu<v$）或未被过度高估时，再谈判会将服务内容上调（即 $\hat{q}>q^*$）；只有当服务质量被严重高估时，交易双方才会在再谈判中下调服务内容（即 $\hat{q}<q^*$）。

下面通过数值模拟的方法考察最优的服务内容 $q^*$ 的一些性质。当 $n=5$，$\mu=1$，$\theta_i\sim U[0.1,\ 0.8]$时，最优服务内容 $q^*$ 与供应商谈判力 $\alpha$ 及采

购商专业技能 $k$ 的关系如图 6－2 所示。可以看出，只有当供应商的谈判力 $\alpha$ 超过一定阈值时，采购商才会设置一个正的服务内容 $q^*>0$。当 $\alpha$ 比较低时，供应商分得的再谈判剩余比较低，从而其付出努力改进服务质量的动机比较低。在这种情况下，激励供应商付出努力提高服务质量是采购商的主要考量。因此，采购商会将服务内容设置得尽可能低（即 $q^*=0$），以便为供应商提供尽可能高的努力激励。服务内容趋近 0 意味着采购商只要求供应商提供一个最基本的系统原型，除此之外不对服务内容多做要求。当供应商谈判力 $\alpha$ 比较高时，供应商可以分得一大份再谈判剩余，并索取高额的信息租金。在此情况下，规制信息租金不再是无关紧要的事。因此，采购商将设置一个较高的服务内容，以在激励供应商努力和压制信息租金之间取得平衡。此外，还可观察到，最优的初始服务内容 $q^*$ 会随着采购商专业技能 $k$ 的增加而增加。这是因为，当采购商专业技能较高时，采购商的努力效果更为显著，因此采购商会增加初始服务内容，以便付出更多努力同时更好地压制信息租金。

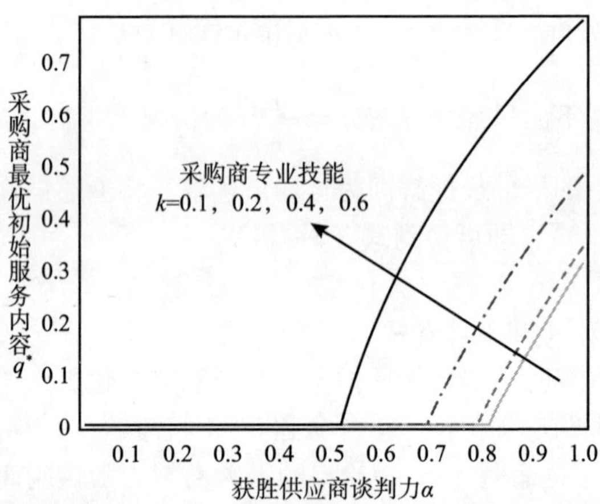


**图 6－2　最优初始服务内容 $q^*$ 与供应商谈判力 $\alpha$ 及采购商专业技能 $k$ 的关系**

基于采购商的最优初始服务内容，还可以得到更多的性质，如推论 6－1和推论 6－2 所示。

推论 6－1：基于采购商的最优初始服务内容 $q^*$，获胜供应商和采购商的均衡努力水平分别为：

$$s^*(q^*,\ \theta)=\frac{\alpha\mu\theta(1-\rho)}{1-\alpha\theta^2-(1-\alpha)k^2}>0 \qquad (6-17)$$

$$b^*(q^*, \theta) = \frac{\mu k[(1-\alpha)(1-k^2)+\alpha\varphi(1-\theta^2)]}{(1-k^2)[1-\alpha\theta^2-(1-\alpha)k^2]} > 0 \quad (6-18)$$

证明：将 $q^*$ 的取值代入式（6－8）和式（6－9）即可。

证毕。

推论6－1表明，采购商在公布初始服务内容时，总是能够保证交易双方都会对服务质量付出正对努力。尽管从事中来看，存在某些范围的服务内容会导致供应商不努力从而也不攫取信息租金，但采购商的最优策略不会让这种情况发生。这也说明，采购商是愿意承受一定的信息租金来换取服务质量改进的。

推论6－2：在期望意义上，再谈判之后的服务内容将比初始服务内容更高，即 $E_{\theta_{(1)}}[\hat{q}] > q^*$。

证明：由引理6－1和式（6－8）～式（6－9）得：

$$\hat{q} - q^* = (v-\mu) + \frac{\mu-(1-k^2)q^*}{1-\alpha\theta_{(1)}^2-(1-\alpha)k^2}$$

可见，当服务质量实现过程中的随机性比预期更向好（即 $v>\mu$），或者虽然比预期差但不至于差太多$\left(\text{即}\ \mu-\frac{\mu-(1-k^2)q^*}{1-\alpha\theta_{(1)}^2-(1-\alpha)k^2}<v<\mu\right)$时，再谈判将导致服务内容变多（即 $\hat{q}>q^*$）。只有当服务质量实现过程中的随机性比预期差太多时$\left(\text{即}\ v<\mu-\frac{\mu-(1-k^2)q^*}{1-\alpha\theta_{(1)}^2-(1-\alpha)k^2}\right)$，交易双方才会通过再谈判下调服务内容。以上是事后分析结果。然而，从事前期望来看，总有：

$$E_{\theta_{(1)},v}[\hat{q}] - q^* = E_{\theta_{(1)}}\left[\frac{\mu-(1-k^2)q^*}{1-\alpha\theta_{(1)}^2-(1-\alpha)k^2}\right] > 0$$

所以在期望意义上，再谈判总是会导致服务内容上调。

证毕。

推论6－2表明，在期望意义上，采购商愿意公布一个较小的初始服务内容，然后在事后通过再谈判上调。此结论与许多现实的信息技术服务采购案例（Fenton，2016）相一致。因为初始服务内容既有激励供应商努力的正向作用，又有抬高获胜者信息租金的负面作用，因此初始服务内容的设置并不是无关紧要的。值得指出的是，上述结论具有很强的鲁棒性，它并不依赖于模型参数（包括谈判力参数），这表明采购商总是愿意承受一部分信息租金来换取供应商努力。同时还需注意，上述结论是期望意义上的，并不意味着事后不可能出现交易双方因服务质量实在太差而降低服务内容的情况。

## 6.3 基准模型分析求解

前文分析表明，只要再谈判存在，信息租金总是与供应商的服务努力相伴相生。后文将会看到，假如交易双方约定好不允许再谈判，则获胜供应商不会付出努力从而也不赚取信息租金。因此，作为采购方的一个策略工具，再谈判的存在将同时产生两种效应，即努力激励效应和信息租金效应。前者指采购商激励供应商付出服务质量改进努力的能力，后者指采购商规制信息租金的能力。上述两种效应的混合决定着再谈判对采购商对价值。为了析取上述两种效应，本节将引入两个基准模型：无再谈判模型（基准模型Ⅰ）和完全信息模型（基准模型Ⅱ）。

### 6.3.1 基准模型Ⅰ：无再谈判模型

当不允许再谈判时，给定初始服务内容 $q$、项目价格 $t$ 和采购商努力 $b$，获胜供应商在 T2 时刻选择服务努力 $s$ 时的期望利润为：

$$U_S^{\mathrm{I}}(q,\ t,\ s)=t-\frac{1}{2}s^2-\frac{1}{2}q^2 \tag{6-19}$$

容易看出获胜供应商没有努力动机，即其最优努力水平为 $s_{\mathrm{I}}^*=0$。这是因为，供应商的服务努力只对采购商有直接好处（提供项目服务质量），而对供应商自己没有直接好处。收益共享机制（如再谈判）的缺乏，使供应商无法从自身努力中获得任何好处，因此供应商不会付出任何努力。从采购商的角度看，给定初始服务内容 $q$、项目价格 $t$、获胜供应商的专业技能 $\theta$ 和服务努力 $s$，采购商选择服务努力 $b$ 时的期望利润为：

$$U_B^{\mathrm{I}}(q,\ t,\ \theta,\ b,\ s)=E_v\left[(v+kb+\theta s)q-t-\frac{1}{2}b^2\right] \tag{6-20}$$

易得采购商的最优努力为 $b_{\mathrm{I}}^*=kq$。以上结果表明，交易双方的最优努力决策是相互独立的，这与允许再谈判时的决策结果（命题6-1）截然不同。

由于所有潜在供应商都不会付出服务质量改进努力，在 T1 时刻，所有潜在供应商的期望服务成本都为$\frac{1}{2}q^2$。基于拍卖理论的标准分析（Krishna, 2009），可知投标均衡为：所有潜在供应商都在相同的价格 $t_{\mathrm{I}}=\frac{1}{2}s^2$ 处退出拍卖。采购商可以从中随机挑选以为供应商作为获胜者。将 $s_{\mathrm{I}}^{*}=0$ 和 $t_{\mathrm{I}}=\frac{1}{2}s^{2}$ 代入式（6－19），可得到获胜供应商的均衡期望利润（也即信息租金）为 $U_{S}^{\mathrm{I}*}=0$。

在 T0 时刻，采购商选择初始服务内容 $q$ 时的期望利润为：

$$U_{B}^{\mathrm{I}}(q)=U_{B}^{\mathrm{I}}(q,\ t_{\mathrm{I}},\ \theta,\ b_{\mathrm{I}}^{*},\ s_{\mathrm{I}}^{*})=\mu q-\frac{1}{2}(1-k^{2})s^{2} \quad (6-21)$$

易得，采购商的最优初始服务内容为：

$$q_{\mathrm{I}}^{*}=\frac{\mu}{1-k^{2}} \quad (6-22)$$

采购商的最优期望利润为：

$$U_{B}^{\mathrm{I}*}=U_{B}^{\mathrm{I}}(q_{\mathrm{I}}^{*})=\frac{\mu^{2}}{2(1-k^{2})} \quad (6-23)$$

### 6.3.2　基准模型Ⅱ：完全信息模型

当再谈判允许发生但是不存在信息不对称时，再谈判决策和双边努力决策与主体模型相同，从而得到再谈判后的服务内容为 $\hat{q}_{\mathrm{II}}(e)=e$（与引理6－1结果相同），交易双方关于努力的博弈均衡为：

$$s_{\mathrm{II}}^{*}=\frac{\alpha\theta[\mu-(1-k^{2})q]^{+}}{1-\alpha\theta^{2}-(1-\alpha)k^{2}} \quad (6-24)$$

$$b_{\mathrm{II}}^{*}=\frac{[(1-\alpha)(\mu+\theta s_{\mathrm{II}}^{*})+\alpha q]k}{1-(1-\alpha)k^{2}} \quad (6-25)$$

（与引理6－3结果相同）。然而，采购商对获胜供应商的选择过程与主体模型不同。在完全信息下，采购商知道所有潜在供应商的类型，因而可以直接识别出期望成本最低的供应商而不必使用拍卖机制。由于供应商的期望成本 $c_{\mathrm{II}}(q,\ \theta)$（由式（6－11）给定）是供应商专业技能 $\theta$ 的减函数，显然，采购商将选择专业技能最高（$\theta_{(1)}$）的供应商作为获胜者，并向其支付项目价格 $c_{\mathrm{II}}(q,\ \theta)$。结果，获胜供应商的期望利润（信息租金）为 $U_{S}^{\mathrm{II}*}=0$，而采购商则攫取了所有的项目剩余，其期望利润为：

$$U_{B}^{\mathrm{II}}(s)=E_{\theta_{(1)},v}\left[(v+kb_{\mathrm{II}}^{*}+\theta_{(1)}s_{\mathrm{II}}^{*})\hat{q}_{\mathrm{II}}-\frac{1}{2}\hat{q}_{\mathrm{II}}^{2}-\frac{1}{2}b_{\mathrm{II}}^{*2}-\frac{1}{2}s_{\mathrm{II}}^{*2}\right] \quad (6-26)$$

求解上式关于 $q$ 的最优解，得到采购商的最优初始服务内容为：

$$q_{\mathrm{II}}^{*}=\frac{\mu\rho_{\mathrm{II}}}{1-k^{2}} \tag{6-27}$$

其中$\rho_{\mathrm{II}}=\frac{(\eta_{2}-x_{3})^{+}}{\eta_{1}-x_{3}}<1$，$x_{3}=E_{\theta_{(1)}}\left[\frac{(1-\alpha\theta_{(2)}^{2})(1-k^{2})}{[1-\alpha\theta_{(1)}^{2}-(1-\alpha)k^{2}]^{2}}\right]$。将$q_{\mathrm{II}}^{*}$代回式（6－26），得到采购商的最优期望利润为：

$$U_{B}^{\mathrm{II}\,*}=U_{B}^{\mathrm{II}}(q_{\mathrm{II}}^{*})=\frac{\sigma^{2}}{2}+\frac{\mu^{2}}{2(1-k^{2})}+\frac{\mu^{2}\alpha(1-\rho_{\mathrm{II}})[(\eta_{2}-x_{3})^{+}+\eta_{1}-2\eta_{2}+x_{3}]}{2(1-k^{2})} \tag{6-28}$$

## 6.4 模型结果比较

### 6.4.1 再谈判与不对称信息对决策结果的影响

通过将主体模型与两个基准模型进行比较，得到以下命题。

命题6－5：对于$\alpha\in(0,1]$，下列不等式成立：

$$0\leqslant q_{\mathrm{II}}^{*}\leqslant q^{*}<q_{\mathrm{I}}^{*}$$

$$0<b_{\mathrm{II}}^{*}<b^{*}<b_{\mathrm{I}}^{*}$$

$$0=s_{\mathrm{I}}^{*}<t^{*}<t_{\mathrm{II}}^{*}$$

证明：首先比较主体模型与基准模型Ⅰ。由$0\leqslant\rho<1$，得$q^{*}=\frac{\mu\rho}{1-k^{2}}<\frac{\mu}{1-k^{2}}=s_{\mathrm{I}}^{*}$和$s_{\mathrm{I}}^{*}=0<\frac{(1-\rho)\alpha\mu\theta_{(1)}}{1-\alpha\theta_{(1)}^{2}-(1-\alpha)k^{2}}=s^{*}(q^{*},\theta_{(1)})$。易验证$b^{*}(q^{*},\theta_{(1)})$（由式（6－18）给定）是$\rho$的增函数，故有$b^{*}(q^{*},\theta_{(1)})<b^{*}(q^{*},\theta_{(1)})|_{\rho=1}=\frac{\mu k}{1-k^{2}}=b_{\mathrm{I}}^{*}$。接下来比较主体模型与基准模型Ⅱ。因为$q^{*}$、$b^{*}(q^{*},\theta_{(1)})$和$s^{*}(q^{*},\theta_{(1)})$分别为$\rho$的增函数、增函数和减函数，并且当$\rho=\rho_{\mathrm{II}}$时上述三个决策将与基准模型Ⅱ的对应决策相同，所以，主体模型与基准模型Ⅱ决策结果的比较可归结为$\rho$与$\rho_{\mathrm{II}}$的比较。因为$\rho$是$\eta_{3}$的减函数且$\eta_{3}<x_{3}$，所以$\rho>\rho|_{\eta_{3}=x_{3}}=\rho_{\mathrm{II}}$，从而有$q^{*}>q_{\mathrm{II}}^{*}$、$b^{*}>b_{\mathrm{II}}^{*}$和$s^{*}>s_{\mathrm{II}}^{*}$。

证毕。

基于前文的论述，命题6－5进一步揭示了采购商如何策略性地使用初始服务内容来权衡供应商努力激励和信息租金规制。当不允许再谈判时（基准模型Ⅰ），由于缺乏激励供应商努力的合适机制，采购商需要独自承担改进项目服务质量的任务。因此，采购商需要设置一个高的初始服务内容来提高自己努力的边际收益。当存在再谈判但不存在私有信息时（基准模型Ⅱ），采购商关于初始服务内容的决策会影响供应商的服务努力但不影响信息租金（因为不存在信息租金）。因此，采购商需要设置尽可能低的初始服务内容来激励供应商努力，从而缓解自身改进服务质量的压力（注意，由 $e = v + kb + \theta s$ 可知，交易双方的努力在改进服务质量方面是互补的）。在主体模型中，再谈判和不对称信息同时存在，从而采购商关于初始服务内容的决策既会影响供应商努力，又会影响信息租金。结果，采购商需要设置一个中等大小的初始服务内容，以在激励供应商努力和规制信息租金之间取得平衡。

### 6.4.2　再谈判对采购商的价值

在基准模型Ⅰ中，由于缺乏收益共享机制，获胜供应商没有动机付出服务质量改进努力，当然也无法赚取信息租金。而在基准模型Ⅱ中，有了再谈判作为一种收益共享机制，采购商可以在不产生信息租金的条件下激励供应商努力。因此，不考虑信息租金，再谈判带给采购商的毛收益可以用采购商在基准模型Ⅱ和基准模型Ⅰ中的期望利润之差表示，即：

$$U_B^{\mathrm{II}\,*} - U_B^{\mathrm{I}\,*} = \frac{1}{2}\sigma^2 + \Delta_1 \tag{6-29}$$

其中：

$$\Delta_1 = \frac{\mu^2\alpha(1-\rho_{\mathrm{II}})[(\eta_2 - x_3)^+ + \eta_1 - 2\eta_2 + x_3]}{2(1-k^2)} \tag{6-30}$$

在式（6－29）中，第一项$\frac{1}{2}\sigma^2$可称为再谈判的响应效应，它的产生是因为再谈判赋予了采购商“根据事后服务质量进行服务内容调整”的响应能力；显然，服务质量实现过程中的随机性越大，再谈判所赋予采购商的这种响应能力的价值就越大。式（6－29）中的第二项代 $\Delta_1$ 可表示再谈判对供应商努力的激励效应，因为正是再谈判可以实现收益共享，从而为供应商间接提供了努力动机，才有了该项的产生。

基准模型Ⅱ和主体模型都允许再谈判发生，从而两个模型中的供应商都有努力动机。唯一不同之处在于，基准模型Ⅱ中不产生信息租金，而主体模型中的再谈判在产生努力激励效应的同时还会产生信息租金。因此，可用采购商在基准模型Ⅱ和主体模型中的期望利润之差来表示再谈判的信息租金效应（用 $\Delta_2$ 表示），即：

$$\Delta_2 = U_B^{\text{II}*} - U_B^* = \frac{\mu^2\alpha(1-\rho_{\text{II}})[(\eta_2 - x_3)^+ + \eta_1 - 2\eta_2 + x_3]}{2(1-k^2)} - \frac{\mu^2\alpha(1-\rho)[(\eta_2-\eta_3)^+ + \eta_1 - 2\eta_2 + \eta_3]}{2(1-k^2)} \tag{6-31}$$

基于前述分析，不对称信息下再谈判对采购商的价值可表述为：

$$V_R = U_B^* - U_B^{\text{I}*} = \frac{1}{2}\sigma^2 + \Delta_1 - \Delta_2 \tag{6-32}$$

命题6-6：再谈判的努力激励效应总是大于其信息租金效应，即 $\Delta_1 > \Delta_2$。

证明：由式（6-30）~式（6-31）可得：

$$\Delta_1 - \Delta_2 = \frac{\mu^2\alpha(1-\rho)[(\eta_2-\eta_3)^+ + \eta_1 - 2\eta_2 + \eta_3]}{2(1-k^2)} > 0。$$

证毕。

命题6-6表明，保留事后再谈判的权利总是对采购商有利的。同时，供应商也愿意保留事后再谈判的可能性，因为再谈判将赋予供应商赚取信息租金的能力。这也解释了现实的信息技术服务采购中再谈判如此普遍的原因。

## 6.5 本章小结

在信息技术服务采购中，采购商和供应商的联合努力对于提高项目服务质量是不可或缺的。由于供应商努力和项目服务质量往往是不可证实的，交易双方难以在项目初期就以合同的形式对其详细规定，也即初始合同通常是不完备的。此外，由于项目开发过程具有不确定性，采购商最初确定的服务内容很可能不是事后最优的。因此，现实中的常见做法是在观测到联合努力的效果后，通过再谈判来调整服务内容和项目价格，以达到整体最优的水平。鉴于此，本章研究了存在双边努力和再谈判时的不完备采购合同拍卖机制设计。

分析发现：①在双方关于努力的博弈中，一方提高努力水平会促使另一方也提高努力水平，即双方努力互为战略互补品。这是因为，一方努力水平的提高会增加对方努力对再谈判剩余的边际贡献，从而对方有动机提高努力来分享更多的再谈判剩余。②增加初始服务内容可以提高采购商努力程度，但同时也会降低供应商的努力。初始服务内容增加时，供应商的努力对再谈判前整体福利的边际提升效果越好，导致供应商从再谈判中获得的边际回报减少，因此供应商努力越小。但对采购商努力而言，初始服务内容的增加加强了采购商努力对再谈判前项目价值的边际贡献，尽管这种效应的$(1-\alpha)$比例被再谈判抵消，采购商依然可以吸收其中的$\alpha$比例。③初始服务内容越大，获胜供应商相对于次优供应商的优势就越小，导致信息租金越小。④采购商在设置最优初始服务内容时，总是能够确保交易双方都愿意付出正的努力来提高服务质量，并且在期望意义上，再谈判将导致服务内容上调。⑤再谈判的存在一方面帮助采购商激励供应商努力（努力激励效应），另一方面又导致采购商向获胜供应商支付信息租金（信息租金效应）。这两个对立效应的综合作用决定了再谈判对采购商的价值。分析发现，再谈判的努力激励效应总是强于其信息租金效应，因而保留事后再谈判的可能性将对采购商和供应商都有好处。拍卖不完备合同是工程招标和服务采购领域非常普遍的现象，本章研究为相关采购企业在设计事前不完备合同、优化初始项目内容等方面提供了有价值的参考意见。同时也应看到，本章研究还可以从多个方面进行扩展。比如，除了初始服务内容，将来的研究还可以考察其他的重要决策将对供应商努力和信息租金有何影响。又如，本章考察的逆向英式拍卖只是最常见的供应商选择机制之一，还可以考察诸如多属性拍卖等其他机制。

# 第 7 章

# 服务质量风险下考虑再谈判的多属性采购招标机制①

近年来，网上服务交易日益盛行。众多服务外包平台（如国外的 Upwork、Freelancer 和国内的猪八戒、威客中国等）正将大量有服务需求（如软件开发、品牌设计、营销推广、财税服务等需求）的企业与数以亿计自由职业者（我国称“威客”）连接起来，形成一个潜力巨大的新兴市场（Laumeister，2014）。仅以行业领先的平台 Freelancer 和 Upwork 为例：截至2018 年3 月，Freelancer 已有超过2750 万注册用户，累计发布服务需求超过 1350 万项②；而 Upwork 则每年促成服务交易 300 多万项并为威客创收 10 亿多美元（Carrel – Billiard，2017）。随着平台经济和零工经济的迅猛发展（Manyika et al.，2015）以及企业个性化服务需求的日益增长（Pemer et al.，2014），将有越来越多的企业通过网络平台采购服务。

在网上服务交易平台上，基于信息技术的开发和设计类服务（如网站建设、软件开发、创新设计等）是需求最多的服务类别之一（Hong and Pavlou，2017）。这类服务采购项目有如下特点。其一，交易机制通常为“买方决定制（buyer – determined）采购拍卖”。这是一种多属性采购拍卖，但与传统的打分制多属性采购拍卖（Che，1993）不同，采购商无须事先承诺任何选标规则，而可在事后自由选择获胜者（Hong and Wang，2015）。其二，采购商通常让供应商同时投标服务方案和服务价格③。由于这类服务的复杂度或创新性较高，采购商对可能用到的技术方法和服务

① 本章主要内容发表在期刊《中国管理科学》2020 年第 28 卷第 12 期：184 – 195.（李志鹏，黄河，2020）。

② 资料来源：https：//www. freelancer. com.

③ 资料来源：https：//support. upwork. com/hc/en – us/articles/211062998.

方案不够熟悉，难以在招标时就规定服务方案。此时，让供应商来投标服务方案和价格就显得顺理成章。其三，交易双方经常中途调整服务内容和报价，即经常发生再谈判（renegotiation）。这是因为，采购商的初始服务需求是在不了解服务方案及其潜在服务质量的情况下制定的；随着交易进行，关于服务质量的不确定性逐步消除，交易双方就有动机根据服务质量的实现情况调整服务内容。据观察，许多服务交易平台都允许交易双方随时修改服务内容和价格①。

再谈判的存在使得交易双方的决策互动有了全新特征，进而为采购商的采购决策带来新的挑战。供应商方面，投标时除了要估计其他供应商的服务质量和价格来评估自己的获胜概率，还需要将服务成本以及后续的再谈判过程考虑进来，以评估自己获胜后可获得的利润，这使得投标均衡的分析求解具有相当挑战性。那么，供应商该如何进行投标？投标均衡会如何受交易双方谈判力以及采购商设置的初始服务内容的影响？采购商方面，其事前公布的服务内容除了会影响供应商对服务方案和价格的投标决策外，还会影响采购商在再谈判中的获利能力，因为再谈判产生的剩余是与服务内容的变更程度相关的。那么，采购商该如何制定初始服务内容？再谈判的存在会如何影响采购商的期望利润、获胜供应商的信息租金以及服务交易平台的收益？对上述问题的探讨，不但有助于丰富多属性采购拍卖的理论成果，也将为企业的网上服务采购实践提供有益的管理启示。

纵观网上服务采购相关文献，绝大多数都是用实证方法研究供应商评分（Öğüt，2013）、项目价值（Zheng et al.，2015）、需求描述（Guo et al.，2017）或拍卖持续时间（Hong et al.，2018）等因素对交易行为及交易结果的影响，而对交易双方的策略互动（博弈）及相关交易机制的设计与优化问题研究不足。

关于多属性采购拍卖，早期研究主要关注由切（Che，1993）开创的打分制采购拍卖。如阿斯克和坎蒂永（Asker and Cantillon，2008）在供应商具有多维度私有信息情况下，系统地分析了打分制采购拍卖的均衡性质；李军和刘树林（2012）在供应商使用 Cobb – Douglas 效用函数权衡利润和中标重要性程度的情形下，研究了打分制采购拍卖问题；周学广和任龙（2016）在采购商设定较高固定投标成本的情形下，考察了供应商同时投标价格、质量和交货期的打分制采购拍卖；姚升保（2013）研究了买方

① 资料来源：https：//support. upwork. com/hc/en – us/articl es/211068248 – Change – Your – Contract – s – Hourly – Rate.

的效用函数和卖方的成本函数均为一般幂函数情形下的打分制采购拍卖。关于打分制采购拍卖更详实的文献梳理，可参考彭等（Pham et al.，2015）的文献综述。近年来，越来越多的学者关注买方决定制多属性采购拍卖。捷普（Jap，2002）最早指出，业界的绝大多数逆向拍卖都是买方决定制采购拍卖。通卡等（Tunca et al.，2014）的实证研究表明，买方决定制拍卖可在不降低服务质量的情况下显著节约买方成本。圣马利亚（Santamaría，2015）对比了打分制和买方决定制采购拍卖，发现当在位供应商比进入者有显著成本优势时，买方决定制采购拍卖中的平均采购成本更低；斯托尔和佐特（Stoll and Zöttl，2017）研究了买方是否该向供应商披露评标偏好的问题；海江涛等（2014）应用买方决定制采购拍卖理论和寻租竞争理论，研究了政府部门的技术采购问题。以上文献都不涉及再谈判及其对拍卖结果的影响分析。

有部分学者关注了采购拍卖与（再）谈判的结合研究。王（Wang，2000）研究了买方要么接受拍卖价格，要么付出固定成本对价格进行再谈判的采购机制，发现均衡时再谈判概率随着再谈判成本和竞标供应商数目的增加而降低。许和帕克（Huh and Park，2010）研究了一个先拍卖后谈判的采购机制，其中买方在拍卖后对获胜者进行成本审计，并通过谈判来确定最终价格。克斯登和瓦霍维奇（Kersten and Wachowicz，2014）提出了一种先拍卖后谈判的采购机制，可在保持过程透明和分配有效等重要特征的同时增加社会福利。海尔韦格和施密特（Herweg and Schmidt，2017）分析了涉及再谈判的不完全契约拍卖问题，并比较了拍卖与谈判在激励供应商提前披露设计改进方案私有信息方面的优劣。以上文献都不考虑买方对供应商的努力激励，因而不存在道德风险问题。黄河和陈剑（2010）考虑供应商存在不可见努力的情况，设计了一个先拍卖后谈判的两阶段采购机制；该模型的再谈判是为了调整获胜供应商的质量投标，而本章中的再谈判是为了调整初始服务内容，两者在性质上具有很大不同。

鉴于此，本章将在网上服务采购的背景下，充分考虑到再谈判对交易双方互动行为的影响，探讨买方决定制采购拍卖机制设计。本章建立了一套针对网上服务采购拍卖的分析框架，将丰富多属性采购拍卖和服务外包等方面的理论成果。同时，研究成果可为需要进行网上服务采购的机构，在组织招投标和优化招标契约设计等实际采购运作方面，提供有益的管理启示。

## 7.1　模型描述

采购商通过网上服务交易平台采购某服务。一般的采购流程为：采购商先公布拟采购的服务内容，然后感兴趣的潜在供应商同时对服务价格和服务方案投标，采购商再从中选取一位获胜者达成交易。

假设采购商公布的服务内容为 $s \geqslant 0$，$s$ 越大表示要采购的服务量越多。有 $n \geqslant 2$ 个潜在供应商进行投标，其中供应商 $i(i=1, \cdots, n)$ 的服务技能 $\theta_i$ 为其私有信息。假设 $\{\theta_i\}_{i=1}^{n}$ 在区间 $[\underline{\theta}, \overline{\theta}]$ 上独立同分布，累积分布函数为 $F(\cdot)$，概率密度函数为 $f(\cdot)$。供应商 $i$ 同时对服务价格 $p_i$ 和服务方案进行投标。采购商通过评标可以确定服务方案所能实现的服务质量 $q_i$，但无法观测该供应商的服务技能 $\theta_i$ 及其为了实现服务质量 $q_i$ 所需付出的努力 $e_i$。假设：

$$q_i = \theta_i e_i + \mu \tag{7-1}$$

其中常数 $\mu \geqslant 0$ 表示初始服务质量。比如，在软件开发服务中，供应商通常是在现有的通用软件模块基础上为采购商进行二次开发，此时通用软件模块所体现的服务质量就可用 $\mu$ 表示。式（7-1）表明服务质量与服务努力之间具有线性关系，类似的假设在文献中十分常见（Li，2013）。供应商 $i$ 的服务质量改进成本是其服务质量改进努力 $e_i$ 的凸函数，设为 $e_i/2$。此外，给定任意服务内容 $s$，供应商需付出服务内容开发成本 $s^2/2$。类似的二次型努力成本或研发成本也是文献中的常见假设（Xiao and Xu，2012）。综上，若按服务质量 $q_i$ 提供服务内容 $s$，供应商 $i$ 所需承担的总服务成本为：

$$C(s, q_i, \theta_i) = \frac{e_i^2}{2} + \frac{s^2}{2} = \frac{(q_i - \mu)^2}{2\theta_i^{\,2}} + \frac{s^2}{2}$$

显然，$C(s, q_i, \theta_i)$ 是服务内容 $s$ 和服务质量 $q_i$ 的增函数，同时是供应商服务技能 $\theta_i$ 的减函数。

给定服务内容 $s$ 和服务质量 $q$，采购商可从服务中获得的收益设为：

$$V(s, q) = s \times q$$

表示采购的服务内容越多或服务的平均质量水平越高，采购商获得的价值越大。如果交易达成，则交易平台将根据成交价格 $p$，对交易双方各收取一定交易费用。假设平台向采购商和获胜供应商收取的交易费率分别为 $\lambda_B \in [0, 1)$ 和 $\lambda_S \in [0, 1)$，则成交价格为 $p$ 时平台共可赚取交易费用

$(\lambda_B+\lambda_S)p$。为方便后续表述，定义：

$$k \equiv (1-\lambda_S)/(1+\lambda_B) \in (0,\ 1]$$

可表示交易双方的交易效率。显然，平台对任一方交易费率的提高，都会增加交易双方的交易成本，也即降低交易效率 $k$。此外，假设 $k\bar{\theta}<1$，这是为了对供应商的服务技能上限进行限制，以避免出现因服务效果太好而制定无穷大的服务质量或服务内容的情形。

由于服务质量通常难以证实（如带有主观性），所以采购商无法通过事先给出一套关于服务价格和服务质量的打分规则（scoring rule）来规制供应商投标行为。此外，由于采购商往往缺乏制定服务方案的专业技能，且能实现同等服务质量的服务方案可能有多种，所以采购商也无法在事前对服务方案进行具体约定。在此情况下，采购商在事前公布的服务内容就很有可能不是事后最优的。因此，评标结束后，采购商有动机与获胜者进行再谈判，通过调整服务内容和服务价格，使双方都能获得额外利润（即再谈判剩余）。假设交易双方通过再谈判，将服务内容和服务价格分别调整为 $\hat{s}$ 和 $\hat{p}$，则获胜供应商按其投标的服务质量 $q$ 提供再谈判的服务内容 $\hat{s}$，且交易双方和平台都按照再谈判的服务价格 $\hat{p}$ 发生相应的转移支付。此时，采购商将从服务中获得收益 $V(\hat{s},\ q)=\hat{s}q$，获胜供应商（假设服务技能为 $\theta$）承担总服务成本 $C(\hat{s},\ q,\ \theta)$，而平台赚取交易费 $(\lambda_B+\lambda_s)\hat{p}$。若不发生再谈判，则令 $\hat{s}=s$ 和 $\hat{p}=p$。事件发生的顺序如图 7－1 所示。

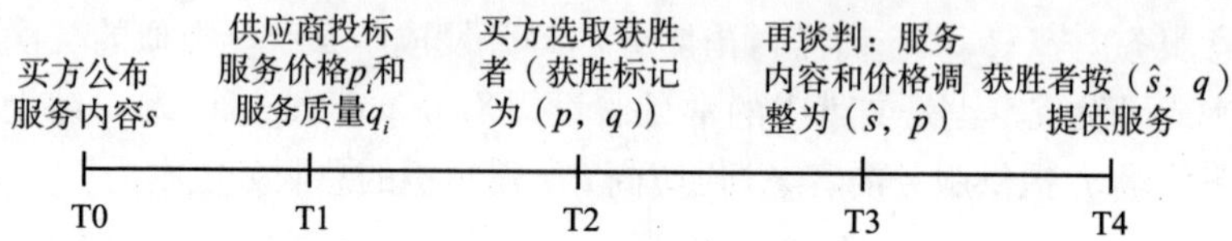


**图 7－1　事件发生顺序**

此外，为方便后续表述，定义：

$$X_1=(1-k^2\theta_{(1)}^2),$$

$$X_2=(1-k^2\theta_{(2)}^2),$$

$$X_3=2k^2\theta_{(1)}[1-F(\theta_{(1)})]/f(\theta_{(1)})$$

易验证，以下等式关系成立

$$\mathbb{E}_{\theta(2)}[X_2]=E_{\theta(1)}[X_1+X_3],$$

$$\mathbb{E}_{\theta(1),\theta(2)}[1/X_1-1/X_2]=E_{\theta(1)}[X_3/X_1^2]$$

## 7.2　无再谈判情形

当交易双方能够承诺不进行事后再谈判时，图7－1中T3时刻的决策不发生，且$\hat{s}=s$和$\hat{p}=p$。根据逆向归纳法，依次分析T2时刻采购商对获胜者的选择、T1时刻的供应商投标和T0时刻的采购商服务内容决策。为便于区分，必要时无再谈判情形的相关变量用下标“N”标识。

### 7.2.1　采购商对获胜者的选择

T2时刻，给定服务内容$s$和获胜者的投标（$p$，$q$），采购商的期望利润为：

$$\pi_N(s,\ p,\ q)=V(s,\ q)-(1+\lambda_B)p \tag{7-2}$$

根据期望利润最大化原则，采购商可将$\pi_N(s,\ p_i,\ q_i)$（或$\pi_N(s,\ p_i,\ q_i)$的任意增函数）视为供应商投标的评分函数，并选择得分最高的供应商为获胜者。显然，供应商的服务质量$q_i$越高或服务价格$p_i$越低，其投标得分就越高，就越有可能被选为获胜者。此外，服务内容$s$越大，服务质量$q$的影响范围就越大，因此采购商就越看重服务质量。而采购商承担的交易费率$\lambda_B$越高，服务价格带给采购商的边际损失就越大，因此采购商在评标时就越偏好服务价格低的供应商。

### 7.2.2　供应商投标均衡

T1时刻，给定服务内容$s$，如果供应商$i$投标（$p_i$，$q_i$）并成为获胜者，则其期望利润为：

$$u_N(s,\ p_i,\ q_i,\ \theta_i \mid \text{win})=(1-\lambda_S)p_i-C(s,\ q_i,\ \theta_i) \tag{7-3}$$

由于可以预期到采购商一定会根据式（7－2）选标，供应商的投标均衡分析与采购商事先承诺打分规则的多属性采购拍卖（Che，1993）相同。因此，根据打分制多属性采购拍卖的经典分析方法，可得如下命题。

命题7－1　无再谈判情形下，供应商$i$的服务质量投标均衡为：

$$\begin{aligned} q_N^*(\theta_i) &= \arg\max_{q_i \geqslant \mu} kV(s,\ q_i)-C(s,\ q_i,\ \theta_i) \\ &= k\theta_i^{\,2}s+\mu \end{aligned} \tag{7-4}$$

证明：考虑供应商$i$的两个可选投标（$p$，$q_N^*$）和（$p'$，$q'$），其中$q_N^*$由式（7－4）给定。假设两投标获胜概率一样，即$\pi_N(s, p, q_N^*) = \pi_N(s, p', q')$，则可推出：

$$p = p' + [V(s, q_N^*) - V(s, q')]/(1+\lambda_B) \tag{7-5}$$

将式（7－5）代入式（7－3），得：

$$\begin{aligned} u_N(s, p, q_N^*, \theta_i \mid \text{win}) &= (1-\lambda_s)p' - C(s, q_N^*, \theta_i) + k[V(s, q_N^*) - V(s, q')] \\ &= u_N(s, p', q', \theta_i \mid \text{win}) + [kV(s, q_N^*) \\ &\quad - C(s, q_N^*, \theta_i)] - [kV(s, q') - C(s, q', \theta_i)] \\ &\geqslant u_N(s, p', q', \theta_i \mid \text{win}) \end{aligned}$$

这说明，在所有与（$p$，$q_N^*$）获胜概率相同的投标策略中，（$p$，$q_N^*$）是占优策略。易验证，$kV(s, q_i) - C(s, q_i, \theta_i)$是$q_i$的凹函数（concave），且在$q_i = k\theta_i^2 s + \mu$取得最大值。证毕。

由命题7－1和式（7－1）可知，供应商$i$的最优服务质量改善努力为：

$$e_N^*(\theta_i) = [q_N^*(\theta_i) - \mu]/\theta_i = k\theta_i s > 0$$

说明供应商$i$总是会在初始服务质量$\mu$的基础上，付出一定努力来改善服务质量。而且，供应商的服务质量改善努力随着服务内容$s$、交易效率$k$以及供应商自身服务技能$\theta_i$的增加而增加。这是因为，服务内容$s$越大，采购商越看重服务质量，供应商付出服务质量改进努力的边际回报就越大。交易效率$k$越高，则采购商越不重视服务价格，相对而言服务质量也就越重要。供应商服务技能越高，其服务质量改进努力的边际产出就越高，因此越有动机多付努力。

接下来求解供应商的服务价格投标均衡。令：

$$\begin{aligned} v_N(\theta_i) &\equiv kV(s, q_N^*) - C(s, q_N^*, \theta_i) \\ &= \mu ks - (1 - k^2\theta_i^2)s^2/2 \end{aligned} \tag{7-6}$$

易知$v_N(\theta_i)$是$\theta_i$的严格增函数，因此其逆函数$v_N^{-1}(\cdot)$存在且为增函数。现做如下变量替换：

$$v_N^i \equiv v_N(\theta_i) \tag{7-7}$$

$$H_N(v_N^i) \equiv F(v_N^{-1}(v_N^i)) \tag{7-8}$$

$$b_N^i \equiv k\pi_N(s, p_i, q_N^*(v_N^{-1}(v_N^i))) \tag{7-9}$$

易验证，$H_N(v_N^i)$和$b_N^i$都是$v_N^i$的增函数，且$\{v_N^i\}_{i=1}^n$独立同分布于$H_N(\cdot)$。由于服务质量投标均衡$q_N^*(\theta_i)$已经确定，供应商$i$对服务价格

$p_i$ 的决策等价于对投标得分 $b_N^i$ 的决策。假设存在对称的且关于 $v_N^i$ 单调递增的投标得分均衡 $\beta_N(\cdot)$。那么，给定其他供应商采用均衡策略，供应商 $i$ 的目标为选取合适的 $b_N^i$，最大化其如下期望利润：

$$\begin{aligned}u_N(s, p_i, q_N^*(\theta_i), \theta_i) &= u_N(s, p_i, q_N^*(\theta_i), \theta_i \mid \text{win})\Pr\{\text{win}\} \\ &= [(1-\lambda_S)p_i - C(s, q_N^*(\theta_i), \theta_i)] \\ &\quad \times \Pr\{\pi_N(s, p_i, q_N^*(\theta_i)) \\ &\geqslant \max_{j\neq i}\pi_N(s, p_j, q_N^*(\theta_j))\} \\ &= (v_N^i - b_N^i)\Pr\{b_N^i \geqslant \max_{j\neq i}\beta_N(v_N^j)\} \\ &= (v_N^i - b_N^i)H_N(\beta_N^{-1}(b_N^i))^{n-1} \qquad (7-10)\end{aligned}$$

这样就将买方决定制多属性采购拍卖问题转化为了一个标准的首价密封（单属性）拍卖问题。根据拍卖理论的经典分析方法（Krishna，2009），可得到拍卖的服务价格投标均衡如下。

命题7-2　无再谈判情形下，供应商的服务价格投标均衡由下式给定：

$$(1-\lambda_S)p_N^*(\theta_i) = C(s, q_N^*(\theta_i), \theta_i) - \int_{\underline{\theta}}^{\theta_i}\frac{\partial C(s, q_N^*(t), t)}{\partial t}\left[\frac{F(t)}{F(\theta_i)}\right]^{n-1}\mathrm{d}t \qquad (7-11)$$

证明：将交易机会看成用于拍卖的“物品”，则通过式（7-7）~式（7-9）的变量替换后，原拍卖问题转化为如下的标准首价密封拍卖问题：$n$ 个风险中性的竞标者具有独立同分布于 $H_N(\cdot)$ 的私有“价值” $\{v_N^i\}_{i=1}^n$，他们对“物品”的“价格” $b_N^i$ 进行首价密封投标。根据拍卖理论的经典分析方法（Krishna，2009），可得竞标者的“价格”投标均衡为：

$$b_N^i = \beta_N(v_N^i) = v_N^i - \int_{v_N(\underline{\theta})}^{v_N^i}\frac{H_N^{n-1}(x)}{H_N^{n-1}(v_N^i)}\mathrm{d}x$$

且该均衡策略为 $v_N^i$ 的增函数。按式（7-7）~式（7-9）将变量替换回原问题的变量，得到：

$$k\pi_N(s, p_i, q_N^*(\theta_i)) = v_N(\theta_i) - \int_{\underline{\theta}}^{\theta_i}\frac{F_N^{n-1}(t)}{F_N^{n-1}(\theta_i)}v_N'(t)\mathrm{d}t$$

再根据式（7-2）和式（7-6）进行转化即可得式（7-11）。证毕。

命题7-1和命题7-2完全刻画了供应商对服务方案（服务质量）和价格的投标均衡。由于投标得分均衡 $b_N^i=\beta_N(v_N^i)$ 是 $v_N^i$ 的增函数，而 $v_N^i$ 又是 $\theta_i$ 的增函数，因此，均衡时，服务技能最高（$\theta_{(1)}$）的供应商将胜出。将式（7－11）代入式（7－10）并对 $\theta_{(1)}$ 求期望，得到获胜供应商的期望利润（也即信息租金）为：

$$\begin{aligned} U_N(s) &\equiv \mathbb{E}_{\theta_{(1)}}[u_N(s, p_N^*, q_N^*, \theta_{(1)})] \\ &= \mathbb{E}_{\theta_{(1)}}\left[-\int_{\underline{\theta}}^{\theta_{(1)}} \frac{\partial C(s, q_N^*(t), t)}{\partial t} \frac{F^{n-1}(t)}{F^{n-1}(\theta_{(1)})} \mathrm{d}t\right] \\ &= s^2 \mathbb{E}_{\theta_{(1)}}[X_3]/2 \\ &= k^2 s^2 \mathbb{E}_{\theta_{(1)},\theta_{(2)}}[\theta_{(1)}^2 - \theta_{(2)}^2]/2 \end{aligned} \tag{7-12}$$

可见，服务内容 $s$ 或交易效率 $k$ 的增加，都会增加供应商的信息租金。

### 7.2.3 采购商服务内容决策

将式（7－4）和式（7－11）构成的投标均衡代入采购商目标函数（7－2）并对 $\theta_{(1)}$ 求期望，得到采购商期望利润为：

$$\begin{aligned} \Pi_N(s) &\equiv \mathbb{E}_{\theta_{(1)}}[\pi_N(s, p_N^*(\theta_{(1)}), q_N^*(\theta_{(1)}))] \\ &= \mathbb{E}_{\theta_{(1)}}[V(s, q_N^*(\theta_{(1)})) - (1+\lambda_B)p_N^*(\theta_{(1)})] \\ &= \frac{1}{k}\mathbb{E}_{\theta_{(1)}}\Big[kV(s, q_N^*(\theta_{(1)})) - C(s, q_N^*(\theta_{(1)}), \theta_{(1)}) \\ &\quad + \int_{\underline{\theta}}^{\theta_{(1)}} \frac{\partial C(s, q_N^*(t), t)}{\partial t} \frac{F^{n-1}(t)}{F^{n-1}(\theta_{(1)})} \mathrm{d}t\Big] \end{aligned}$$

再结合式（7－6）和式（7－12），进一步整理可得：

$$\begin{aligned} \Pi_N(s) &= \frac{1}{k}\{\mathbb{E}_{\theta_{(1)}}[v_N(\theta_{(1)})] - U_N(s)\} \\ &= \mu s - \frac{s^2}{2k}\mathbb{E}_{\theta_{(2)}}[X_2] \end{aligned} \tag{7-13}$$

最大化式（7－13），得到采购商的最优服务内容决策。

命题 7－3　无再谈判情形下，采购商的服务内容最优决策为：

$$s_N^* = \mu k / \mathbb{E}_{\theta_{(2)}}[X_2] \tag{7-14}$$

证明：因为 $\Pi''_N(s) = -\mathbb{E}_{\theta_{(2)}}[X_2]/k < 0$，所以 $\Pi_N(s)$ 关于 $s$ 的一阶条件就是最优服务内容的充要条件。令 $\Pi'_N(s) = 0$，即可得式（7－14）。证毕。

无再谈判情形下，采购商对服务内容的决策主要考虑两方面的影响。一方面，服务内容越大，可激励供应商提供更高的服务水平（命题 7－1），从而增加项目总价值（式（7－13）中的 $\mathbb{E}_{\theta_{(1)}}[v_N(\theta_{(1)})]$ 增加），对采购商有利。但另一方面，服务内容越大，也使得供应商索取更高的信息租金（式（7－13）中的 $U_N(s)$ 增加），这又对采购商不利。综合考虑以上两方面影响，命题 7－3 表明，当供应商的初始服务质量 $\mu$ 或交易双方的交易效率 $k$ 越高时，采购商应设置更高的服务内容。这是因为，初始服务质量 $\mu$ 会放大服务内容对项目价值的边际影响，但不影响其对信息租金的边际影响；而交易效率 $k$ 越高时，交易双方所有决策的边际收益都会增加，所以采购商愿意制定更高的服务内容。将式（7－14）代回式（7－13），得到无再谈判情形下的采购商最优期望利润为：

$$\Pi_N^* \equiv \Pi_N(s_N^*) = \frac{\mu^2 k}{2\,\mathbb{E}_{\theta_{(2)}}[X_2]} \tag{7-15}$$

## 7.3　有再谈判情形

当交易双方无法承诺不进行再谈判时，需要考虑 T3 时刻的再谈判决策；其他时刻的决策过程与无再谈判情形类似。为便于区分，必要时，有再谈判情形的相关变量用下标“R”标识。

### 7.3.1　交易双方再谈判

采购商事前公布的服务内容 $s$ 和获胜供应商的投标 $(p,\ q)$ 构成了交易双方的“初始合同”。在初始合同下，采购商和获胜供应商的期望利润分别为：

$$\pi(s,\ p,\ q) = V(s,\ q) - (1+\lambda_B)p$$

$$u(s,\ p,\ q,\ \theta) = (1-\lambda_S)p - C(s,\ q,\ \theta)$$

通过再谈判，合同条款变成了 $(\hat{s},\ \hat{p},\ q)$，采购商和获胜供应商的期望利润分别为：

$$\pi(\hat{s},\ \hat{p},\ q) = V(\hat{s},\ q) - (1+\lambda_B)\hat{p}$$

$$u(\hat{s},\ \hat{p},\ q,\ \theta) = (1-\lambda_S)\hat{p} - C(\hat{s},\ q,\ \theta)$$

要使再谈判能够发生，就必须保证交易双方再谈判之后的期望利润不低于各自在初始合同下的期望利润，即必须满足以下个体理性（IR）约束：

$$(IR_B)\ \Delta\pi = \pi(\hat{s},\ \hat{p},\ q) - \pi(s,\ p,\ q) \geqslant 0 \tag{7-16}$$

$$(IR_S)\ \Delta u = u(\hat{s},\ \hat{p},\ q,\ \theta) - u(s,\ p,\ q,\ \theta) \geqslant 0 \tag{7-17}$$

通过求解广义纳什谈判解（Generalized Nash Bargaining Solution），可以确定 $\hat{s}$ 和 $\hat{p}$ 的值。换言之，$\hat{s}$ 和 $\hat{p}$ 可通过求解下式得到：

$$\max_{\hat{s}\geqslant 0,\hat{p}\geqslant 0}(\Delta\pi)^{1-\alpha}(\Delta u)^{\alpha} \tag{7-18}$$

其中，$1-\alpha$ 和 $\alpha$ 分别为采购商和获胜者在再谈判中的谈判力（bargaining power）。

命题 7－4　有再谈判情形下，交易双方的再谈判结果如下：

$$\hat{s}(q)=kq \tag{7-19}$$

$$\hat{p}(s,\ p,\ q)=p+\frac{(kq-s)[(1+\alpha)kq+(1-\alpha)s]}{2(1-\lambda_s)} \tag{7-20}$$

证明：令 $z=(\Delta\pi)^{1-\alpha}(\Delta u)^{\alpha}$，则：

$$\ln(z)=(1-\alpha)\ln(\Delta\pi)+\alpha\ln(\Delta u) \tag{7-21}$$

显然，最大化式（7－18）等价于最大化式（7－21）。式（7－21）极值解的必要条件（一阶条件）为：

$$\frac{\partial\ln(z)}{\partial\hat{s}}=\frac{(1-\alpha)q}{\Delta\pi}-\frac{\alpha\hat{s}}{\Delta u}=0 \tag{7-22}$$

$$\frac{\partial\ln(z)}{\partial\hat{p}}=-\frac{(1-\alpha)(1+\lambda_B)}{\Delta\pi}+\frac{\alpha(1-\lambda_S)}{\Delta u}=0 \tag{7-23}$$

求解上述方程组，可得式（7－21）具有唯一极值解，如等式（7－19）～式（7－20）所示。下面验证该极值解的二阶充分条件。在极值解处，有：

$$\frac{\partial^2\ln(z)}{\partial\hat{p}^2}=-\frac{(1-\alpha)(1+\lambda_B)^2}{(\Delta\pi)^2}-\frac{\alpha(1-\lambda_S)^2}{(\Delta u)^2}<0$$

$$\frac{\partial^2\ln(z)}{\partial\hat{p}^2}\cdot\frac{\partial^2\ln(z)}{\partial\hat{s}^2}-\frac{\partial^2\ln(z)}{\partial\hat{p}\partial\hat{s}}\cdot\frac{\partial^2\ln(z)}{\partial\hat{s}\partial\hat{p}}$$
$$=\left[\frac{(1-\alpha)(1+\lambda_B)^2}{(\Delta\pi)^2}+\frac{\alpha(1-\lambda_S)^2}{(\Delta u)^2}\right]\frac{\alpha}{\Delta u}>0$$

表明式（7－21）的海塞（Hessian）矩阵在极值点处是负定的，故等式（7－19）～式（7－20）所确定的极值解正是式（7－21）的全局最优解，也即式（7－18）的全局最优解。证毕。

命题 7－4 表明，当初始服务内容不是 $kq$ 时，采购商和获胜者将通过再谈判把服务内容调整为 $\hat{s}=kq$。而且，由于（$\hat{s}-p$）与（$\hat{s}-s$）同号，服务内容的调整方向和服务价格的调整方向是一致的。显然，交易双方的交易效率 $k$ 越高，或供应商的服务质量 $q$ 越高，再谈判后的服务内容就越多。此外，再谈判后的服务内容还具有如下性质。

推论 7－1　对于任意（$\hat{p}$，$q$，$\theta$），$\hat{s}$ 能够最大化如下交易双方的事后利润加权和：

$$k\pi(\hat{s},\ \hat{p},\ q)+u(\hat{s},\ \hat{p},\ q,\ \theta)$$

证明：将 $q=\partial\Delta\pi/\partial\hat{s}$和 $-\hat{s}=\partial\Delta u/\partial\hat{s}$代入式（7－22），联立式（7－22）～式（7－23）可得：

$$k(\partial\Delta\pi/\partial\hat{s})+\partial\Delta u/\partial\hat{s}=0 \tag{7-24}$$

又因为：

$$\partial\Delta\pi/\partial\hat{s}=\partial\pi(\hat{s},\ \hat{p},\ q)/\partial\hat{s}$$

$$\partial\Delta u/\partial\hat{s}=\partial u(\hat{s},\ \hat{p},\ q,\ \theta)/\partial\hat{s}$$

式（7－24）可进一步转化为：

$$k[\partial\pi(\hat{s},\ \hat{p},\ q)/\partial\hat{s}]+\partial u(\hat{s},\ \hat{p},\ q,\ \theta)/\partial\hat{s}=0$$

正是 $k\pi(\hat{s},\ \hat{p},\ q)+u(\hat{s},\ \hat{p},\ q,\ \theta)$ 的最优条件。证毕。

推论 7－1 表明，在再谈判中，交易双方的目标实现了一定程度的协调：他们通过选取服务内容 $\hat{s}$ 来最大化双方的事后利润加权和。在这一谈判过程中，服务内容的决策结果与双方的谈判力大小无关，但与双方的交易效率 $k$ 相关。当无交易成本（$k=1$）时，交易双方再谈判的目标是实现双方期望利润总和最大化。随着交易效率 $k$ 的降低，采购商期望利润在双方再谈判目标中的权重下降，而供应商期望利润的权重相应上升。通过再谈判，采购商和获胜供应商获得的再谈判剩余分别为：

$$\Delta\pi(s,\ q)=(1-\alpha)(kq-s)^2/(2k)\geqslant 0 \tag{7-25}$$

$$\Delta u(s,\ q)=\alpha\ (kq-s)^2/2\geqslant 0 \tag{7-26}$$

可见，交易双方进行再谈判的个体理性约束（式（7－16）～式（7－17））能够得到满足，因此，给定初始合同条件，交易双方总是愿意在事后进行再谈判。

## 7.3.2　采购商对获胜者的选择

在 T2 时刻，给定投标结果并预期到后续的再谈判，采购商根据自身期望利润最大化原则来选取获胜者。若选投标为（$p$，$q$）的供应商为获胜者，则采购商的期望利润为：

$$\begin{aligned}\pi_R(s,\ p,\ q)&=\pi(\hat{s}(q),\ \hat{p}(s,\ p,\ q),\ q)\\&=\pi(s,\ p,\ q)+\Delta\pi(s,\ q)\\&=V_R(s,\ q)-(1+\lambda_B)p\end{aligned} \tag{7-27}$$

其中：

$$V_R(s, q) = V(s, q) + \Delta\pi(s, q) \tag{7-28}$$

表示考虑了再谈判剩余之后，服务质量为 $q$ 的服务内容 $s$ 带给采购商的价值。类似于7.2.1小节的论述，采购商可将 $\pi_R(s, p_i, q_i)$（或 $\pi_R(s, p_i, q_i)$ 的任意增函数）看作供应商 $i$ 的投标得分，并选择得分最高的供应商为获胜者。其中，$V_R(s, q)$ 是服务质量评分（加分项），$-(1+\lambda_B)p$ 是项目价格评分（扣分项），而 $\partial V_R(s, q)/\partial q$ 则可表示采购商对供应商服务质量的评分权重。

命题7－5　有再谈判情形下，采购商对供应商服务质量的评分权重是初始服务内容 $s$ 与事后服务内容 $\hat{s}$ 以交易双方谈判力为系数的凸组合，即：

$$\partial V_R(s, q)/\partial q = \alpha s + (1-\alpha)\hat{s}$$

证明：由 $\partial V_R(s, q)/\partial q = (1-\alpha)kq + \alpha s$ 和式（7－19）即可证明命题7－5。证毕。

命题7－5表明，再谈判的存在使得采购商对服务质量的评估发生了扭曲。无再谈判情形下，服务质量对采购商的重要性完全由事前服务内容 $s$ 决定（$\partial V(s, q)/\partial q = s$）。而有再谈判情形下，真正能影响项目价值的是事后服务内容 $\hat{s}$，初始服务内容 $s$ 只能通过影响再谈判剩余来间接影响采购商利润，因此采购商对服务质量的评估需要兼顾事前与事后的服务内容，从而与无再谈判情形相比有了很大不同。一方面，交易效率 $k$ 和供应商谈判力 $\alpha$ 在无再谈判情形下不影响服务质量评分，但在有再谈判情形下会影响。这是因为，交易效率 $k$ 影响交易双方再谈判总剩余的大小，而供应商谈判力 $\alpha$ 则决定了双方能分得的再谈判剩余份额，两者共同影响着采购商所能获得的再谈判剩余，因此需要纳入评标考虑范畴。另一方面，采购商对服务质量的评分在无再谈判情形下是线性的，但在有再谈判情形下却呈边际递增态势。这是因为，采购商的再谈判剩余（式（7－25））是关于服务质量边际递增的，因此服务质量越高，采购商对服务质量的评分权重越大。

### 7.3.3　供应商投标均衡

T1时刻，给定初始服务内容 $s$，并预期到后续再谈判，供应商 $i$ 若以投标 $(p_i, q_i)$ 获胜，则其所能获得的利润为：

$$\begin{aligned} u_R(p_i, q_i, \theta_i \mid \text{win}) &= u(\hat{s}(q), \hat{p}(s, p_i, q_i), q_i, \theta_i) \\ &= (1-\lambda_S)p_i - C_R(s, q_i, \theta_i) \end{aligned} \tag{7-29}$$

其中：

$$C_R(s, q_i, \theta_i) = C(s, q_i, \theta_i) - \Delta u(s, q_i) \tag{7-30}$$

表示考虑了再谈判剩余之后，供应商 $i$ 以服务质量 $q_i$ 提供服务内容 $s$ 所承担的总服务成本。

由于可以预期到采购商一定会根据式（7－27）评标，供应商的投标均衡分析与采购商事先承诺打分规则的多属性采购拍卖相同，可参照7.2.2小节的相关分析，得到如下的供应商服务质量投标均衡。

命题7－6　有再谈判情形下，供应商 $i$ 的服务质量投标均衡为：

$$\begin{aligned} q_R^*(\theta_i) &= \arg\max_{q_i \geqslant \mu} kV_R(s, q_i) - C_R(s, q_i, \theta_i) \\ &= \mu/(1-k^2\theta_i^2) \end{aligned} \tag{7-31}$$

证明：与命题7－1的证明类似，可证明，对于两个投标策略（$p$, $q_R^*$）和（$p'$, $q'$），如果它们获胜概率相同，且 $q_R^*$ 能够最大化 $kV_R(s, q_R^*) - C_R(s, q_R^*, \theta_i)$，则（$p$, $q_R^*$）一定是占优策略。易验证，$kV_R(s, q_i) - C_R(s, q_i, \theta_i)$ 为 $q_i$ 的凹函数，且其最优值由式（7－31）给定。证毕。

命题7－6表明，有再谈判情形下，供应商的服务质量投标均衡与采购商公布的初始服务内容 $s$ 无关。这是一个违反直觉的结果，因为初始服务内容 $s$ 作为采购商规制采购项目的工具，对供应商的再谈判剩余（式(7－26)）有重要影响，理应对其服务质量决策也有所影响，但事实却并非如此。为更直观地说明其原因，本章给出以下推论。

推论7－2　对于任意（$s$, $p_i$, $\theta_i$），$q_R^*(\theta_i)$ 能够最大化如下交易双方的事后利润加权和：

$$\begin{aligned} &k\pi_R(s, p_i, q_R^*) + u_R(s, p_i, q_R^*, \theta_i \mid \text{win}) \\ &= kV(\hat{s}(q_R^*), q_R^*) - C(\hat{s}(q_R^*), q_R^*, \theta_i) \end{aligned} \tag{7-32}$$

证明：由等式（7－27）、式（7－28）、式（7－29）、式（7－30）可知，式（7－32）的左右两端都会等于 $kV_R(s, q_R^*) - C_R(s, q_R^*, \theta_i)$。据命题7－6，$q_R^*(\theta_i)$ 能最大化 $kV_R(s, q_R^*) - C_R(s, q_R^*, \theta_i)$，因此 $q_R^*(\theta_i)$ 也能最大化式（7－32）。证毕。

推论7－2能够说明为什么 $q_R^*(\theta_i)$ 不受初始服务内容 $s$ 的影响。从技术上来说，是因为式（7－32）右端是与 $s$ 无关的函数，其关于服务质量的最优解自然也与 $s$ 无关。从直觉上来说，供应商在决策服务质量时会将后续的再谈判结果归纳进来，因此只考虑事后服务内容 $\hat{s}$ 的影响，而不考虑初始服务内容 $s$。此外，供应商谈判力 $\alpha$ 也对 $q_R^*(\theta_i)$ 无影响，因为在采购商评标决策的引导下，交易双方的利益目标实现了一定程度的协调，使得供应商能够站在整体利益的角度来决策其服务质量。这也说明，服务质量的决策目标是“把蛋糕做大”，即最大化双方事后利润加权和，而服务价格才是供应商争夺“蛋糕份额”（利益分配）的手段。

根据命题 7-6 与式（7-1），有再谈判情形下，供应商 $i$ 的最优服务改善努力为：

$$e_R^*(\theta_i)=\frac{q_R^*(\theta_i)-\mu}{\theta_i}=\frac{\mu k^2\theta_i}{1-k^2\theta_i^2}$$

它是交易效率 $k$ 和供应商服务技能 $\theta_i$ 的增函数，但与初始服务内容 $s$ 及供应商谈判力 $\alpha$ 无关。

下面推导供应商的服务价格投标均衡。令：

$$\begin{aligned}v_R(\theta_i)&=kV_R(s,\ q_R^*)-C_R(s,\ q_R^*,\ \theta_i)\\&=\frac{\mu^2k^2}{2(1-k^2\theta_i^2)}\end{aligned}\tag{7-33}$$

易知 $v_R(\theta_i)$ 是 $\theta_i$ 的严格增函数，因此其逆函数 $v_R^{-1}(\cdot)$ 存在且为增函数。现在做如下变量替换：

$$v_R^i\equiv v_R(\theta_i)\tag{7-34}$$

$$H_R(v_R^i)\equiv F(v_R^{-1}(v_R^i))\tag{7-35}$$

$$b_R^i\equiv k\pi_R(s,\ p_i,\ q_R^*(v_R^{-1}(v_R^i)))\tag{7-36}$$

易验证，$H_R(v_R^i)$ 和 $b_R^i$ 都是 $v_R^i$ 的增函数，且 $\{v_R^i\}_{i-1}^n$ 独立同分布于 $H_R(\cdot)$。由于服务质量投标均衡 $q_R^*(\theta_i)$ 已经确定，供应商对服务价格 $p_i$ 的决策等价于对投标得分 $b_R^i$ 的决策。假设存在对称且关于 $v_R^i$ 单调递增的得分投标均衡 $\beta_R(v_R^i)$。那么，给定其他供应商采用均衡投标策略，供应商 $i$ 的目标为选取合适的 $b_R^i$，最大化其如下期望利润：

$$\begin{aligned}u_R(s,\ p_i,\ q_R^*(\theta_i),\ \theta_i)&=u_R(s,\ p_i,\ q_R^*(\theta_i),\ \theta_i\mid \text{win})\Pr\{\text{win}\}\\&=[(1-\lambda_S)p_i-C_R(s,\ q_R^*(\theta_i),\ \theta_i)]\\&\quad\times\Pr\{\pi_R((s,\ p_i,\ q_R^*(\theta_i))\\&\geqslant\max_{j\neq 1}\pi_R(s,\ p_j,\ q_R^*(\theta_j))\}\\&=(v_R^i-b_R^i)\Pr\{b_R^i\geqslant\max_{j\neq 1}\beta_R(v_R^j)\}\\&=(v_R^i-b_R^i)H_R(\beta_R^{-1}(b_R^i))^{n-1}\end{aligned}$$

命题 7-7　有再谈判情形下，供应商的服务价格投标均衡由下式给定：

$$(1-\lambda_s)p_R^*(\theta_i)=C_R(s,q_R^*(\theta_i),\theta_i)-\int_{\underline{\theta}}^{\theta_i}\frac{\partial C_R(s,\ q_R^*(t),\ t)}{\partial t}\left[\frac{F(t)}{F(\theta_i)}\right]^{n-1}\mathrm{d}t\tag{7-37}$$

证明：通过式（7－34）～式（7－36）的变量替换，可用命题7－2的证明方法证明命题7－7，不再赘述。证毕。

命题7－6和命题7－7可完全刻画有再谈判情形下，供应商对服务质量和服务价格的投标均衡。由于投标得分 $b_R^i = \beta_R(v_R^i)$ 是 $v_R^i$ 的增函数，而 $v_R^i$ 又是 $\theta_i$ 的增函数，因此均衡时服务技能最高（$\theta_{(1)}$）的供应商将胜出，其期望利润（即信息租金）为：

$$\begin{aligned} U_R &\equiv \mathbb{E}_{\theta_{(1)}}[u_R(s, p_R^*, q_R^*; \theta_{(1)})] \\ &= \frac{\mu^2 k^2}{2}\mathbb{E}_{\theta_{(1)}}[X_3/X_1^2] \\ &= \frac{\mu^2 k^2}{2}\{\mathbb{E}_{\theta_{(1)}}[1/X_1] - \mathbb{E}_{\theta_{(1)}}[1/X_2]\} \end{aligned} \tag{7-38}$$

可见，$U_R$ 与采购商初始服务内容 $s$ 无关，这与无再谈判的情形截然不同。

### 7.3.4 采购商初始服务内容决策

将供应商投标均衡（式（7－31）、式（7－37））代入采购商目标函数（7－27）并对 $\theta_{(1)}$ 求期望，得采购商期望利润为：

$$\begin{aligned} \Pi_R(s) &\equiv \mathbb{E}_{\theta_{(1)}}[\pi_R(s, p_R^*(\theta_{(1)}), q_R^*(\theta_{(1)}))] \\ &= \mathbb{E}_{\theta_{(1)}}[V_R(s, q_R^*(\theta_{(1)})) - (1+\lambda_B)p_R^*(\theta_{(1)})] \end{aligned} \tag{7-39}$$

结合等式（7－38）和式（7－33），式（7－39）可整理为：

$$\begin{aligned} \Pi_R(s) &= \frac{1}{k}\{\mathbb{E}_{\theta_{(1)}}[v_R(\theta_{(1)})] - U_R\} \\ &= \mu^2 k\,\mathbb{E}_{\theta_{(2)}}[1/X_2]/2 \end{aligned} \tag{7-40}$$

命题7－8　有再谈判情形下，采购商的期望利润与其初始服务内容无关。

证明：观察式（7－40）即可得到命题7－8。证毕。

命题7－8蕴含着如下启示。在采购商评标决策（式（7－27））的引导下，交易双方的决策目标始终保持着一定程度的协调：无论是再谈判阶段双方对服务内容的调整，还是投标阶段供应商对服务质量的决策，目标都是最大化交易双方的事后利润加权和（推论7－1和推论7－2），而对初始的服务内容设置漠不关心。初始服务内容既无法通过影响供应商服务质量（命题7－6）来影响项目总价值，又不影响供应商的信息租金（式（7－38）），因此也就无法影响采购商期望利润。命题7－8能够解释为什么许多网上服务采购项目中，采购商对服务内容的描述常常十分简略和随意。原因就在于：在平台允许交易双方进行自由沟通和调整服务内容的情形下，交易双方倾向于在达成交易后通过后续沟通来确定具体的服务内容，因此初始的服务内容描述变得无足轻重。

## 7.4 再谈判的价值

通过比较有再谈判和无再谈判两种情形，本节从再谈判对交易双方决策的影响以及对各方期望利润的影响两个方面，探讨再谈判的价值。

关于再谈判对采购商决策的价值，有以下命题。

命题7-9 对采购商来说，再谈判是初始服务内容 $s$ 的替代品。

证明：在无再谈判情形下，采购商的服务内容决策具有三方面意义。其一，服务内容规定了供应商工作任务量的多少，这是项目得以实施的基础，也是项目总价值的影响因素。其二，服务内容具有激励供应商提高服务质量的作用（命题7-1），而服务质量是影响项目总价值的另一因素。其三，服务内容还影响着供应商信息租金（式（7-12）），进而对采购商期望利润有影响。然而，在有再谈判情形下，采购商的初始服务内容决策完全丧失了上述作用：它既不是实际要执行的工作任务量，也不影响供应商的服务质量决策（命题7-6）和信息租金（式（7-38）），乃至对采购商期望利润毫无影响（命题7-8）。取而代之的，是再谈判发挥了上述三方面作用：双方通过再谈判确定了实际要执行的服务内容 $\hat{s}$（推论7-1），供应商以最大化双方事后利润加权和为原则，确定了最优的服务质量水平（推论7-2），同时再谈判剩余构成了供应商信息租金的一部分。综上，再谈判的存在，完全取代了采购商初始服务内容的作用。证毕。

在命题7-9的基础上，再谈判对交易双方的决策有何具体影响呢？本章得到以下命题：

命题7-10 有再谈判情形下的期望服务质量和期望服务内容都比无再谈判情形下高，即：

$$\mathbb{E}_{\theta_{(1)}}[q_R^*(\theta_{(1)})] > \mathbb{E}_{\theta(1)}[q_N^*(s_N^*\theta_{(1)})]$$

$$\mathbb{E}_{\theta_{(1)}}[\hat{s}(q_R^*(\theta_{(1)}))] > s_N^*$$

证明：由式（7-4）、式（7-14）和式（7-31），得：

$$\mathbb{E}_{\theta_{(1)}}[q_R^*(\theta_{(1)})] - \mathbb{E}_{\theta_{(1)}}[q_N^*(s_N^*, \theta_{(1)})]$$

$$= \mathbb{E}_{\theta_{(1)}}[\mu/X_1] - \{\mu k^2 \mathbb{E}_{\theta_{(1)}}[\theta_{(1)}^2]/\mathbb{E}_{\theta_{(2)}}[X_2] + \mu\}$$
$$> \mathbb{E}_{\theta_{(1)}}[\mu/X_1] - \mu/\mathbb{E}_{\theta_{(1)}}[X_1] \geqslant 0$$

其中最后一个不等号由 Jensen 不等式推出。由式（7-19）、式（7-31）和式（7-14），可得：

$$\mathbb{E}_{\theta_{(1)}}[\hat{s}(q_R^*(\theta_{(1)}))] = \mathbb{E}[\mu k/X_1] \geqslant \mu k/\mathbb{E}[X_1] > s_N^*$$

其中第一个不等号由 Jensen 不等式推出。证毕。

命题7-9和命题7-10表明，若将再谈判视为一个工具，则该工具不但可以完全替代初始服务内容的功能，它还具有更好的服务质量激励效果。这也解释了，在许多现实的网上服务采购项目中，为什么采购商通常不承诺不进行事后再谈判。此外，命题7-10还反映了，无再谈判情形下的采购商服务内容决策通常较为保守，而有再谈判情形下，通过后续的沟通与调整，交易双方能够成交更多的服务内容。

关于再谈判对各方的价值，有以下命题。

命题7-11　再谈判对采购商、供应商和平台的价值都为正。

证明：先考察再谈判对采购商期望利润的影响。由式（7-15）和式（7-40）可得：

$$\Pi_R - \Pi_N^* = \mu^2 k\{\mathbb{E}_{\theta(2)}[1/X_2] - 1/\mathbb{E}[X_2]\}/2$$

由 Jensen 不等式可知$\mathbb{E}[1/X_2] \geqslant 1/\mathbb{E}[X_2]$，所以$\Pi_R - \Pi_N^* \geqslant 0$。接着考察再谈判对供应商期望利润的影响。由式（7-12）、式（7-14）和式（7-38）得：

$$U_R - U_N(s_N^*) = \frac{\mu^2 k}{2}\left\{\mathbb{E}\left[\frac{X_3}{X_1^2}\right] - \frac{\mathbb{E}[X_3]}{(\mathbb{E}[X_2])^2}\right\}$$

由于$X_3/X_1^2$和$X_3/X_1$关于$\theta_{(1)}$的单调性与$X_1$相反，根据 Gurland 不等式，有：

$$\mathbb{E}[X_3] \leqslant \mathbb{E}[X_3/X_1]\mathbb{E}[X_1] \leqslant \mathbb{E}[X_3/X_1^2](\mathbb{E}[X_1])^2 < \mathbb{E}[X_3/X_1^2](\mathbb{E}[X_1])^2$$

从而得到$U_R - U_N(s_N^*) > 0$。最后考察再谈判对平台期望利润的影响。根据式（7-11）和式（7-14），可得无再谈判情况下平台的期望利润为：

$$\Gamma_N = \mathbb{E}[(\lambda_B + \lambda_S)p_N^*(\theta_{(1)}) \mid s = s_N^*]$$
$$= \mu^2 k(1-k)\{\mathbb{E}[2 - X_1 + X_3]/(\mathbb{E}[X_2])^2\}/2$$

根据式（7-20）、式（7-31）和式（7-37），可得有再谈判情形下平台的期望利润为：

$$\Gamma_R = \mathbb{E}[(\lambda_B + \lambda_S)\hat{p} \mid p = p_R^*(\theta_{(1)}), q = q_R^*(\theta_{(1)})]$$
$$= \mu^2 k(1-k)\mathbb{E}[(2 - X_1 + X_3)/X_1^2]/2$$

易知（$2 - X_1 + X_3$）$/X_1$和（$2 - X_1 + X_3$）$/X_1^2$是$\theta_{(1)}$的增函数，与$X_1$单调性

相反，据 Gurland 不等式有：

$$\begin{aligned}\mathbb{E}[2-X_1+X_3] &\leqslant \mathbb{E}[(2-X_1+X_3)/X_1]\mathbb{E}[X_1] \\ &\leqslant \mathbb{E}[(2-X_1+X_3)/X_1^2](\mathbb{E}[X_1])^2 \\ &< \mathbb{E}[(2-X_1+X_3)/X_1^2](\mathbb{E}[X_2])^2\end{aligned}$$

从而得到 $\Gamma_R \geqslant \Gamma_N$。证毕。

命题 7 - 11 表明，当采购服务这种高度依赖供应商服务努力的非标准化产品时，保持交易双方对服务内容进行灵活调整（再谈判）的能力，具有十分重要的意义。事后再谈判的可能性，能够激励供应商提供更高的服务质量和促进双方达成更多的服务交易量（命题 7 - 10），从而使交易双方都获得更高的期望利润。同时，服务质量与服务交易量的双双提升，自然也意味着期望成交价格的增长，这对靠收取交易费用牟利的交易平台来说，也具有正向价值。因此，现实中诸如 Upwork 和 Freelancer 等网上服务交易品平台都允许交易双方在事后自由调整服务内容，而网上服务采购拍卖中的再谈判现象也确实十分普遍。

## 7.5 算例分析

为了更直观地理解本章模型及验证相关结论，本节提供一个算例分析。做如下假设：采购商在平台上发布了一个网站开发招标公告，共有 $n=4$ 个供应商参与投标。供应商的服务技能 $\{\theta_i\}_{i=1}^n$ 在区间 [0, 1] 上均匀分布，其具体实现值分别为 0.8、0.6、0.4、0.2。所有供应商都是基于一套初始服务质量为 $\mu=50$ 的网站模板进行开发的（如 Discuz！就是一套通用的社区论坛软件系统）。交易平台根据成交价格，对采购商和获胜供应商分别收取 $\lambda_B=3\%$ 和 $\lambda_s=20\%$ 的交易费用。交易双方在再谈判中的谈判力相同，即 $\alpha=0.5$。

如果不允许再谈判，则交易过程如下。首先，采购商在招标公告中描述服务需求，从中可读出项目的任务量为 $s_N^*=51.19$（式（7 - 14））可理解为交付项目所需花费的工时）。然后，供应商对服务质量和服务价格投标，投标结果（式（7 - 4）、式（7 - 11））与投标评分（式（7 - 2））如表 7 - 1 所示。显然，供应商 1 将被选为获胜供应商，并按其投标的服务质量和价格交付项目。

表7-1　无再谈判时的投标与评标结果

| 供应商 | 服务质量 $q_N^*$ | 服务价格 $p_N^*$ | 评分 |
|---|---|---|---|
| 1 | 75.44 | 2522.66 | 1263.38 |
| 2 | 64.31 | 2135.42 | 1092.44 |
| 3 | 56.36 | 1858.82 | 970.34 |
| 4 | 51.59 | 1692.86 | 897.08 |

如果允许再谈判，则交易过程如下。首先，由于初始服务内容不影响采购商期望利润（命题7-8），所以采购商在招标公告中的服务内容描述可以十分随意。将完成服务项目所需的工时描述为 $s_R^* = 40$、60 或其他数值，对采购商并无区别。本算例假设 $s_N^* = 40$。随后，供应商对服务质量和服务价格投标，投标结果（式（7-31）、式（7-37））与投标评分（式（7-27））如表7-2所示。显然，供应商1将获胜。接着，采购商与获胜供应商进行再谈判，从而将服务内容和服务价格分别调整为 $\hat{s} = 63.26$（式（7-19）），$\hat{p} = 3754.21$（式（7-20））。最后获胜供应商按再谈判后的服务内容和价格进行交付。

表7-2　有再谈判时的投标与评标结果

| 供应商 | 服务质量 $q_R^*$ | 服务价格 $p_R^*$ | 评分 |
|---|---|---|---|
| 1 | 81.44 | 2084.17 | 1285.21 |
| 2 | 63.87 | 1420.89 | 1121.04 |
| 3 | 55.34 | 1150.72 | 1031.29 |
| 4 | 51.24 | 1033.29 | 985.18 |

表7-3比较了无再谈判和有再谈判两种情况下各方的决策结果与期望利润，验证了本章命题7-10和命题7-11的相关结论。有再谈判情况下，采购商的初始服务内容设置只会影响供应商的服务价格投标，且初始服务内容越高，供应商投标的服务价格就越高。但这不影响最终交付的服务内容与价格；交易双方通过再谈判最终交付的服务内容和服务价格都比无再谈判时高。很显然，允许再谈判对各方都是有利的，因为不仅可以提高服务质量，还可以实现供应商、采购商以及平台的利润增长。而实现利润增长的根源，就在于再谈判赋予了交易双方在不确定性面前的响应能

力，提高了整体决策效率。

表 7－3　　两种情境下的决策结果与期望利润比较

| 情境 | 最终服务内容 | 服务质量 | 最终服务价格 | 供应商利润 | 采购商利润 | 平台利润 | 总利润 |
|---|---|---|---|---|---|---|---|
| 无再谈判 | 51.59 | 75.44 | 2522.66 | 210.74 | 1279.66 | 588.69 | 2079.69 |
| 有再谈判 | 63.26 | 81.44 | 3754.21 | 297.68 | 1330.62 | 1123.24 | 2751.54 |

## 7.6　本章小结

立足于日益盛行的网上服务交易市场，本章研究了供应商同时投标服务方案和服务价格的采购商决定制多属性采购拍卖。分别针对是否可以对服务内容进行再谈判这两种情形，求出了供应商的投标均衡和采购商的事前服务内容最优决策，并通过两种情形的对比，揭示了再谈判对各方决策及期望利润的影响。主要研究结论如下：

①由于供应商可以预期到采购商的选标规则，采购商决定制采购拍卖的投标均衡分析类似于打分制采购拍卖，但采购商对服务质量的评分权重将受事前服务内容、谈判力与交易效率等参数的影响。

②无再谈判情形下，设置更高的服务内容可以激励供应商提供更高的服务质量，但同时也会增加信息租金，因此采购商需权衡激励效果和信息租金来优化事前服务内容。然而，有再谈判情形下，交易双方都关注再谈判后的期望利润最大化，因此初始服务内容设置对供应商服务质量、信息租金以及采购商自身期望利润都毫无影响。

③服务内容的可再谈判性对采购商、供应商和交易平台都具有重要意义。相较于不允许事后调整服务内容的情形，允许事后再谈判能够激励供应商提供更高的服务质量，且能促使交易双方成交更多的服务内容，最终使采购商、获胜供应商和交易平台都获得更高的期望利润。

最后指出，本章只考虑了供应商单边努力，同时考虑采购商和供应商双边努力的情形有待未来进一步研究。此外，本章未考虑平台的内生决策，事实上，如何从平台角度考虑网上服务交易机制的设计与优化也是极有意义的研究议题。

# 第 8 章

# 招标代理腐败风险下的绩效佣金采购招标机制[①]

腐败是一种在全世界范围内都普遍存在的现象，对经济发展有着严重的负面影响，比如阻碍经济增长（Farooq et al.，2013），扭曲生产决策（Coppier and Michetti，2006）和降低分配效率等。作为世界经济的重要组成部分，采购是最容易发生腐败的领域之一，因为需要采购产品或服务的一方，即采购商（比如政府或企业），和执行采购过程的一方，即采购代理人（比如采购官员或招投标公司），通常是利益目标不同的主体。尽管目前广泛流行的采购拍卖机制具有增加采购过程透明度、降低采购腐败风险的重要优点，但拍卖机制本身并不能完全防止腐败，因为拍卖商赚取的佣金与其经手拍卖的物品价值相比非常少，所以拍卖商很可能与竞标者串谋，通过操控投标结果来赚取高额回扣（Ingraham，2005）。现实采购拍卖中的腐败案例屡见不鲜。比如，为了赢得一份价值 2.056 亿欧元的涡轮机订单，西门子（Siemens）曾向意大利某公用事业公司行贿 298.7 万欧元；而为了确保 16 份总价值 3430 万英镑的水处理设备订单，苏格兰的一家工程公司向国外的采购官员支付了 310 万英镑作为回扣（OECD，2012）。世界银行曾估计，全世界公共采购拍卖中的贿赂金额总量高达每年 2000 亿美元（World Bank，2005）。鉴于采购拍卖中的腐败现象如此普遍且经济影响如此重大，十分有必要对其进行理论分析。本章将考察招标代理人和竞标供应商之间的腐败行为对拍卖结果的影响，并研究采购商如何规制这种腐败行为。

在许多采购腐败案件中，招标代理人和与之串谋的供应商（后文统一

① 本章主要内容发表在期刊《Economic Modelling》2015 年第 47 期，第 111 ~ 117 页（Huang and Li，2015）。

用“特权供应商”代称）常常隐秘地对贿赂金额进行协商［如 OECD（2009）中记载的“Green Case”和“TSKJ Case”］。通常，贿赂金额可能与目标合同的价格/价值成比例［如 Tran（2008），OECD（2009，2012）记载了多起此类案件］，或与代理人向特权供应商提供的便利大小成比例（Menezes and Monteiro，2006；Burguet and Perry，2007；Lengwiler and Wolfstetter，2004，2010）。本章考虑这样一种腐败形式：代理人默许特权供应商同时提交两份标书，且承诺开标时只公布对后者更有利的那份。这种腐败形式在国内招投标中十分常见（田国强和刘春晖，2008）；韦尔等（2011）描述了一个与上述腐败形式类似的中亚国家政府采购腐败案例①。特权供应商所获便利大小可以粗略地用其两份标书的差价来衡量，因为两份标书报价相差越大，特权供应商可能的利润提升空间就越大。因此，代理人收取两份标书差价的一定比例作为回扣，可以说是一种很自然的受贿形式，也与前文提到的根据便利大小按比例收取贿赂的腐败惯例相一致。显然，代理人对贿赂比例的决策会影响特权供应商后续的投标行为，因此最终能实现多少贿赂金额取决于代理人和特权供应商双方的决策，这相当于一个双方都有一定谈判力的谈判过程。分析代理人与特权供应商之间的上述交互决策是本章的主要研究内容之一。

采购拍卖中的腐败可分为两大类。第一类是事前腐败（exante corruption），指代理人在不了解特权供应商私有类型（如成本结构）的情况下就与其达成腐败协议。例如，代理人可能在招标前向某位行贿的供应商提供内部信息（Boehm，2006）。第二类是事后腐败（expost corruption），指代理人在了解供应商私有类型后（如查看了所有标书后）再选出一位特权供应商并与之达成腐败协议。比如，代理人可能让拍卖获胜者修改标书以便以更有利的报价获胜（Menezes and Monteiro，2006）；或者，代理人也可能让某位落选者修改标书以恰好击败原获胜者（Lengwiler and Wolfstetter，2010）。采购拍卖中的事前腐败和事后腐败都有大量文献记载（Boehm，2006），但它们在资源分配效率和腐败交易双方的谈判力等方面有重要区别。在很多存在事后腐败的采购拍卖中（如前文例子），资源分配有效的概率要么是 0 要么是 1，因为腐败发生时已经确定了特权供应商是否为成本最低的供应商。另外，特权供应商由于已经提交了标书而无力影响代理人提出的贿赂条件，以致代理人可以索取高额的贿赂来榨取所有腐败

① 在该案例中，特权供应商提交了一个无法获胜的标，但代理人在开标时为其虚报了一个可以获胜的价格，且事后让特权供应商按公布的价格准备新标书以替换原标书。这就类似于让特权供应商提交两份标书且只公布对其更有利的那份。

剩余。相反，在存在事前腐败的拍卖中（如本章模型），腐败协议建立时无法确定该腐败行为是否影响分配效率，因为特权供应商有可能是成本最低的供应商，也有可能不是。另外，特权供应商可以根据代理人提出的贿赂条件调整自己的投标策略，进而影响代理人的利润。这赋予了特权供应商一定谈判力，使其能够从腐败交易中赚取正的超额利润。本章将重点关注事前腐败行为。特别地，本章将探讨事前腐败对拍卖结果的影响，代理人对贿赂比例的内生决策，以及采购商对腐败行为的规制，并将与事后腐败的相关研究结果进行比较。

关于拍卖中腐败问题的理论研究，大多数文献（尤其是关注事前腐败的文献）侧重于研究特权供应商所获特权对拍卖结果的影响，忽视了对贿赂本身的显性建模（Laffont and Tirole，1991；Lee，2008；田国强和刘春晖，2008；Burguet and Perry，2009）。有些文献显性地考察了贿赂，但把贿赂当成外生变量（Burguet and Perry，2007；Lengwiler and Wolfstetter，2004，2010）。与上述研究不同，本章考虑内生的贿赂决策及其对拍卖结果的影响。涉及内生贿赂决策时，既往文献中的贿赂要么由竞标者决定（Burguet and Che，2004；Compte et al.，2005；Lambert－Mogiliansky and Sonin，2006；Büchner et al.，2008；Wihardja，2010），要么由代理人决定（Celentani and Ganuza，2002；Menezes and Monteiro，2006；Koc and Neilson，2008）。与上述研究不同，本章考虑贿赂由代理人（决定贿赂比例）和特权供应商（决定两份标书报价之差）共同决定的事前腐败问题；正因为特权供应商能够影响最终贿赂结果，他才能够从腐败交易中获取正的利润。

## 8.1　模型描述

采购商委托代理人采购一批商品或服务。现有 $n(\geqslant 2)$ 个预选合格的供应商参与竞标，代理人采用首价密封逆向拍卖从中选出一个获胜者进行采购。每个供应商 $i$ 履行合约的成本 $c_i$ 为其私有信息；但所有参与者都知道，所有供应商的成本 $\{c_i\}_{i=1}^{n}$ 相互独立且服从于区间 $[\underline{c}, \bar{c}]$ 上的同一分布 $F(\cdot)$，该分布具有连续为正的概率密度 $f(\cdot)$。假设风险率（hazard rate）函数 $\frac{f(c)}{1-F(c)}$ 关于 $c$ 单调递增，这是采购拍卖研究中的一个常见假设

(Zheng, 2002; Burguet and Perry, 2007, 2009)。根据以上假设，成本 $c_i$ 为所有供应商中的最低成本的概率可记为 $G(c_i) \equiv [1-F(c_i)]^{n-1}$；由于标准采购拍卖中总是成本最低者获胜，故 $G(c_i)$ 也表示供应商 $i$ 的获胜概率。便于表示，记 $g(c)=G'(c)$ 和 $K(c) = \int_c^{\bar{c}} G(t)dt$，$\forall c \in [\underline{c}, \bar{c}]$；后文将说明，$K(c_i)$ 表示供应商 $i$ 索取的期望信息租金。

由于和采购商是不同的利益主体，代理人有可能在执行采购拍卖的过程中发生腐败行为。考虑这样一种事前腐败行为：在竞标开始前，不知道任何供应商成本信息的情况下，代理人随机选择一位供应商，向其提出腐败提议。本章称这位被选中的供应商为“特权供应商”，称其他供应商为“常规供应商”。特权供应商可以接受或拒绝代理人的腐败提议。如果拒绝，则代理人不再联系其他供应商进行腐败交易，因为腐败行为被暴露的概率可能随着知情人数的增加而显著增加（Menezes and Monteiro, 2006; Lengwiler and Wolfstetter, 2010），或者由于时间、金钱和其他资源的限制，代理人只能与至多一位供应商串谋（Celentani and Ganuza, 2002）。如果腐败提议被接受，则代理人允许特权供应商同时提交两份标书，并且在开标阶段只公布对特权供应商更有利的那份。作为回报，特权供应商将向代理人支付其两份标书差价的一定比例作为贿赂，该比例（称为“贿赂比例”）用 $\alpha \in [0, 1]$ 表示，是代理人的决策变量。上述腐败行为都是暗中操作，假设常规供应商都不知道腐败的存在。

采购商知道上述腐败行为的可能存在但无法证明。本章考虑采购商用绩效佣金模式来规制代理人的行为。采购商支付给代理人的佣金由固定支付和可变支付两部分构成，其中固定支付部分可不失一般性地标准化为0。可变支付部分为 $-k \cdot (p-p_0)^+$，其中 $p$ 是最终实现的采购价格（即“绩效”），$p_0$ 是无腐败情况下的期望采购价格（常数），而 $k$ 是由采购商决策的奖惩力度参数。显然，在上述绩效佣金模式下，实现一个过高的采购价格对代理人是不利的。

事件发生的顺序如下。首先，采购商决策奖惩力度 $k$；其次，代理人决定贿赂比例 $\alpha$；再次，所有供应商同时密封投标；最后，在开标阶段，代理人选择特权供应商两份标书中对后者更有利的那份，与其他供应商的标书一起公布，报价最低者获胜。

## 8.2　投标策略和腐败影响

先来探讨常规供应商的投标策略。由标准的拍卖理论可知，无腐败情形下，任一供应商 $i$ 的对称均衡投标策略为：

$$\beta(c_i)=c_i+\frac{K(c_i)}{G(c_i)}$$

期望利润（信息租金）为 $U_0^*(c_i)=K(c_i)$（Myerson，1981；Riley and Samuelson，1981）。易验证，$\beta(c)$是增函数，因为$\beta'(c)=-g(c)\frac{K(c)}{G^2(c)}>0$。有腐败情形下，由于不知道腐败的存在，常规供应商依然会采用无腐败情形下的投标策略$\beta(c_i)$。

现考察特权供应商的投标策略。如果特权供应商拒绝了代理人的腐败提议，则无腐败发生，所讨论的采购拍卖即为标准的首价密封采购拍卖，任一供应商 $i$ 的均衡投标策略为$\beta(c_i)$，期望利润为 $U_0^*(c_i)$。否则，特权供应商将同时提交两个投标（报价），分别记为 $b_H$ 和 $b_L$，其中 $b_H>b_L$（不考虑 $b_H=b_L$，因为该情况与只提交一个标无异）。记所有常规供应商中的最低成本为 $C_1$，并假定所有常规供应商都采用他们的均衡策略$\beta(c)$。根据腐败协议内容，当 $b_H<\beta(C_1)$时，代理人将公布特权供应商的较高标 $b_H$，否则公布较低标 $b_L$。因此，给定贿赂比例 $\alpha$ 和成本 $c$，特权供应商的期望利润为：

$$\begin{aligned}U(b_H,\ b_L;\ c,\ \alpha)=&(b_H-c)\cdot\Pr\{b_H<\beta(C_1)\}\\&+(b_L-c)\cdot\Pr\{b_L<\beta(C_1)\leqslant b_H\}-\alpha\cdot(b_H-b_L)\end{aligned}$$

由于$\beta'(c)>0$且$\Pr\{C_1\leqslant x\}=1-G(x)$，上式可重新表述为：

$$U(b_H,\ b_L;\ c,\ a)=(b_H-b_L)[G(\beta^{-1}(b_H))-\alpha]+(b_L-c)G(\beta^{-1}(b_L))\tag{8-1}$$

在接受腐败协议的情况下，特权供应商通过选择合适的$(b_H,\ b_L)$来最大化其期望利润 $U(b_H,\ b_L;\ c,\ a)$，约束条件为：

$$b_H>b_L\tag{8-2}$$

$$b_H\leqslant\beta(\bar{c}),\ b_L\geqslant\beta(\underline{c})\tag{8-3}$$

$$U(b_H,\ b_L;\ c,\ \alpha)>U_0^*(c)\tag{8-4}$$

其中，约束式（8－2）是模型假设；约束式（8－3）保证了特权供应商的两个报价都在正常的报价范围$[\beta(\underline{c}), \beta(\bar{c})]$之内，因此开标时才不至于引起怀疑；约束式（8-4）是特权供应商接受腐败协议的条件。

为了求解上述问题，记$\hat{c}=G^{-1}(\alpha)$和$\tilde{c}=c_L^{-1}(\underline{c})$，其中$G^{-1}(\cdot)$和$c_L^{-1}(\cdot)$分别为$G(\cdot)$和$c_L(\cdot)$的逆函数，而$c_L(c)$和$c_H(c)$由式（8-5）~式（8-6）共同确定：

$$\beta(c_H)=\beta(c_L)+[G(c_H)-\alpha]\frac{K(c_H)}{G^2(c_H)} \tag{8-5}$$

$$\beta(c_L)=c+[G(c_L)-G(c_H)+\alpha]\frac{K(c_L)}{G^2(c_L)} \tag{8-6}$$

命题8-1：给定贿赂比例$\alpha$和特权供应商成本$c$，若$c\in[\hat{c}, \bar{c}]$，则特权供应商会拒绝腐败提议并提交常规报价$\beta(c)$；若$c\in[\underline{c}, \hat{c}]$，则特权供应商会参与腐败并提交如下两个报价：

$$(b_H^*(c), b_L^*(c))=\begin{cases}(\beta(c_H(\tilde{c})), \beta(\underline{c})) & c\in[\underline{c}, \tilde{c}]\\(\beta(c_H(c)), \beta(c_L(c))) & c\in[\tilde{c}, \hat{c}]\end{cases}$$

其中$b_H^*(\cdot)$和$b_L^*(\cdot)$都是单调不减的函数。

证明：先不考虑约束条件，先考察目标函数的凹凸性。易知最大化问题（8-1）的一阶条件由式（8-5）和式（8-6）给出。为方便考察二阶条件，记$\gamma=\dfrac{G(c_H)-\alpha}{G(c_L)}$，$\theta=\dfrac{\alpha}{G(c_H)}$，$A_1=2\theta+\dfrac{1-\theta}{\beta'(c_H)}$，$A_2=2\gamma+\dfrac{1-\gamma}{\beta'(c_L)}$，$B_1=\dfrac{G^2(c_H)}{K(c_H)}>0$和$B_2=\dfrac{G^2(c_L)}{K(c_L)}>0$。则目标函数（8-1）在驻点处的海森矩阵为：

$$H=\begin{bmatrix}-A_1B_1 & B_1\\ B_1 & -A_2B_2\end{bmatrix}$$

为了保证驻点为极大值点，需保证$H$是负定的，即保证$A_1>0$和：

$$A_1A_2B_2-B_1>0 \tag{8-7}$$

因为$\dfrac{G(c)}{g(c)}=-\dfrac{1-F(c)}{(n-1)f(c)}$，而$\dfrac{f(c)}{1-F(c)}$是增函数，所以$\dfrac{G(c)}{g(c)}$是增函数，故由分部积分可得：

$$0<\frac{K(c)}{G(c)}=\frac{G(c)}{-g(c)}-\frac{1}{G(c)}\int_c^{\bar{c}}G(x)d\frac{G(x)}{g(x)}<\frac{G(c)}{-g(c)}$$

进而推出$0<\beta'(c)=\dfrac{-g(c)K(c)}{G^2(c)}<1$，$\forall c\in[\underline{c}, \bar{c}]$。这表明：

$$A_1 > 2\theta + 1 - \theta = 1 + \theta > 1 \tag{8-8}$$

可见，要保证 $H$ 是负定的，仅需保证式（8-7）即可。再根据式（8-5）和式（8-6），这意味着：

$$\beta'(c_H)c'_H(c) = \frac{B_2}{A_1A_2B_2 - B_1} > 0 \tag{8-9}$$

$$\beta'(c_L)c'_L(c) = \frac{A_1B_2}{A_1A_2B_2 - B_1} > 0 \tag{8-10}$$

即由驻点确定的投标策略（内解）一定是成本的增函数。

下面开始在约束式（8-2）和式（8-3）下求解最大化问题式（8-1）（暂不考虑约束式（8-4））。容易写出此问题的库恩-塔克条件（K-T条件）为（为方便求解，暂时把约束式（8-2）中的“>”当作“≥”处理）：

$$-\frac{\partial U}{\partial b_H} - \lambda_1 + \lambda_2 = 0,\quad -\frac{\partial U}{\partial b_L} + \lambda_1 - \lambda_3 = 0$$

$$b_H - b_L \geqslant 0,\ \beta(\bar{c}) - b_H \geqslant 0,\ b_L - \beta(\underline{c}) \geqslant 0$$

$$\lambda_1(b_H - b_L) = 0,\ \lambda_2[\beta(\bar{c}) - b_H] = 0,\ \lambda_3[b_L - \beta(\underline{c})] = 0$$

$$\lambda_1 \geqslant 0,\ \lambda_2 \geqslant 0,\ \lambda_3 \geqslant 0$$

其中：

$$\frac{\partial U}{\partial b_H} = [G(c_H) - \alpha] - (b_H - b_L)\frac{G^2(c_H)}{K(c_H)}$$

$$\frac{\partial U}{\partial b_L} = [G(c_L) - G(c_H) + \alpha] - (b_L - c)\frac{G^2(c_L)}{K(c_L)}$$

下面分8种情况讨论求解：

①若 $\lambda_1 > 0$，$\lambda_2 > 0$，$\lambda_3 > 0$，则推出 $b_H = b_L = \beta(\bar{c}) = \beta(\underline{c})$，显然不成立。

②若 $\lambda_1 = 0$，$\lambda_2 > 0$，$\lambda_3 > 0$，则推出 $\lambda_2 = \left.\frac{\partial U}{\partial b_H}\right|_{b_H=\beta(\bar{c}),b_L=\beta(\underline{c})} < 0$，矛盾。

③若 $\lambda_1 > 0$，$\lambda_2 = 0$，$\lambda_3 > 0$，则推出 $\lambda_1 = -\left.\frac{\partial U}{\partial b_H}\right|_{b_H=b_L=\beta(\underline{c})} < 0$，矛盾。

④若 $\lambda_1 > 0$，$\lambda_2 > 0$，$\lambda_3 = 0$，则推出 $\lambda_2 = \left.\left[\frac{\partial U}{\partial b_H} + \frac{\partial U}{\partial b_L}\right]\right|_{b_H=b_L=\beta(\bar{c})} < 0$，矛盾。

⑤若 $\lambda_1 > 0$，$\lambda_2 = 0$，$\lambda_3 = 0$，则推出 $b_H = b_L$，$\lambda_1 = -\left.\frac{\partial U}{\partial b_H}\right|_{b_H=b_L} =$

$-[G(c_L)-\alpha]$，且 $\lambda_1=\frac{\partial U}{\partial b_L}\bigg|_{b_H=b_L}=\alpha-(b_L-c)\frac{G^2(c_L)}{K(c_L)}$。解上述方程组可得 $b_H=b_L=\beta(c)$，条件 $\lambda_1>0$ 就等价于 $c>\hat{c}$。

⑥若 $\lambda_1=0$，$\lambda_2>0$，$\lambda_3=0$，则推出 $\lambda_2=\frac{\partial U}{\partial b_H}\bigg|_{b_H=\beta(\bar{c})}<0$，矛盾。

⑦若 $\lambda_1=0$，$\lambda_2>0$，$\lambda_3>0$，则推出 $b_L=\beta(\underline{c})$，$\frac{\partial U}{\partial b_H}=0$（即式(8－5)）和 $\lambda_3=-\frac{\partial U}{\partial b_L}\bigg|_{b_L=\beta(\underline{c})}=-[1-G(c_H)+\alpha]+\frac{\beta(\underline{c})-c}{K(\underline{c})}$。因为 $c=\tilde{c}$ 时 $\lambda_3=0$，而 $\lambda_3$ 又为 $c$ 的减函数，所以条件 $\lambda_3>0$ 等价于 $c<\tilde{c}$。

⑧若 $\lambda_1=0$，$\lambda_2=0$，$\lambda_3=0$，则推出 $\frac{\partial U}{\partial b_H}=0$(即式(8－5))和 $\frac{\partial U}{\partial b_L}=0$(即式(8－6))，解得 $b_H=\beta(c_H)$ 和 $b_L=\beta(c_L)$。根据式（8－5），条件 $b_H\geqslant b_L$ 等价于 $c_H(c)\leqslant\tilde{c}$。因为 $c_H(c)$ 是 $c$ 的增函数（式（8－9）），且 $G(c_H)=\alpha$ 时根据式（8－5）和式（8－6）又有 $c_L(\hat{c})=c_H(\hat{c})=\hat{c}$，所以条件 $c_H(c)\leqslant\hat{c}$ 等价于 $c\leqslant\hat{c}$。易验证，在 $c\leqslant\hat{c}$(即 $c_H(c)\leqslant\hat{c}$)条件下 $\beta(\bar{c})-b_H\geqslant0$ 显然成立。最后只需考察条件 $b_L-\beta(\underline{c})\geqslant0$。根据定义，当 $c=\tilde{c}$ 时，$b_L=\beta(c_L(\tilde{c}))=\beta(\underline{c})$，而 $\beta(c_L)$ 又是 $c$ 的增函数（式（8－10）），所以条件 $b_L-\beta(\underline{c})\geqslant0$ 等价于条件 $c\geqslant\tilde{c}$。

综上，给定特权供应商参与腐败，则其最优投标策略为：

$$(b_H^*,\ b_L^*)=\begin{cases}(\beta(c),\ \beta(c)) & c\in[\hat{c},\ \bar{c}]\\(\beta(c_H),\ \beta(c_L)) & c\in[\tilde{c},\ \hat{c})\\(\beta(c_H(\tilde{c})),\ \beta(\bar{c})) & c\in[\underline{c},\ \tilde{c})\end{cases}$$

其中，在情况 $c\in[\hat{c},\ \bar{c}]$ 下，特权供应商会投两个相同的标 $b_H^*=b_L^*=\beta(c)$，这与不参与腐败而只投一个常规标 $\beta(c)$ 效果是一样的。因此在情况 $c\in[\hat{c},\ \bar{c}]$ 下，约束（8－4）不满足，供应商不会参与腐败。

证毕。

如图 8－1 所示，特权供应商的投标策略中存在两个分段点 $\hat{c}$ 和 $\tilde{c}$。如果 $c\in[\hat{c},\ \bar{c}]$，则特权供应商因成本太高而无法从腐败交易中获益，故不参与腐败，而是正常投标。如果 $c\in[\tilde{c},\ \hat{c}]$，则特权供应商会参与腐败并同时提交两个投标，而且能够取到由一阶条件给定的最优策略 $\beta(c_H(c))$ 和 $\beta(c_L(c))$。如果 $c\in[\underline{c},\ \tilde{c})$，则特权供应商依然会参与腐败并同时提交两个投标，但由于条件（8－3）的约束而只能取到边界解。科茨和尼尔森（Koc and Neilson，2008）也发现了效率太差的竞标者不会参与腐败，但该研究考虑的是贿赂为固定金额的事后腐败，而本章关注的是贿赂为比例的事前腐败。

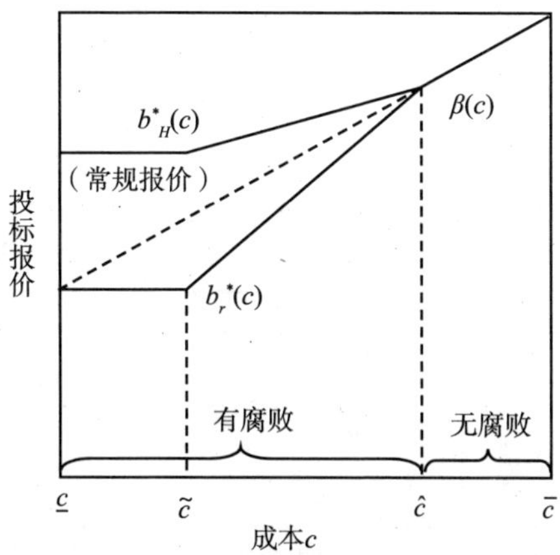


**图 8 -1　特权供应商的投标函数**

命题 8 -1 蕴含了以下管理启示。首先，贿赂比例越高，则特权供应商设定的两个报价的差值越小（见式（8 -13）），这反过来又影响了代理人能够获得的贿赂收入。这种影响最终贿赂金额的能力赋予了特权供应商一定的谈判能力，使得代理人无法索要一个过高的贿赂比例。8.4 节将研究代理人如何优化贿赂比例的问题。其次，本章模型扩展了两种极端模型。当 $\alpha=1$ 时，有 $\hat{c}=\tilde{c}=\underline{c}$，本章模型就退化为无腐败情形下的标准首价密封采购拍卖模型。当 $\alpha=0$ 时，有 $\hat{c}=\bar{c}$，本章模型就变成了田国强和刘春晖（2008）所研究的不含贿赂转移的扶持模型。易验证，$\tilde{c}$ 是 $\alpha$ 的减函数（见式（8 -12）），故田国强和刘春晖（2008）模型中的 $\tilde{c}$（他们将其记为 $c^*$）要比本章模型中的大。

下面分析贿赂比例对腐败发生的概率和资源分配效率的影响。由于腐败发生的条件为 $c\in[\underline{c},\ \hat{c}]$（命题 8 -1）而成本的分布为 $F$，故腐败发生的概率（记为 $\delta_C$）为：

$$\delta_C=F(\hat{c})=1-\alpha^{1/(n-1)}$$

接着考察分配效率。均衡时，特权供应商获胜的条件为 $b_L^*<\beta(C_1)$，其中 $C_1$ 表示常规供应商中的最低成本。当 $C_1\in[\hat{c},\ \bar{c}]$时（见图 8 -2 情况 1），特权供应商在 $c\leqslant C_1$ 时获胜，在 $c>C_1$ 时不获胜（命题 8 -1），因此资源分配是有效的（因为总是成本最低者获胜）。当 $C_1\in[\underline{c},\ \hat{c})$时（见图 8 -2 情况2），特权供应商在 $c \leqslant c_L^{-1}(C_1)$ 时获胜，在 $c > c_L^{-1}(C_1)$ 时不获胜（命题8－1）。根据式（8－6）有 $c_L^{-1}(C_1) > C_1$，从而特权供应商在 $c \in (C_1, c_L^{-1}(C_1))$ 时能够以高于 $C_1$ 的成本获胜，导致分配无效率。用 $\delta_{IE}$ 表示分配无效率的概率，它等于 $C_1 \in [\underline{c}, \hat{c})$ 的概率乘以 $c \in (C_1, c_L^{-1}(C_1))$ 的概率，即：

$$\begin{aligned}\delta_{IE}(\alpha, C_1) &= [1-G(\hat{c})][F(c_L^{-1}(C_1))-F(C_1)] \\ &= (1-\alpha)[F(c_L^{-1}(C_1))-F(C_1)]\end{aligned}$$

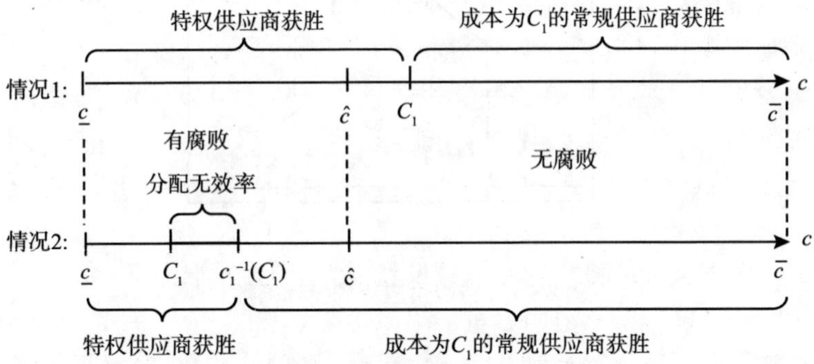


**图8－2 腐败与效率分析**

命题8－2：腐败发生的概率 $\delta_c$ 和分配无效的概率 $\underline{c}$ 都是贿赂比例 $\alpha$ 的减函数。

证明：先考察 $\delta_{IE}$。假设 $C_1 \in [\underline{c}, \hat{c})$，并令 $x = c_L^{-1}(C_1) \in [\tilde{c}, \hat{c})$，则 $\frac{\partial \delta_{IE}}{\partial \alpha} = -[F(x)-F(C_1)] + (1-\alpha)f(x)\left(\frac{\partial x}{\partial \alpha}\right)$。将 $\frac{K(c_L)}{G(c_L)} = \beta(c_L) - c_L$ 代入式（8－6），得 $c - c_L(c) = \gamma[\beta(c_L) - c_L] > 0$，所以 $-[F(x)-F(C_1)] < 0$。故只要 $\frac{\partial x}{\partial \alpha} < 0$ 就能证明 $\frac{\partial \delta_{IE}}{\partial \alpha} < 0$。由式（8－5）和式（8－6）导出 $\beta'(c_L)\left(\frac{\partial c_L}{\partial \alpha}\right) = (A_1-1)(A_1A_2B_2-B_1)$；根据式（8－7）和式（8－8）得到：

$$\frac{\partial c_L}{\partial \alpha} > 0 \tag{8－11}$$

又因为 $\frac{\partial c_L(x)}{\partial x} > 0$（式（8－10）），得到：

$$\frac{\partial x}{\partial \alpha} = -\frac{\frac{\partial c_L(x)}{\partial \alpha}}{\frac{\partial c_L(x)}{\partial x}} < 0 \tag{8－12}$$

从而证明了$\frac{\partial\delta_{IE}}{\partial\alpha}<0$。至于$\delta_c$，可通过求导立即得到$\frac{\partial\delta_c}{\partial\alpha}=\frac{-1}{(n-1)\alpha^{(n-2)(n-1)}}<0$。

证毕。

命题 8－2 蕴含以下管理启示。其一，贿赂比例越高，所研究的采购拍卖就越接近无腐败情形下的标准采购拍卖。特别地，无贿赂转移、纯粹扶持特权供应商的情形（$\alpha=0$）比有贿赂转移的腐败情形（$\alpha>0$）更可能导致分配无效率。其二，腐败的存在会降低社会福利，但贿赂比例的提高会增加社会福利。这是因为，贿赂比例的提高意味着腐败门槛的提高，特权供应商参与腐败的可能性降低，分配无效率的概率也就随之降低。其三，与事后腐败要么不影响分配效率（Koc and Neilson，2008；Menezes and Monteiro，2006），要么以概率 1 扭曲分配（Lengwiler and Wolfstetter，2004，2010）的情况不同，本章研究的事前腐败以小于 1 的正概率扭曲分配，这是因为代理人在做腐败决策的时候并不知道特权供应商的成本情况。

下面的命题刻画了腐败对供应商期望收益和期望利润的影响。

命题 8－3：对任一成本为 $c$ 的常规供应商（特权供应商）来说，其期望收益和期望利润在 $c\in[\underline{c},\ \hat{c})$ 时随着贿赂比例 $\alpha$ 的增加而增加（减少），在 $c\in[\hat{c},\ \bar{c})$ 时不受腐败影响。

证明：首先考虑特权供应商。将 $b_H^*$ 和 $b_L^*$ 代入式（8－1）并求一阶偏导数，得：$\frac{\partial U}{\partial\alpha}<0$，$c\in[\underline{c},\ \hat{c})$；$\frac{\partial U}{\partial\alpha}=0$，$c\in[\hat{c},\ \bar{c}]$。均衡时，特权供应商的期望收益为：

$$R(c;\ \alpha)=b_H^*\Pr\{b_H^*<\beta(C_1)\}+b_L^*\Pr\{b_L^*<\beta(C_1)\leqslant b_H^*\}$$

对上式求一阶偏导数得：$\frac{\partial R}{\partial\alpha}=\frac{\alpha\beta'(c_H(\tilde{c}))}{g(c_H(\tilde{c}))A_1(\tilde{c})}<0$，$c\in[\bar{c},\ \tilde{c})$；$\frac{\partial R}{\partial\alpha}=0$，$c\in[\hat{c},\ \bar{c})$；$\frac{\partial R}{\partial\alpha}=\alpha\left[\beta'(c_H)\frac{\partial c_H}{\partial\alpha}-\beta'(c_L)\frac{\partial c_L}{\partial\alpha}\right]+cg(c_L)\frac{\partial c_L}{\partial\alpha}<0$，$c\in[\tilde{c},\ \hat{c})$。其中：

$$\beta'(c_H)\frac{\partial c_H}{\partial\alpha}-\beta'(c_L)\frac{\partial c_L}{\partial\alpha}=\frac{2-A_1-B_2A_2/B_1}{A_1A_2B_2-B_1}<\frac{2-A_1-1/A_1}{A_1A_2B_2-B_1}<0 \tag{8-13}$$

现考虑任一常规供应商 $i$，其获胜概率记为 $\rho_0$，则：

$\rho_0(c_i;\ \alpha)=\Pr\{c_i=C_1\}\Pr\{\beta(c_i)<b_L^*\}$

$$=\begin{cases}[1-F(c_i)]^{n-2}[1-F(c_L^{-1}(c_i))] & c_i\in[\underline{c},\ \hat{c})\\ G(c_i) & c_i\in[\hat{c},\ \bar{c}]\end{cases}$$

显然，$\frac{\partial\rho_0}{\partial\alpha}=0$ 对 $c_i\in[\hat{c},\ \bar{c}]$ 成立。至于 $c_i\in[\underline{c},\ \hat{c})$，记 $x_i=c_L^{-1}(c_i)$，得到 $\frac{\partial\rho_0}{\partial\alpha}=-[1-F(c_i)]^{n-2}f(x_i)\left(\frac{\partial x_i}{\partial\alpha}\right)$。容易验证$\frac{\partial x_i}{\partial\alpha}<0$（见式（8-12）），所以$\frac{\partial\rho_0}{\partial\alpha}>0$ 对 $c_i\in[\underline{c},\ \hat{c})$ 成立。在常规供应商 $i$ 的期望收益 $R_0(c_i;\ \alpha)=\rho_0(c_i;\ \alpha)\beta(c_i)$ 和期望利润 $U_0(c_i;\ \alpha)=\rho_0(c_i;\ \alpha)[\beta(c_i)-c_i]$ 中，贿赂比例 $\alpha$ 仅存在于因子 $\rho_0(c_i;\ \alpha)$ 中，因此立即得到：当 $c_i\in[\underline{c},\ \hat{c})$ 时，$\frac{\partial R_0}{\partial\alpha}>0$ 和 $\frac{\partial U_0}{\partial\alpha}>0$；当 $c_i\in[\hat{c},\ \bar{c}]$ 时，$\frac{\partial R_0}{\partial\alpha}=0$ 和$\frac{\partial U_0}{\partial\alpha}=0$。

证毕。

与直觉相一致，腐败的存在有利于特权供应商但不利于常规供应商。对特权供应商来说，贿赂是其必须支付给代理人的一种成本，所以其期望利润随着贿赂比例的升高而降低。当成本太高而无法从腐败中获利时，特权供应商提交正常报价并赚取无腐败情形下的期望利润。对成本为 $c_i\in[\underline{c},\ \hat{c})$ 的常规供应商 $i$ 来说，其获胜概率随着贿赂比例的增加而增加，因为特权供应商的较低标 $\beta(c_L)$ 是贿赂比例的增函数（见式（8-11）），而其他供应商的投标又不受贿赂比例影响。对成本为 $c_j\in[\hat{c},\ \bar{c}]$ 的常规供应商 $j$ 来说，如果特权供应商的成本低于 $\hat{c}$，则无论有没有腐败 $j$ 都无法获胜；否则，如果特权供应商的成本高于 $\hat{c}$，则必定无腐败发生，$j$ 赚取无腐败情形下的期望利润。因此，成本为 $c_j\in[\hat{c},\ \bar{c}]$ 的常规供应商不受腐败的影响。

## 8.3 代理人及采购商的决策

在采购商的绩效佣金模式下，代理人的利润和采购商的总采购成本是与最终实现的拍卖价格紧密相关的。然而，与很多涉及不对称竞标行为的首价密封拍卖（Marshall et al.，1994；Maskin and Riley，2000）一样，本章模型中的投标函数难以求得显示解。因此，要在一般情况下分析期望拍卖价格十分困难。为了简化分析，本章的后续部分只考虑如下特殊情况：假设只存在两个竞标供应商($n=2$)，且供应商成本在区间［0，1］上均匀分布，即 $c\sim U[0,1]$。这种简化在不对称的首价拍卖研究中是非常常见的（Burguet and Perry，2007；Cantillon，2008；Lee，2008）。

分别用 $P(\alpha)$ 和 $P_0$ 表示有腐败和无腐败情形下的期望拍卖价格，则 $\Delta p(\alpha)=P(\alpha)-P_0$ 表示腐败造成的期望拍卖价格增加量。考察 $\Delta p(\alpha)$ 可得到下述命题。

命题 8-4：腐败的存在造成期望拍卖价格上升。

证明：有腐败和无腐败时的期望拍卖价格分别为 $P(\alpha)=(n-1)\int_{\underline{c}}^{\bar{c}}R_0dF+\int_{\underline{c}}^{\bar{c}}RdF$ 和 $P_0=n\int_{\underline{c}}^{\bar{c}}R_0dF$，其中 $R_0$ 和 $R$ 在命题 8-3 的证明中已定义，而 $R_0(c)=G(c)\beta(c)$ 是无腐败情形下成本为 $c$ 的供应商的期望收益。根据定义及命题 8-3，可得 $\Delta p(\alpha)=(n-1)\int_{\underline{c}}^{\hat{c}}R_0dF+\int_{\underline{c}}^{\hat{c}}RdF-n\int_{\underline{c}}^{\hat{c}}R_0dF$。当 $n=2$ 且 $c\sim U[0,1]$ 时，得到 $\Delta p(\alpha)=\frac{(7\alpha+2)(\alpha-1)^2}{96}\geqslant 0$。

证毕。

与直觉一致，命题 8-4 表明腐败损害了采购商的福利，因而采购商应当采取措施来规制腐败行为。命题 8-4 也说明，将代理人的佣金与最终实现的拍卖价格关联起来，也许就能激励代理人不腐败。本章研究的绩效佣金模式就是以这一直觉为基础的。

接下来考虑代理人对贿赂比例的内生决策问题。分别用 $\Pi(\alpha)$ 和 $\Pi_0$ 表示有腐败和无腐败情形下代理人的期望利润。根据采购商给出的绩效佣金模式，以及代理人与特权供应商之间的腐败协议，可得 $\Pi_0=0$ 和：

$$\Pi(\alpha)=\alpha\cdot E_c[b_H^*-b_L^*]-k\cdot\Delta p(\alpha)\tag{8-14}$$

所以 $\Pi(\alpha)$ 也可以表示代理人从腐败中获得的额外期望利润。显然，仅仅支付代理人一个固定佣金(即 $k=0$)无法杜绝腐败行为，因为代理人的腐败收入总是非负的(即 $\alpha\cdot E_c[b_H^*-b_L^*]\geqslant 0$)。下述命题阐释了代理人会如何根据采购商的奖惩力度 $k$ 来选择最优的贿赂比例。

命题 8-5：代理人的最优贿赂比例 $\alpha^*$ 是奖惩力度 $k$ 的增函数。

证明：当 $n=2$ 且 $c\sim U[0,1]$ 时，可得 $\Pi'(\alpha)=(1-\alpha)\frac{7k\alpha-15\alpha+5-k}{32}$ 和 $\Pi''(\alpha)=\frac{-7k\alpha+15\alpha+4k-10}{16}$。在约束 $\Pi''(\alpha)\leqslant 0$ 和 $0\leqslant\alpha\leqslant 1$ 下求解一阶条件 $\Pi'(\alpha)=0$，得到代理人的最优贿赂比例为：

$$\alpha^*(k)=\begin{cases}\dfrac{5-k}{15-7k} & 0\leqslant k\leqslant\dfrac{5}{3}\\[2ex] 1 & k\geqslant\dfrac{5}{3}\end{cases}$$

上式为奖惩力度 $k$ 的增函数。

证毕。

命题 8－5 表明，采购商的奖惩力度 $k$ 越大，代理人设置的贿赂比例就越高，进而腐败及分配无效的概率就被降低（命题 8－2）。因此，如果想杜绝腐败行为，采购商应该采取足够大的奖惩力度$\left(\text{比如，当 } n=2 \text{ 和 } c\sim U[0,1]\text{ 时，应选取 } k\geqslant\dfrac{5}{3}\right)$。不然，代理人就会令贿赂比例 $0<\alpha^*<1$，从而与特权供应商共享腐败收益。正如命题 8－1 的评论所述，特权供应商能够瓜分一部分腐败收益，是因为他具有私有信息且能够影响最终的贿赂金额。这与梅内塞斯和蒙泰罗（Menezes and Monteiro，2006）、科茨和尼尔森（Koc and Neilson，2008）以及切伦塔尼和甘露莎（Celentani and Ganuza，2002）的模型截然不同。前两篇文献研究事后腐败，特权供应商没有机会再影响贿赂金额；而后一篇文章虽然研究事前腐败，但假设特权供应商会如实地向代理人报告自己的类型因而不具有私有信息。上述三篇文章中的特权供应商都没有谈判力，因而无法从腐败中获得额外利润，所有腐败利润都被代理人占据。图 8－3 描绘了当竞标供应商人数 $n$ 取不同值时，代理人的最优贿赂比例 $\alpha^*$ 与采购商的奖惩力度 $k$ 之间的关系。结果表明，命题 8－5 的结论在更一般的情况下也成立。

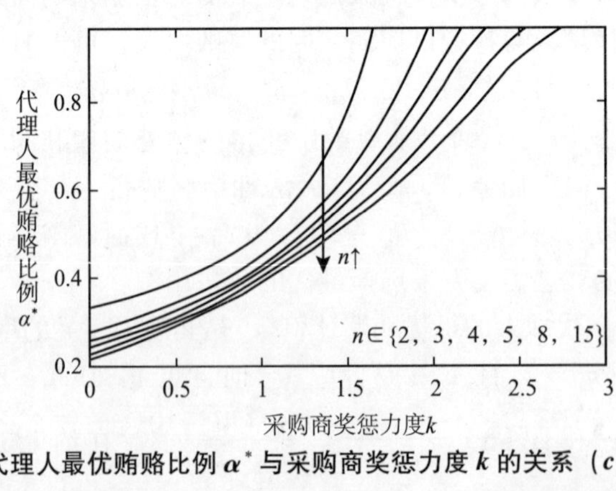


**图 8－3　代理人最优贿赂比例 $\alpha^*$ 与采购商奖惩力度 $k$ 的关系（$c\sim U[0,1]$）**

最后，考察采购商对奖惩力度的决策问题。采购商的总成本包含两部分，一部分是支付给获胜者的拍卖价格，另一部分是支付给代理人的代理佣金。分别用 $\Psi(k)$ 和 $\Psi_0$ 表示有腐败和无腐败时采购商的期望成本。根据采购商制定的绩效佣金，以及代理人与特权供应商之间的腐败协议，有 $\Psi_0 = P_0$ 和 $\Psi(k) = P(\alpha^*(k)) - \Delta p(\alpha^*(k))k$，并用 $\Delta_\Psi(k) = \Psi(k) - \Psi_0$ 表示腐败造成的采购商期望成本增加量。代入 $P(\alpha^*(k)) = \Delta_p(\alpha^*(k)) + P_0$，就得到：

$$\Delta_\Psi(k) = (1-k)\Delta p(\alpha^*(k)) \tag{8-15}$$

因为 $\Psi_0$ 与 $k$ 无关，所以通过最小化 $\Delta_\Psi(k)$（等价于最小化 $\Psi(k)$）可得采购商的最优奖惩力度 $k_O$。此外，除了成本最小化，资源分配效率可能也是采购商（比如政府）的重要决策目标。根据命题 8-2 和命题 8-5 可知，存在一个阈值 $k_E$ 满足以下条件：所有小于（大于）$k_E$ 的奖惩力度都无法（可以）杜绝腐败和保证分配效率。本章称 $k_E$ 为（最小）有效奖惩力度。

命题 8-6：采购商的最优奖惩力度 $k_O$ 和有效奖惩力度 $k_E$ 满足 $k_E > k_O > 1$。

证明：当 $n=2$ 和 $c \sim U[0,\ 1]$ 时，将 $\Delta p(\alpha)$ 和 $\alpha^*(k)$ 的表达式代入式（8-15），得到：$\Delta_\Psi(k) = \dfrac{(3k-5)^2(65-21k)(k-1)}{24(7k-15)^3}$，$k \in \left[0,\ \dfrac{5}{3}\right)$；$\Delta_\Psi(k) = 0$，$k \in \left[\dfrac{5}{3},\ \dfrac{15}{7}\right)$。$\Delta_\Psi$ 在 $k_O \approx 1.3394$ 时取得最小值，而 $k_E = \dfrac{5}{3}$ 由命题 8-5 直接得到。从而 $k_E > k_O > 1$ 成立。

证毕。

命题 8-6 指出了采购商的成本最小化目标与分配效率目标之间存在冲突。采购商的成本最小化容忍一定程度的腐败存在，但分配效率目标要求采购商设置更强的奖惩力度来杜绝腐败。尽管存在这种冲突，上述两个目标对奖惩力度的要求都是比较强的（即 $k>1$），因为模型考虑的腐败对代理人和特权供应商都有利（命题 8-3 和命题 8-5），是比较难规制的。伦格维勒和沃夫斯岱特（Lengwiler and Wolfstetter，2004）在外生事后腐败情形下研究了与本章类似的绩效佣金模式。在该文模型中，代理人和特权供应商赚取的腐败利润总和比腐败导致的拍卖价格升高量更低，因此，采购商用较小的奖惩力度（$k<1$）就足以杜绝腐败。与之不同，在本章的事前内生腐败模型中，代理人和特权供应商获得的超额腐败收益比拍卖价

格的增加量还要高，所以采购商必须采取更强的奖惩力度（$k>1$）才能杜绝腐败。

命题8－6的结论在更一般的情况下也依然可以成立。代理人最优贿赂比例的必要条件，即式（8－14）的一阶条件，可以表达为：

$$k(\alpha^*)=\frac{(\alpha\cdot E_c[b_H^*-b_L^*])'_{\alpha=\alpha^*}}{\Delta' p(\alpha^*)}$$

由于 $k_E$ 是使 $\alpha^*=1$ 的最小奖惩力度，而数值观察又表明 $\alpha^*$ 与 $k$ 呈单调递增关系（图8－3），所以有 $1<k_E=\lim\limits_{\alpha^*\to 1}k(\alpha^*)=\dfrac{2-g(\underline{c})K(\underline{c})}{2+g(\underline{c})K(\underline{c})}<3$。又因为 $\Delta p(\alpha)>0$（命题8－4），根据式（8－15）可知：当 $0<k<1$ 时，腐败的存在会使采购商利益受损；当 $k=1$ 时，腐败的存在对采购商无影响；当 $1<k<k_E$ 时，腐败的存在反而对采购商有利；当 $k\geqslant k_E$ 时，$\alpha^*=1$ 成立，无腐败发生。采购商的最优策略必然会从对他有利的情况中选择，故 $1<k_O<k_E$。因此，当 $\alpha^*$ 为 $k$ 的增函数时（这在本章的数值模拟中总是成立的，见图8－3），命题8－6的结果适用于一般的情况。

## 8.4 本章小结

采购拍卖中的腐败行为是一种十分隐秘但又普遍存在于世界各国的现象，对经济发展有严重的负面影响。由于招标代理人与采购商往往是利益不同的主体，前者有动机与供应商串谋勾结来谋取私利。现实中代理人在采购拍卖开始前就与某供应商达成腐败协议并根据提供便利的大小按比例收取贿赂的情况时有发生。本章考虑这样一种事前腐败行为：代理人事先从候选供应商中选择一位扶持对象（即“特权供应商”），允许其同时提交两份标书并承诺在开标时只公布其中更有利的那份，前提是特权供应商支付其两标报价之差的一定比例（即“贿赂比例”）作为回扣。研究发现，当特权供应商的成本高于一个阈值时，他会拒绝代理人的腐败提议，并按无腐败的情形正常投标；否则，特权供应商会参与腐败并提交两份标书，且两标书报价之差随着贿赂比例的增加而减少。在这样的投标策略之下，特权供应商可以影响最终支付给代理人的贿赂金额，因此在瓜分腐败剩余的时候具有一定谈判力，即特权供应商和代理人都可以从腐败中获得超额收益。在大多数事后腐败模型中，代理人观测到投标结果之后才选择扶持对象，因此可以独占所有腐败利润，令特权供应商无法从腐败中获得超额利润。显然，与这种事后腐败模型相比，本章的事前腐败模型的结果更贴合现实。本章研究的腐败行为会增加采购商的期望采购成本，并减少常规供应商（不知道腐败的存在）的期望利润。腐败的存在有一定概率导致资源分配无效率，且腐败发生的概率和分配无效的概率都是内生贿赂比例的减函数。在只有两个供应商且成本服从均匀分布的特殊情形下，本章研究了代理人如何优化其贿赂比例决策，采购商又如何在绩效佣金模式下选取合适的奖惩力度来规制上述腐败行为。结果发现，采购商的奖惩力度越强，代理人就选择越高的贿赂比例，进而腐败发生的概率和分配无效率的概率就越低。虽然分配效率要求采购商采取很强的奖惩力度来杜绝腐败，但采购商的成本最小化目标允许一定程度的腐败存在。

本章研究结果对现实中的企业或政府在规制招标代理腐败风险这一问题上具有一定借鉴价值。主要有以下管理启示：①无论采购方是企业还是政府，都应该采取措施规制腐败，因为腐败的存在不但会提高期望采购成本，还有可能导致资源分配无效率。②由于腐败会增加采购拍卖价格，采购商可根据拍卖价格的高低来对代理人进行奖惩，以此激励代理人不去腐败。采购商的奖惩力度越大，则代理人的腐败门槛越高，从而腐败发生的概率越低。③企业和政府由于目标的不同，他们在规制腐败时的奖惩力度也会有所不同。政府一般将社会福利最大化（分配效率）作为决策目标，因此应采用很强的奖惩力度来杜绝腐败。而对于追求自身利润最大化的企业来说，最优策略为采取稍弱的奖惩力度以允许一定程度的腐败存在，因为这样可使企业获得可观的罚金收入，该收入甚至比腐败造成的额外采购成本还要高。

# 第 9 章

# 结　语

## 9.1　本书研究创新与贡献

本书是通过采购拍卖机制来应对采购风险这一重要运作管理问题的交叉型研究。根据采购对象特征和采购参与者特征提炼出了（产品）供应数量风险、（服务）供应质量风险、供应商不可证实努力和采购代理人腐败风险这几类典型的采购风险，并在采购拍卖中引入双源采购、再谈判、不完备合同、多属性投标绩效佣金等常用风险应对策略，探讨了几类具有相应风险应对功能的采购拍卖机制，并讨论了相关管理启示。具体来说，本书的创新与贡献主要有：

（1）在产品供应数量不确定、需求随机和多个具有私有信息的潜在供应商共存的采购环境下，研究了供应商投标批发单价的双源采购拍卖机制。既往应对供应数量风险的双（多）源采购文献，要么只考虑完全信息的情况（不属于机制设计），要么在不完全信息下研究采购合同或直接机制，而本书则在不完全信息下考察了供应商的非直接投标行为（即批发单价投标）。

（2）在存在服务质量风险、交易双方共同改进供应质量和再谈判的环境下，对不完备采购合同的拍卖问题进行了理论研究。拍卖不完备合同是在服务采购和工程招标中十分常见的现象，但相关的学术研究只在近年才出现，且仅限于实证研究（Gil and Oudot，2009；Miller，2014；Bajari et al.，2014），而本书则属于这方面的理论研究。

（3）在招标代理腐败风险环境下，研究了由代理人和竞标人双方决策共同内生出贿赂的采购拍卖，并探讨了采购商的规制措施。关于采购招标中腐败问题的研究有很多，但大多只探讨腐败对拍卖结果的影响而未显式地分析腐败行为的内生决策问题。既往考虑了内生腐败决策的采购拍卖模型中，决定贿赂额度的要么是竞标人，要么是代理人，而本书则考察了贿赂额度由代理人和竞标人双方决策共同确定的情形。

## 9.2　本书主要结论

如今，采购拍卖已成为政府和企事业单位最重要的采购手段之一，而采购风险的普遍存在使采购拍卖机制设计面临新的挑战。一方面，面对多个具有不对称信息的潜在供应商，采购拍卖机制必须充分发挥其供应商选择和价格发现功能；另一方面，面对采购环境中的种种潜在风险，采购拍卖机制还必须具备风险应对功能，以实现采购商的相应运作管理目标。风险因素的引入会极大地影响潜在供应商的投标行为，进而对采购商的采购拍卖机制设计产生重要影响。因此，研究不同风险环境下的采购拍卖机制设计并探讨相应的管理科学问题，具有重要的理论和现实意义。本书根据采购对象和采购参与者的特征，选取了（产品）数量风险、（服务）质量风险、供应商不可证实努力和采购代理腐败风险这四类极为典型的采购风险，深入研究了具备双源采购、不完备合同、再谈判和绩效佣金等常见运作特征的采购拍卖机制。本书的主要结论如下：

（1）针对产品数量风险（涵盖随机产出风险和随机中断风险），研究了当采购商面临多个具有生产成本私有信息的潜在供应商时，如何设计供应商投标批发单价的双源采购拍卖机制。本书分别考察了供应商成本分布已知情形下的双源采购拍卖最优机制设计，和成本分布未知情形下的双源采购广义英式拍卖（GEA）及双源采购两阶段渐进最优机制（AOM）。研究结果表明，在双源采购拍卖最优机制（具有确切分布信息）和两阶段渐进最优机制（具有估计的分布信息）下，采购商都能够设计相应的订货量分配规则来牵制供应商投标行为，进而实现单位信息租金和数量分配的平衡，并内生出一系列可能的订货分散程度。特别地，双源采购拍卖最优机制下，信息租金的存在会降低高成本获胜者的订货数量份额，因为该供应商在批发单价投标中索取的单位信息租金比低成本获胜者更高。相反，在广义英式拍卖（不依赖任何分布信息）中，由于缺乏订货量分配规则的牵制，两位获胜供应商会在倒数第三位供应商出局时马上停止竞争，形成默契共谋。这导致采购商总是平分订货数量，并且需要权衡共谋效应和风险分散效应来确定该采用双源采购广义英式拍卖还是单源采购英式拍卖。此外，尽管广义英式拍卖产生的采购商期望利润较低，但其完全分散化的订货结果使采购商对市场的供应更加稳定，导致其市场服务水平有可能比两阶段渐进最优机制更高。随着风险水平、投标人数或零售价格的增加，采购商在广义英式拍卖中获得的期望利润越来越接近于其在两阶段渐进最优机制中的期望利润，也即成本分布未知情况下的最优利润。

（2）针对服务采购中的服务质量风险和供应商不可证实努力，分别研究了考虑事后再谈判时的不完备合同采购招标机制和多属性采购招标机制。其中，不完备合同采购招标机制分析表明，在交易双方关于努力的博弈中，双方努力互为战略互补品；初始服务内容的增加可以提高采购商努力程度和降低获胜供应商信息租金，但同时也会抑制获胜供应商的努力；当供应商谈判力增加时，供应商均衡努力增加，采购商均衡努力变小。采购商的最优初始服务内容总是能够确保交易双方都付出正的服务质量改进努力，且再谈判将在期望意义上导致服务内容上调。再谈判的存在同时产生了努力激励效应和信息租金效应，但前者总是强于后者，因而保留事后再谈判的可能性将对采购商和供应商都有好处。此外，多属性采购招标机制研究发现，无再谈判情形下，供应商的服务质量投标均衡和信息租金都随初始服务内容递增；而有再谈判情形下，尽管采购商对服务质量的评标权重随初始服务内容递增，但供应商服务质量、信息租金及采购商期望利润都不受初始服务内容影响。换言之，初始服务内容对采购项目的规制作用被再谈判完全替代。不仅如此，相较于无再谈判情形，再谈判的存在能够激励供应商提供更高的服务质量，并促成更多的服务内容成交，最终使采购商、获胜供应商和交易平台都获得更高期望利润。

（3）针对招标代理腐败风险，研究了当代理人可能允许某特权供应商同时提交两个投标并索取两标差额的一定比例作为贿赂时，采购商如何利用绩效佣金模式规制代理人腐败行为和引导拍卖结果。研究发现，当代理人索要的贿赂比例越高或特权供应商的生产成本越高时，腐败发生的概率和分配无效率的概率越小。参与腐败时，特权供应商会将两标差价设置成贿赂比例的减函数，从而影响最终贿赂金额，并确保腐败剩余不被代理人完全攫取。考虑由代理人和特权供应商双方决策共同内生出贿赂的情形，是本书区别于既往采购拍卖腐败问题研究的特色之处。分析还发现，在采购商向代理人支付绩效佣金的模式下，采购商可通过提高奖惩力度来引导代理人提高索贿比例，进而降低腐败发生的概率。虽然分配效率要求采购商采取很强的奖惩力度来杜绝腐败，但采购商的成本最小化目标允许一定程度的腐败存在。

## 9.3 研究展望

本书可以从以下几方面进行扩展。

（1）非线性成本结构。本书的双源采购拍卖机制针对的都是线性成本结构。事实上，生产成本非线性的情况也十分常见，如许多标准化产品的批量生产常常体现出规模经济（economies of scale）特征，即边际生产成本随产量的增加而下降。与线性成本情形相比，规模经济情形下的采购商在实施双源采购时会进一步加大成本最低供应商的订货份额，以降低平均采购成本。这将削弱采购商实施双源采购的动机，从而在原有的双源采购问题上引入一个新的权衡因素。那么，在产品供应数量不确定且供应商生产规模经济的情况下，采购商该如何进行双源采购拍卖机制设计，供应商又将具有怎样的投标均衡？这将是十分值得探讨的问题。

（2）拉式合同（pull contract）拍卖。本书的双源采购拍卖机制针对的都是推式合同（push contract）（Cachon，2004），即采购商在需求实现前就确定了订货数量。相应地，对拉式合同（采购商直到需求实现后才明确订货数量）拍卖机制的探讨也十分有意义，因为现实中拉式合同的应用同样非常广泛，如电商中常用的直接代发货（drop shipping）就属于拉式合同（Davis et al.，2014）。在双源采购拉式合同拍卖中，采购商先公布一个需求分配规则，然后根据供应商的批发单价投标选出两个获胜者；需求实现后，再按需求分配规则分配订货数量。在这种模式下，分析和比较不同需求分配规则（如平分，或按批发价的比例分）下的投标结果，以及探讨需求分配规则的最优设计，将是非常有意义的工作。

（3）不完备合同拍卖中的采购商努力承诺。有实证研究表明，对项目投入的承诺可以加强交易双方的义务意识，从而提高项目成功率（Koh et al.，2004）。需要注意的是，要保证承诺可置信，承诺的内容必须是可证实的，或者采购商具有足够强的承诺力（commitment power）。本书只考虑了采购商努力不可证实的情形；事实上，采购商在事前承诺可证实努力的情形在信息技术服务采购中也十分常见。比如，采购商可能声明，将购置何种型号的软件和硬件设备，营建何种规格的活动场所，聘请何种资质的专业技术人员，以及组建何种能力结构的项目管理团队（Deloitte，2013）等，这些都属于可证实努力。当采购商努力可证实时，他既可以在拍卖前承诺努力程度，也可以在拍卖后承诺，还可以不做承诺。那么。投资承诺的时序对供应商的努力和信息租金有何影响？这也是另一个值得研究的问题。

（4）其他风险类型下的采购拍卖机制设计。除了本书重点关注的产品数量风险、服务质量风险、供应商不可证实努力和采购代理腐败风险这四类典型的采购风险，许多其他风险类型下的采购拍卖机制设计问题也值得探索。例如，霍等（Ho et al.，2015）指出，目前供应链风险管理领域对交通风险、信息风险和金融风险等风险类型的研究还很不足，如何管理和降低这些风险是一个重要的研究方向。那么，这些风险类型是否会影响采购商的采购决策？会如何影响？如果要进行招投标，采购商又该借助怎样的风险应对工具？相应的采购拍卖机制该如何设计？这些问题都值得后续探讨。

# 参 考 文 献

［1］海江涛，仲伟俊，梅姝娥．公共产品技术创新过程中的政府偏袒策略［J］．管理工程学报，2014，28（1）：131－137.

［2］黄河，陈剑．拍卖采购合同及议价谈判机制设计．管理科学学报，2010，13（3）：1－7.

［3］黄河，申笑宇，徐鸿雁．考虑供应商流程改进的采购合同设计［J］．管理科学学报，2015，18（10）：38－55.

［4］匡继昌．常用不等式（第四版）［M］．济南：山东科学技术出版社，2018：787－788.

［5］李军，刘树林．基于 Cobb—Douglas 效用函数的多属性采购拍卖［J］．管理科学学报，2012，15（3）：54－60.

［6］李志鹏，黄河，徐鸿雁．供应风险下双源采购批发单价拍卖最优设计［J］．管理科学学报，2017（8）：39－49.

［7］李志鹏，黄河．考虑再谈判的网上服务采购多属性拍卖研究［J］．中国管理科学，2020，28（12）：184－195.

［8］刘树人，唐沛，黄颖娜．网上拍卖销售与逆向拍卖采购下的库存管理［J］．中国管理科学，2015，23（11）：62－69.

［9］刘旭旺，汪定伟．分组评标专家行为的演化博弈分析［J］．管理科学学报，2015，18（1）：50－61.

［10］马俊，张杰，汪寿阳．应用拍卖机制协调供应链［J］．管理科学学报，2009，12（5）：1－9.

［11］潘伟．基于供应中断风险的模糊多目标订单分配模型［J］．管理科学学报，2015，18（3）：45－51.

［12］申笑宇．考虑供应风险的采购合同设计研究［D］．重庆大学，2015.

［13］田国强，刘春晖．密封价格拍卖或招标中的有限腐败［J］．经

济研究，2008（5）：116－127.

［14］姚升保．基于幂效用函数的多属性英式拍卖研究［J］．中国管理科学，2013，21（6）：132－138.

［15］曾宪科，冯玉强．逆向多属性拍卖投标策略及收益性分析［J］．管理科学学报，2015，18（9）：24－33.

［16］周学广，任龙．具有高投标成本的多属性逆向拍卖博弈模型［J］．中国管理科学，2016，24（1）：134－142.

［17］Adebanjo D.. 2010. The Complexities of E－reverse-auction-facilitated Aggregated Procurement in Digitally Clustered Organisations［J］. Supply Chain Management：An International Journal，15（1）：69－79.

［18］Aghion P.，Bolton P.. 1992. An Incomplete Contracts Approach to Financial Contracting［J］. The Review of Economic Studies，59（3）：473－494.

［19］Aghion P.，Dewatripont M.，Rey P.. 1994. Renegotiation Design with Unverifiable Information［J］. Econometrica：Journal of the Econometric Society，62（2）：257－282.

［20］Aghion P.，Tirole J.. 1994. The Management of Innovation［J］. The Quarterly Journal of Economics，109（4）：1185－1209.

［21］Agrawal N.，Nahmias S.. 1997. Rationalization of the Supplier Base in the Presence of Yield Uncertainty［J］. Production and Operations Management，6（3）：291－308.

［22］Agrawal V.，Oraiopoulos N.. 2015. The Role of Decision Rights in Collaborative Development Initiatives［Z］. Georgetown Mcdonough School of Business Research Paper，（2436507）.

［23］Akçay Y.，Xu S. H.. 2004. Joint Inventory Replenishment and Component Allocation Optimization in an Assemble-to-order system［J］. Management Science，50（1）：99－116.

［24］Alaei S.，Malekian A.，Srinivasan A.. 2009. On Random Sampling Auctions for Digital Goods［C］//Proceedings of the 10th ACM Conference on Electronic commerce. ACM：187－196.

［25］Alaghehband F. K.，Rivard S.，Wu S.，Goyette S.. 2011. An Assessment of the Use of Transaction Cost Theory in Information Technology Outsourcing［J］. The Journal of Strategic Information Systems，20（2）：125－138.

［26］Alcalde J.，Dahm M.. 2013. Competition for Procurement Shares

[J]. Games and Economic Behavior, 80: 193 –208.

[27] Anton J. J. , Yao D. A. . 1989. Split Awards, Procurement, and Innovation [J]. The RAND Journal of Economics, 20 (4): 538 –552.

[28] Antràs P. , Staiger R. W. . 2012. Offshoring and the Role of Trade Agreements [J]. The American Economic Review, 102 (7): 3140 –3183.

[29] Anupindi R. , Akella R. . 1993. Diversification under Supply Uncertainty [J]. Management Science, 39 (8): 944 –963.

[30] Arnold U. , Neubauer J. , Schoenherr T. . 2012. Explicating Factors for Companies' Inclination towards Corruption in Operations and Supply Chain Management: An Exploratory Study in Germany [J]. International Journal of Production Economics, 138 (1): 136 –147.

[31] Asker J. , Cantillon E. . 2008. Properties of Scoring Auctions [J]. The RAND Journal of Economics, 39 (1): 69 –85.

[32] Atkinson W. . 2000. Consumer Giant Employs E – commerce to Lower Costs [J]. Purchasing, 129 (11): S88 –S88.

[33] Aubert B. A. , Houde J. F. , Patry M. , Rivard S. . 2012. A Multilevel Investigation of Information Technology Outsourcing [J]. The Journal of Strategic Information Systems, 21 (3): 233 –244.

[34] Aubert B. A. , Rivard S. , Patry M. . 2004. A Transaction Cost Model of IT Outsourcing [J]. Information & Management, 41 (7): 921 –932.

[35] Babich V. , Burnetas A. N. , Ritchken P. H. . 2007. Competition and Diversification Effects in Supply Chains with Supplier Default Risk [J]. Manufacturing & Service Operations Management, 9 (2): 123 –146.

[36] Bahli B. , Rivard S. . 2003. The Information Technology Outsourcing Risk: A Transaction Cost and Agency Theory-based Perspective [J]. Journal of Information Technology, 18 (3): 211 –221.

[37] Bahli B. , Rivard S. . 2005. Validating Measures of Information Technology Outsourcing Risk Factors [J]. Omega, 33 (2): 175 –187.

[38] Bajari P. , Houghton S. , Tadelis S. . 2014. Bidding for Incomplete Contracts: An Empirical Analysis of Adaptation Costs [J]. The American Economic Review, 104 (4): 1288 –1319.

[39] Baliga S. , Vohra R. . 2003. Market Research and Market Design [J]. Advances in Theoretical Economics, 3 (1): 1059 –1059.

[40] Büchner S., Freytag A., González L. G., et al. 2008. Bribery and Public Procurement: An Experimental Study [J]. Public Choice, 137 (1-2): 103-117.

[41] Beall S., Carter C., Carter P. L., et al. 2003. The Role of Reverse Auctions in Strategic Sourcing [M]. CAPS Research.

[42] Beil D. R.. 2010. Procurement Auctions [J]. Tutorials in Operations Research: 248-259.

[43] Bergemann D., Valimaki J.. 2006. Information in Mechanism Design [R]. Working Paper.

[44] Bhattacharya S., Gaba V., Hasija S.. 2014a. A Comparison of Milestone-based and Buyout Options Contracts for Coordinating R&D Partnerships [J]. Management Science, 61 (5): 963-978.

[45] Bhattacharya S., Gupta A., Hasija S.. 2014b. Joint Product Improvement by Client and Customer Support Center: The Role of Gain-share Contracts in Coordination [J]. Information Systems Research, 25 (1): 137-151.

[46] Bhattacharyya S., Lafontaine F.. 1995. Double-sided Moral Hazard and the Nature of Share Contracts [J]. The RAND Journal of Economics, 26 (4): 761-781.

[47] Bhutta M. K. S.. 2003. Supplier Selection Problem: Methodology Literature Review [J]. Journal of International Information Management, 12 (2): 53-71.

[48] Boehm F., Olaya J.. 2006. Corruption in Public Contracting Auctions: the Role of Transparency in Bidding Processes [J]. Annals of Public and Cooperative Economics, 77 (4): 431-452.

[49] Branco F.. 1997. The Design of Multidimensional Auctions [J]. RAND Journal of Economics: 63-81.

[50] Budde M., Minner S.. 2014 First-and Second-price Sealed-bid Auctions Applied to Push and Pull Supply Contracts [J]. European Journal of Operational Research, 237 (1): 370-382.

[51] Burguet R., Che Y-K.. 2004. Competitive Procurement with Corruption. RAND Journal of Economics, 35 (1): 50-68.

[52] Burguet R., Perry M. K., 2009. Preferred Suppliers in Auction Markets [J]. RAND Journal of Economics, 40 (2): 283-295.

[53] Burguet R. , Perry M. K. . 2007. Bribery and Favoritism by Auctioneers in Sealed-bid Auctions [J]. The B. E. Journal of Theoretical Economics, 7 (1): Article 23.

[54] Burke G. J. , Carrillo J. E. , Vakharia A. J. . 2009. Sourcing Decisions with Stochastic Supplier Reliability and Stochastic Demand [J]. Production and Operations Management, 18 (4): 475 –484.

[55] Cachon G. P. . 2004. The Allocation of Inventory Risk in a Supply Chain: Push, Pull, and Advance – purchase Discount Contracts [J]. Management Science, 50 (2): 222 –238.

[56] Caillaud B. , Robert J. . 2005 Implementation of the Revenue-maximizing Auction by an Ignorant Seller [J]. Review of Economic Design, 9 (2): 127 –143.

[57] Cantillon E. . 2008. The Effect of Bidders' Asymmetries on Expected Revenue in Auctions [J]. Games and Economic Behavior, 62: 1 –25.

[58] Carbone J. . 2007. Sun's E – auction Evolution [Z]. https: //www. highbeam. com/doc/1G1 –168879114. html.

[59] Carrel – Billiard M. . What's a Workforce Marketplace? How Work Will Get Done in the Future [EB/OL]. (2017 –7 –21) [2019 –5 –10]. https: //www. networksasia. net/article/whats – workforce – marketplace – how – work – will – get – done – future. 1500606720.

[60] Cavinato J. L. . 2010. Supply Management Defined [Z]. https: // www. instituteforsupply management. org/content. cfm? itemNumber = 5558& SSO =1.

[61] Celentani M. , Ganuza J – J. . 2002. Corruption and Competition in Procurement [J]. European Economic Review, 46: 1273 –1303.

[62] Chaturvedi A. , Beil D. R. , Martínez-de-albéniz V. 2014. Split-award Auctions for Supplier Retention [J]. Management Science, 60 (7): 1719 – 1737.

[63] Chaturvedi A. , MartíNez – De – Albéniz V. 2011. Optimal Procurement Design in the Presence of Supply risk [J]. Manufacturing & Service Operations Management, 13 (2): 227 –243.

[64] Chaturvedi A. . 2015. Procurement Auctions with Capacity Constrained Suppliers [J]. European Journal of Operational Research, 247 (3): 987 –

995.

[65] Chen F.. 2007. Auctioning Supply Contracts [J]. Management Science, 53 (10): 1562 –1576.

[66] Chen J., Guo Z.. 2014. Strategic Sourcing in the Presence of Uncertain Supply and Retail Competition [J]. Production and Operations Management, 23 (10): 1748 –1760.

[67] Chen J., Xu L., Whinston A.. 2010. Managing Project Failure Risk Through Contingent Contracts in Procurement Auctions. Decision Analysis, 7 (1): 23 –39.

[68] Chen W., Dawande M., Janakiraman G.. 2016. Optimal Procurement Auction under Multi-stage Supplier Qualification [Z]. Working paper.

[69] Chevron J.. 2000. Online Reverse Auctions are Brand Killers. Brand Week, 41 (47): 32 –33.

[70] Che Y. K., Hausch D. B.. 1999. Cooperative Investments and the Value of Contracting [J]. American Economic Review, 89 (1): 125 –147.

[71] Che Y. K., Sákovics J.. 2008. Hold-up Problem [A]. In The New Palgrave Dictionary of Economics (Lawrence E. Bloom and Steven N. Durlauf, eds.), Palgrave Macmillan, Hampshire, UK.

[72] Che Y. K.. 1993. Design Competition Through Multidimensional Auctions [J]. The RAND Journal of Economics, 24 (4): 668 –680.

[73] Chung T. Y.. 1991. Incomplete Contracts, Specific Investments, and Risk Sharing [J]. The Review of Economic Studies, 58 (5): 1031 –1042.

[74] Cole R., Roughgarden T.. 2014. The Sample Complexity of Revenue Maximization [C]//Proceedings of the 46th Annual ACM Symposium on Theory of Computing. ACM: 243 –252.

[75] Colicchia C., Strozzi F.. 2012. Supply Chain Risk Management: A New Methodology for a Systematic Literature Review [J]. Supply Chain Management An International Journal, 17 (4): 403 –418.

[76] Compte O., Lambert – Mogiliansky A., Verdier T.. 2005. Corruption and Competition in Procurement Auctions [J]. RAND Journal of Economics, 36 (1): 1 –15.

[77] Coppier R., Michetti E.. 2006. Corruption vs Production. A Non-

linear Relationship [J]. Economic Modelling, 23 (4): 622 -637.

[78] Corbett C. J. , Decroix G. A. , Ha A. Y. . 2005. Optimal Shared-savings Contracts in Supply Chains: Linear Contracts and Double Moral Hazard [J]. European Journal of Operational Research, 163 (3): 653 -667.

[79] Corbett C. J. , Decroix G. A. . 2001. Shared-savings Contracts for Indirect Materials in Supply Chains: Channel Profits and Environmental Impacts [J]. Management science, 47 (7): 881 -893.

[80] Dada M. , Petruzzi N. C. , Schwarz L. B. . 2007. A Newsvendor's Procurement Problem when Suppliers are Unreliable [J]. Manufacturing & Service Operations Management, 9 (1): 9 -32.

[81] Dasgupta P. , Maskin E. . 2000. Efficient Auctions [J]. Quarterly Journal of Economics, 115: 341 -388.

[82] Dasgupta S. , Spulber D. F. . 1990. Managing Procurement Auctions [J]. Information Economics and Policy, 4 (1): 5 -29.

[83] Davies G. L. . 2002. Entering the Second Generation of Online Reverse Auctions [J]. Inside Supply Management 5 (6): 54 -58.

[84] Davis A. M. , Katok E. , Santamaría N. . 2014. Push, Pull, or Both? A Behavioral Study of how the Allocation of Inventory Risk Affects Channel Efficiency [J]. Management Science, 60 (11): 2666 -2683.

[85] Deloitte. 2013. The Outsourcing Handbook: A Guide to Outsourcing [Z]. http: //www. deloitte. co. uk/makeconnections/assets/pdf/the - outsourcing - handbook - a - guide - to - outsourcing. pdf.

[86] Deloitte. 2016. Global Outsourcing Survey 2016 [Z]. http: //www. deloitte. com/us/outsourcing.

[87] Devanur N. R. , Ha B. Q. , Hartline J. D. . 2013 Prior-free Auctions for Budgeted Agents [C]//Proceedings of the Fourteenth ACM Conference on Electronic Commerce. ACM: 287 -304.

[88] Devanur N. R. , Hartline J. D. , Yan Q. . 2015. Envy Freedom and Prior-free Mechanism Design [J]. Journal of Economic Theory, 156: 103 -143.

[89] Devanur N. R. , Hartline J. D. . 2009. Limited and Online Supply and the Bayesian Foundations of Prior-free Mechanism Design [C]//Proceedings of the 10th ACM Conference on Electronic Commerce. ACM: 41 -50.

[90] Dhangwatnotai P. , Roughgarden T. , Yan Q. . 2015. Revenue Maximization with a Single Sample [J]. Games and Economic Behavior, 91: 318 - 333.

[91] Dimitri N. , Piga G. , Spagnolo G. . 2006. Handbook of Procurement [M]. Cambridge University Press.

[92] Duenyas I. , Hu B. , Beil D. R. . 2013. Simple Auctions for Supply Contracts [J]. Management Science, 59 (10): 2332 - 2342.

[93] Edlin A. , Reichelstein S. . 1996. Holdups, Standard Breach Remedies, and Optimal Investment [J]. American Economic Review, 86 (3): 478 - 501.

[94] Elmaghraby W. . 2007. Auctions Within E - sourcing Events [J]. Production and Operations Management, 16 (4): 409 - 422.

[95] EMEX. 2015. The EMEX Reverse Auction [EB/OL]. https://energymarketexchange. com/solutions/reverse - auction.

[96] ESSU. 2017. Somerset County Council to Renegotiate PPP Contract with IBM. [EB/OL]. https://www. european - services - strategy. org. uk/news/2011/somerset - county - council - to - renegotiate - ppp - con.

[97] Farooq A. , Shahbaz M. , Arouri M. , et al. 2013. Does Corruption Impede Economic Growth in Pakistan? [J]. Economic Modelling, 35: 622 - 633.

[98] Federgruen A. , Yang N. . 2009. Optimal Supply Diversification under General Supply Risks [J]. Operations Research, 57 (6): 1451 - 1468.

[99] Fenton. 2016. Preparing IT for the Internet of Things. CIO Applications. [EB/OL]. https://www. cioapplications. com/cioviewpoint/preparing - it - for - the - internet - of - things - nid - 420. html.

[100] Fernie S. , Metcalf D. . 1996. Low Pay and Minimum Wages: the British Evidence [R]. Centre for Economic Performance, LSE.

[101] Fitoussi D. , Gurbaxani V. . 2012. IT Outsourcing Contracts and Performance Measurement [J]. Information Systems Research, 23 (1): 129 - 143.

[102] Gartner. 2016. Market Share Analysis: IT Outsourcing Services, Worldwide, 2015 [Z]. https://www. gartner. com/doc/3314022/market - share - analysis - it - outsourcing.

[103] Gates D. . 2009. Boeing to Duplicate Puget Sound Work for 787

[EB/OL]. The Seattle Times. http: //www. seattletimes. com/business/boeing – to – duplicate – puget – sound – work – for – 787/.

[104] Gefen D., Wyss S., Lichtenstein Y.. 2008. Business Familiarity as Risk Mitigation in Software Development Outsourcing Contracts [J]. MIS quarterly, 531 – 551.

[105] Gerchak Y., Parlar M.. 1990. Yield Variability, Cost Tradeoffs and Diversification in the EOQ Model [J]. Naval Research Logistics, 37 (5): 341 – 354.

[106] Gil R., Oudot J. M.. 2009. Competitive Bidding, Renegotiation and Relational Contracting: Evidence from French defense procurement [R]. Working paper.

[107] Gümüs M., Ray S., Gurnani H.. 2012. Supply-side Story: Risks, Guarantees, Competition, and Information Asymmetry [J]. Management Science, 58 (9): 1694 – 1714.

[108] Goldberg A. V., Hartline J. D., Karlin A. R., et al. 2006. Competitive Auctions [J]. Games and Economic Behavior, 55 (2): 242 – 269.

[109] Goldberg A. V., Hartline J. D., Wright A.. 2001. Competitive Auctions and Digital Goods [C]//Proceedings of the Twelfth Annual ACM – SIAM Symposium on Discrete Algorithms. Society for Industrial and Applied Mathematics: 735 – 744.

[110] Gong J., Li J., Mcafee R. P.. 2012. Split-award Contracts with Investment [J]. Journal of Public Economics, 96 (1): 188 – 197.

[111] Grosfeld – Nir A., Gerchak Y.. 2004. Multiple Lotsizing in Production to order with Random Yields: Review of Recent Advances [J]. Annals of Operations Research, 126 (1): 43 – 69.

[112] Grossman S. J., Hart O. D.. 1986. The Costs and Benefits of Ownership: A Theory of Vertical and Lateral Integration [J]. Journal of Political Economy, 94 (4): 691 – 719.

[113] Groves T., Hong Y., Mcmillan J., et al. 1994. Autonomy and Incentives in Chinese State Enterprises [J]. The Quarterly Journal of Economics, 109 (1): 183 – 209.

[114] Öğüt H.. 2013. Factors Affecting Professionals' Selection in High and Low – value Online Service Procurements [J]. The Service Industries Jour-

nal, 33 (1): 133 - 149.

[115] Guillemaud W., Farris T., Hooper D.. 2002. Lowering Total Cost Through Reverse Auctions [J]. Proceedings of 2002 International Conference of Institute for Supply Management, 5: 1 - 3.

[116] Guo X., Gong J., Pavlou P.. Call for Bids to Improve Matching Efficiency: Evidence from Online Labor Markets [C]. Proceedings of the International Conference on Information Systems (ICIS 2017), Seoul, South Korea, December 10 - 13, 2017.

[117] Gupta S., Chen W., Dawande M., et al. 2015. Optimal Descending Mechanisms for Constrained Procurement [J]. Production and Operations Management, 24 (12): 1955 - 1965.

[118] Gurnani H., Gümü M., Ray S., et al. 2012a. Optimal Procurement Strategy under Supply Risk [J]. Asia - Pacific Journal of Operational Research, 29 (1): 1 - 31.

[119] Gurnani H., Mehrotra A., Ray S.. 2012b. Supply Chain Disruptions: Theory and Practice of Managing Risk [M]. London: Springer.

[120] Gustke C.. 2011. Reaping Big Cost Savings with Reverse Auctions [Z]. http: //www. cnbc. com/id/45305074.

[121] Ha B. Q., Hartline J. D.. 2013. Mechanism Design Via Consensus Estimates, Cross Checking, and Profit Extraction [J]. ACM Transactions on Economics and Computation, 1 (2): 8.

[122] Hansen R. G.. 1988. Auctions with Endogenous Quantity [J]. RAND Journal of Economics, 19 (1): 44 - 58.

[123] Harris S.. 2001. Bidding Wars [J]. Government Executive, 33 (6): 41 - 45.

[124] Hartline J. D., Roughgarden T.. 2008. Optimal Mechanism Design and Money Burning [C]//Proceedings of the Fortieth Annual ACM Symposium on Theory of Computing. ACM, 75 - 84.

[125] Hart O., Moore J.. 1988. Incomplete Contracts and Renegotiation [J]. Econometrica: Journal of the Econometric Society, 56 (4): 755 - 785.

[126] Hart O., Moore J.. 1999. Foundations of Incomplete Contracts [J]. The Review of Economic Studies, 66 (1): 115 - 138.

[127] Hart O., Shleifer A., Vishny R. W.. 1997. The Proper Scope of

Government: Theory and an Application to Prisons [J]. The Quarterly Journal of Economics, 112 (4): 1127 -1161.

[128] Hawkins T. G., Coyne A. V., Hudgens B. J.. 2010. Electronic Reverse Auctions: Removing Barriers to Unleash Savings in Federal Procurement [J]. Air Force Journal of Logistics, 34 (3 -4): 2 -16.

[129] Hawkins T. G., Randall W. S., Wittmann C. M.. 2009. An Empirical Examination of Reverse Auction Appropriateness in B2B Source Selection [J]. Journal of Supply Chain Management, 45 (4): 55 -71.

[130] Herweg F., Schmidt K. M.. 2017. Auctions Versus Negotiations: The Effects of Inefficient Renegotiation [J]. The RAND Journal of Economics, 48 (3): 647 -672.

[131] Hong Y., Pavlou P. A.. 2017. On Buyer Selection of Service Providers in Online Outsourcing Platforms for IT Services [J]. Information Systems Research, 28 (3): 547 -562.

[132] Hong Y., Wang C., Pavlou P. A.. Comparing Open and Sealed Bid Auctions: Evidence from Online Labor Markets [J]. Information Systems Research, 2015, 27 (1): 49 -69.

[133] Hong Y. K., Shao B., Chen P., et al.. Effect of Auction Design on Bidder Entry: Evidence from an Online Labor Market [C]. Proceedings of the 51st Hawaii International Conference on System Sciences. Hawaii, USA, January 2 -6, 2018.

[134] Ho W., Zheng T., Yildiz H., et al. 2015. Supply Chain Risk Management: A Literature Review [J]. International Journal of Production Research, 53 (16): 5031 -5069.

[135] Huang H., Li Z., Xu H.. 2018. Wholesale Price Auctions for Dual Sourcing under supply risk [J]. Decision Sciences, 49 (4): 754 -780.

[136] Huang H., Li Z.. 2015. Procurement Auctions with Ex-ante Endogenous Bribery [J]. Economic Modelling, 47: 111 -117.

[137] Hu B., Beil D. R., Duenyas I.. 2013a. Price-quoting Strategies of an Upstream Supplier [J]. Management Science, 59 (9): 2093 -2110.

[138] Hu B., Kostamis D.. 2015. Managing Supply Disruptions when Sourcing from Reliable and Unreliable Suppliers [J]. Production and Operations

Management, 24 (5): 808 - 820.

[139] Hu F. , Lim C - C. , Lu Z. . 2013b. Coordination of Supply Chains with a Flexible Ordering Policy under Yield and Demand Uncertainty [J]. International Journal of Production Economics, 146 (2): 686 - 693.

[140] Huh W. T. , Park K. S. . 2010. A Sequential Auction-bargaining Procurement Model [J]. Naval Research Logistics, 57 (1): 13 - 32.

[141] Inderfurth K. , Kelle P. , Kleber R. . 2013. Dual Sourcing Using Capacity Reservation and Spot Market: Optimal Procurement Policy and Heuristic Parameter Determination [J]. European Journal of Operational Research, 225 (2): 298 - 309.

[142] Inderfurth K. , Kiesmüller G. P. . 2015. Exact and Heuristic Linear-inflation Policies for an Inventory Model with Random Yield and Arbitrary Lead Times [J]. European Journal of Operational Research, 245 (1): 109 - 120.

[143] Ingraham A. T. . 2005. A Test for Collusion between a Bidder and an Auctioneer in Sealed-bid Auctions [J]. Contributions in Economic Analysis & Policy, 4 (1).

[144] ISM. 2003. Eras: A CAPS Research Focus Study [R]. Nashville, Tennessee.

[145] ISO. 2010. ISO 26000: 2010 - Guidance on Social Responsibility [Z]. https: //www. iso. org/standard/42546. html.

[146] Ivory D. . 2014 Reverse Auctions' Draw Scrutiny [EB/OL]. The New York Times. http: //www. nytimes. com/2014/04/07/business/reverse - auctions - draw - scrutiny. html.

[147] Iyengar G. , Kumar A. . 2008. Optimal Procurement Mechanisms for Divisible Goods with Capacitated Suppliers [J]. Review of Economic Design, 12 (2): 129 - 154.

[148] Jap S. D. , Haruvy E. . 2008. Interorganizational Relationships and Bidding Behavior in Industrial Online Reverse Auctions [J]. Journal of Marketing Research, 45 (5): 550 - 561.

[149] Jap S. D. . 2003. An Exploratory Study of the Introduction of Online Reverse Auctions [J]. Journal of Marketing, 67 (3): 96 - 107.

[150] Jap S. D. . 2007. The Impact of Online Reverse Auction Design on Buyer-supplier Relationships [J]. Journal of Marketing, 71 (1): 146 - 159.

[151] Jensen M. C., Murphy K. J.. 1990. Performance Pay and Top-management Incentives [J]. Journal of Political Economy, 98 (2): 225-264.

[152] John G.. 2001. Auctions about Flexibility, not Price [J]. Supply Management, 6 (19): 10.

[153] Kahn L. M., Sherer P. D.. 1990. Contingent Pay and Managerial Performance [J]. ILR Review, 43 (3).

[154] Kaufmann L., Carter C. R.. 2004. Deciding on the Mode of Negotiation: to Auction or not to Auction Electronically [J]. Journal of Supply Chain Management, 40 (1): 15-26.

[155] Kersten G. E., Wachowicz T.. On Winners and Losers in Procurement Auctions [C] //Proceedings of the 2014 Federated Conference on Computer Science and Information Systems, Warsaw, Poland, September 7-10, 2014, IEEE, 2014: 1163-1170.

[156] Kim M., Jim C.. 2011. Global Supply Chain Rattled by Japan Quake, Tsunami [Z]. http://www.reuters.com/article/2011/03/14/japan-quake-supplychain-idusl3e7ee05v20110314.

[157] Kim S. K., Wang S.. 1998. Linear Contracts and the Double Moral-hazard [J]. Journal of Economic Theory, 82 (2): 342-378.

[158] Kleindorfer P. R., Saad G. H.. 2005. Managing Disruption Risks in Supply Chains [J]. Production and operations management, 14 (1): 53-68.

[159] Koc S. A., Neilson W. S.. 2008. Interim Bribery in Auctions [J]. Economics Letters, 99: 238-241.

[160] Koh C., Ang S., Straub D. W.. 2004. IT Outsourcing Success: A Psychological Contract Perspective [J]. Information Systems Research, 15 (4): 356-373.

[161] Krishna V.. 2009. Auction Theory [M]. Academic Press.

[162] Kumar S., Maher M.. 2008. Are the Temptations of Online Reverse Auctions Appropriate for Your Business? [J]. Supply Chain Management: An International Journal, 13 (4): 304-316.

[163] Kuo C. C., Rogers P., White R. E.. 2004. Online Reverse Auctions: An Overview [J]. Journal of International Technology and Information Management, 13 (4): 275-290.

[164] Lacity M. C., Khan S. A., Willcocks L. P.. 2009. A Review of

the IT Outsourcing Literature: Insights for Practice [J]. The Journal of Strategic Information Systems, 18 (3): 130 - 146.

[165] Laffont J. J. , Martimort D. . 2009. The Theory of Incentives: The Principal-agent Model [M]. Princeton University Press.

[166] Laffont J. J. , Tirole J. . 1987. Auctioning Incentive Contracts [J]. Journal of Political Economy, 95 (5): 921 - 937.

[167] Laffont J. J. , Tirole J. . 1991. Auction Design and Favoritism [J]. International Journal of Industrial Organization, 9 (1): 9 - 42.

[168] Lambert - Mogiliansky A. , Sonin K. . 2006. Collusive Market Sharing and Corruption in Procurement [J]. Journal of Economics & Management Strategy, 15 (4): 883 - 908.

[169] Laumeister G. . The Next Big Thing in E - commerce: Online Labor Marketplaces [DB/OL]. (2014 - 10 - 21) [2019 - 5 - 10]. https: // www. forbes. com/sites/groupthink/2014/10/21/the - next - big - thing - in - e - commerce - online - labor - marketplaces/.

[170] Lazear E. P. . 1996. Performance Pay and Productivity [R]. National Bureau of Economic Research.

[171] Lee C. H. , Geng X. , Raghunathan S. 2013. Contracting Information Security in the Presence of Double Moral Hazard [J]. Information Systems Research, 24 (2): 295 - 311.

[172] Lee J - S. . 2008. Favoritism in Asymmetric Procurement Auctions [J]. International Journal of Industrial Organization, 26: 1407 - 1424.

[173] Lengwiler Y. , Wolfstetter E. . 2004. Auctions and Corruption [C]. The 13th WZB Conference on Markets and Political Economy, Session IIa.

[174] Lengwiler Y. , Wolfstetter E. . 2010. Auctions and Corruption: An Analysis of Bid Rigging by a Corrupt Auctioneer [J]. Journal of Economic Dynamics & Control, 34: 1872 - 1892.

[175] Leong L. . 2008. Value Chain Management in Online Reverse Auction: Towards Strategic and Operational Excellence [J]. Journal of Management Information and Decision Sciences, 11 (1): 13 - 28.

[176] Liang H. , Wang J. J. , Xue Y. , Cui X. . 2016. IT Outsourcing Research from 1992 to 2013: A Literature Review Based on Main Path Analysis [J]. Information & Management, 53 (2): 227 - 251.

[177] Li C., Scheller – Wolf A.. 2011. Push or Pull? Auctioning Supply Contracts [J]. Production and Operations Management, 20 (2): 198 –213.

[178] Li C.. 2013. Sourcing for Supplier Effort and Competition: Design of the Supply Base and Pricing Mechanism [J]. Management Science, 59 (6): 1389 –1406.

[179] Liu M., Hossain S.. 2013. Natural Disasters and Production Networks in the Asia and Pacific Region [Z]. http: //www. asiapathways – adbi. org/2013/02/natural – disasters – and – production – networks – in – the – asia – and – pacific – region/.

[180] Li Z., Chen J.. IT Outsourcing Auctions with Bilateral Efforts and Renegotiation [J]. IEEE Access, 2019, 7: 8416 –8426.

[181] Loertscher S., Marx L.. 2016. Prior-free Asymptotically Optimal Clock Auctions [R]. Working Paper.

[182] Lösch A., Lambert J. S.. 2007. Information Behaviour in e-reverse Auctions [J]. Journal of Enterprise Information Management, 20 (4): 447 – 64.

[183] Manyika J., Lund S., Robinson K., et al., Connecting Talent with Opportunity in the Digital Age [DB/OL]. (2015 –06) [2019 –5 –10]. https: //www. mckinsey. com/global – themes/employment – and – growth/connecting – talent – with – opportunity – in – the – digital – age.

[184] Marshall R. C., Meurer M. J., Richard J. F., et al. 1994. Numerical Analysis of Asymmetric First Price Auctions [J]. Games and Economic Behavior, 7 (2): 193 –220.

[185] Maskin E., Riley J.. 2000. Asymmetric Auctions [J]. Review of Economic Studies, 67: 413 –438.

[186] Maskin E., Tirole J.. 1999. Unforeseen Contingencies and Incomplete Contracts. The Review of Economic Studies, 66 (1): 83 –114.

[187] Mcafee R. P., Mcmillan J.. 1987. Auctions and Bidding [J]. Journal of Economic Literature, 25 (2): 699 –738.

[188] Mcmillan J., Whalley J., Zhu L.. 1989. The Impact of China's Economic Reforms on Agricultural Productivity Growth [J]. Journal of Political Economy, 97 (4): 781 –807.

[189] Menezes F. M., Monteiro P. K.. 2006. Corruption and Auctions

[J]. Journal of Mathematical Economics, 42: 97 - 108.

[190] Miller D. P.. 2014. Subcontracting and Competitive Bidding on Incomplete Procurement Contracts [J]. The Rand Journal of Economics, 45 (4): 705 - 746.

[191] Mishra M., Bureau M. T.. 2012. Clients Ask IT Firms Like Infosys, TCS to Bid for Low-end Projects Through Reverse Auctions [EB/OL]. The Economic Times, http://articles.economictimes.indiatimes.com/2012 - 01 - 10/news/30611682_1_auctions - outsourcing - sourcing - advisory - firm.

[192] Moorhouse A.. 2008. Playing the Game: Effective Strategies for Combating Reverse Auctions [J]. Velocity, 10 (2): 25 - 31.

[193] Moser E. P.. 2002. E - procurement - successfully Using and Managing Reverse Auctions [J]. Pharmaceutical technology, 26 (4): 100 - 105.

[194] Myerson R. B.. 1981. Optimal Auction Design [J]. Mathematics of Operations Research, 6 (1): 58 - 73.

[195] Nahmias S.. 2009. Production and Operations Analysis (6th ed.) [M]. New York: Mcgraw - Hill.

[196] Nam K., Rajagopalan S., Rao H. R., et al. 1996. A Two-level Investigation of Information Systems Outsourcing [J]. Communications of the ACM, 39 (7): 36 - 44.

[197] Nikkinen J., Sahlström P.. 2004. Does Agency Theory Provide a General Framework for Audit Pricing? [J]. International Journal of Auditing, 8 (3): 253 - 262.

[198] NöLdeke G., Schmidt K. M.. 1995. Option Contracts and Renegotiation: A Solution to the Hold-up Problem [J]. The RAND Journal of Economics, 163 - 179.

[199] OECD. 2005. Fighting Corruption and Promoting Integrity in Public Procurement [Z]. OECD Publishing. http://dx.doi.org/10.1787/9789264014008 - en.

[200] OECD. 2007. Bribery in Public Procurement: Methods, Actors and Counter-measures [Z]. OECD Publishing. https://www.oecd.org/investment/anti - bribery/anti - briberyconvention/44956834.pdf.

[201] OECD. 2009. Typologies on the Role of Intermediaries in International Business Transactions [J]. OECD Publishing.

[202] OECD. 2010. Collusion and Corruption in Public Procurement [Z]. OECD Publishing. http://www.oecd.org/competition/cartels/46235884.pdf.

[203] OECD. 2012. Identification and Quantification of the Proceeds of Bribery [Z]. OECD Publishing. http://dx.doi.org/10.1787/9789264174801 – en.

[204] Parente D. H., Venkataraman R., Fizel J., et al. 2001. B2B Online Reverse Auctions: What's New [J]. Decision Line, 32 (4): 13 – 15.

[205] Parker R.. 2001. Reverse Auctions no Danger to Supplier Relationships [J]. Supply Management, 6 (17): 10.

[206] Parlar M., Wang D.. 1993. Diversification under Yield Randomness in Two Simple Inventory Models [J]. European Journal of Operational Research, 66 (1): 52 – 64.

[207] PečArić J. E.. 1984. On the Ostrowski Generalization of Čebyšev's Inequality [J]. Journal of Mathematical Analysis and Applications, 102 (2): 479 – 487.

[208] Pemer F., Werr A., Bianchi M.. Purchasing Professional Services: A Transaction Cost View of the Antecedents and Consequences of Purchasing Formalization [J]. Industrial Marketing Management, 2014, 43 (5): 840 – 849.

[209] Penfield P.. 2007. 3 Avenues to Cost Reduction [J]. Supply Chain Management Review, 11 (8): 30 – 36.

[210] Pham L., Teich J., Wallenius H., et al. 2015. Multi-attribute Online Reverse Auctions: Recent Research Trends [J]. European Journal of Operational Research, 242 (1): 1 – 9.

[211] Pink D. H.. 2011. Drive: The Surprising Truth about What Motivates us [M]. Penguin.

[212] Puschmann T., Alt R.. 2005. Successful Use of E – procurement in Supply Chains [J]. Supply Chain Management: An International Journal, 10 (2): 122 – 133.

[213] Rao S., Goldsby T. J.. 2009. Supply Chain Risks: A Review and Typology [J]. International Journal of Logistics Management, 20 (1): 97 – 123.

[214] Reece D.. 2004. BBC Shortlists Three for £ 150m Auction of Technology Arm [EB/OL]. The Independent, http://www.independent.co.uk/

news/business/news/bbc – shortlists – three – for – pound150m – auction – of – technology – arm – 562524. html.

[215] Riley J. G. , Samuelson W. F. . 1981. Optimal Auctions [J]. The American Economic Review, 71 (3): 381 – 392.

[216] Roels G. , Karmarkar U. S. , Carr S. . 2010. Contracting for Collaborative Services [J]. Management Science, 56 (5): 849 – 863.

[217] Roughgarden T. , Schrijvers O. . 2016. Ironing in the Dark [C]// Proceedings of the 2016 ACM Conference on Economics and Computation. ACM: 1 – 18.

[218] Rutherford R. C. , Springer T. M. , Yavas A. . 2005. Conflicts between Principals and Agents: Evidence from Residential Brokerage [J]. Journal of Financial Economics, 76 (3): 627 – 665.

[219] Sanborn S. . 2001. Reverse Auctions Make a Bid for Business [J]. Info World, 23 (12): 32.

[220] Santamaría N. . An Analysis of Scoring and Buyer – Determined Procurement Auctions [J]. Production and Operations Management, 2015, 24 (1): 147 – 158.

[221] Schlack M. . 2001. Jaguar Shifts into High Gear with Reverse E – auctions [J]. Purchasing, 130 (20): 15 – 16.

[222] Schoenherr T. , Mabert V. A. . 2007. Online Reverse Auctions: Common Myths Versus Evolving Reality [J]. Business horizons, 50 (5): 373 – 384.

[223] Schoenherr T. . 2004. Deciding on the Appropriateness of B2B Reverse Auction Technology: An AHP Approach Combined with Integer Programming [J]. Journal of International Technology and Information Management, 13 (1/2), 21 – 32.

[224] Scott A. . 2016. Procurement Risk Management Facing "Major Shift" [Z]. https: //www. cips. org/supply – management/news/2016/january/procurement – risk – management – facing – major – shift/.

[225] Segal I. . 2003. Optimal Pricing Mechanisms with Unknown Demand [J]. The American Economic Review, 93 (3): 509 – 529.

[226] Shalev M. E. , Asbjornsen S. . 2010. Electronic Reverse Auctions and the Public Sector-factors of Success [J]. Journal of Public Procurement, 10

(3): 428 -452.

[227] Singer M., Konstantinidis G., Roubik E., et al. 2009. Does E - procurement Save the State Money? [J]. Journal of Public procurement, 9 (1): 58 -78.

[228] Smart A., Harrison A.. 2002. Reverse Auctions as a Support Mechanism in Flexible Supply Chains [J]. International Journal of Logistics, 5 (3): 275 -284.

[229] Smeltzer L. R., Carr A.. 2002. Reverse Auctions in Industrial Marketing and Buying [J]. Business Horizons, 45 (2): 47.

[230] Snyder L. V., Atan Z., Peng P., et al. 2016. OR/MS Models for Supply Chain Disruptions: A Review [J]. IIE Transactions, 48 (2): 89 -109.

[231] Sodhi M. M. S., Son B. G., Tang C. S.. 2012. Researchers' Perspectives on Supply Chain Risk Management [J]. Production & Operations Management, 21 (1): 1 -13.

[232] Soverinsky J.. 2010 Bidding Wars [Z]. NACS Magazine, http://www.nacsonline.com/magazine/pastissues/2010/june2010/pages/feature1.aspx.

[233] Statista. 2016. Global Market Size of Outsourced Services from 2000 to 2015 (in billion U. S. dollars) [Z]. http://www.statista.com/statistics/189788/global - outsourcing - market - size/.

[234] Stockholm. 2015. Swedish Cbank Buys 2019, 2023 Debt in Reverse Auction [EB/OL]. Reuters. http://in.reuters.com/article/2015/06/11/sweden - cenbank - bonds - idinl5n0yw39j20150611.

[235] Stoll S., Zöttl G.. 2017. Transparency in Buyer - Determined Auctions: Should Quality be Private or Public? [J]. Production and Operations Management, 26 (11): 2006 -2032.

[236] Susarla A., Subramanyam R., Karhade P.. 2010. Contractual Provisions to Mitigate Holdup: Evidence from Information Technology Outsourcing [J]. Information Systems Research, 21 (1): 37 -55.

[237] Susarla A.. 2012. Contractual Flexibility, Rent Seeking, and Renegotiation Design: An Empirical Analysis of Information Technology Outsourcing Contracts [J]. Management Science, 58 (7): 1388 -1407.

[238] Tang O., Musa S. N.. 2011. Identifying Risk Issues and Research Advancements in Supply Chain Risk Management [J]. International Journal of

Production Economics, 133 (1): 25 – 34.

[239] Tang S. Y., Kouvelis P.. 2011. Supplier Diversification Strategies in the Presence of Yield Uncertainty and Buyer Competition [J]. Manufacturing & Service Operations Management, 13 (4): 439 – 451.

[240] Tassabehji R.. 2010. Understanding E – auction Use by Procurement Professionals: Motivation, Attitudes and Perceptions [J]. Supply Chain Management: An International Journal, 15 (6): 425 – 437.

[241] Thomson R.. 2010. HP Loses DWP Desktop Contract as Fujitsu Named as Preferred Bidder [EB/OL]. Computer Weekly, http: //www. computerweekly. com/news/1280091843/HP – loses – DWP – desktop – contract – as – fujitsu – named – as – preferred – bidder.

[242] Tirole J.. 1999. Incomplete Contracts: Where Do We Stand? [J]. Econometrica, 67 (4): 741 – 781.

[243] Tomlin B.. 2009a. Impact of Supply Learning when Suppliers are Unreliable [J]. Manufacturing & Service Operations Management, 11 (2): 192 – 209.

[244] Tomlin B.. 2009b. Disruption-management Strategies for Short Life-cycle Products [J]. Naval Research Logistics, 56 (4): 318 – 347.

[245] Tran A.. 2008. Can Procurement Auctions Reduce Corruption? Evidence from the Internal Records of a Bribe-paying Firm [R]. Harvard University, mimeo.

[246] Tunca T. I., Wu D. J., Zhong F.. 2014. An Empirical Analysis of Price, Quality, and Incumbency in Procurement Auctions [J]. Manufacturing & Service Operations Management, 16 (3): 346 – 364.

[247] Tunca T. I., Wu Q.. 2009. Multiple Sourcing and Procurement Process Selection with Bidding Events [J]. Management Science, 55 (5): 763 – 780.

[248] U. S. Census Bureau. 2006. Statistics for Industry Groups and Industries: 2005, Annual Survey of Manufactures. M05 (AS) – 1 [R]. Suitland: U. S. Census Bureau.

[249] Vadlamani S.. 2009. How IBM is Helping Airtel? [Z]. http: //asiancorrespondent. com/516/how – ibm – is – helping – airtel/.

[250] Wagner S. M., Schwab A. P.. 2004. Setting the Stage for Success-

ful Electronic Reverse Auctions [J]. Journal of Purchasing and Supply Management, 10 (1): 11 -26.

[251] Wang E. T. . 2002. Transaction Attributes and Software Outsourcing Success: An Empirical Investigation of Transaction Cost Theory [J]. Information Systems Journal, 12 (2): 153 -181.

[252] Wang J. , Shin H. . 2015. The Impact of Contracts and Competition on Upstream Innovation in a Supply Chain [J]. Production and Operations Management, 24 (1): 134 -146.

[253] Wang R. . 2000. Bidding and Renegotiation in Procurement Auctions [J]. European Economic Review, 44 (8): 1577 -1597.

[254] Wang Y. , Gilland W. , Tomlin B. . 2010. Mitigating Supply Risk: Dual Sourcing or Process Improvement? [J]. Manufacturing & Service Operations Management, 12 (3): 489 -510.

[255] Ware G. T. , Moss S. , Campos J. E. , et al. 2011. Corruption in Procurement [J]. Handbook of Global Research and Practice in Corruption: 65 -107.

[256] Wheaton G. . 2009. Reverse Auctions: When to Use Them [EB/OL]. http: //www. epiqtech. com/reverse_auctions. htm.

[257] Wheaton G. . 2010. Reverse Auctions: Overview [EB/OL]. http: //www. epiqtech. com/reverse_auctions -overview. htm.

[258] Wihardja M. M. . 2010. Corruption in Public Procurement Auctions: Positive Equilibrium Analysis, Incentive Mechanism Design, and Empirical Study [J]. Journal of Economic Development, 35 (1): 35 -57.

[259] Williams J. T. . 1998. Agency and Brokerage of Real Assets in Competitive Equilibrium [J]. Review of Financial Studies, 11 (2): 239 -280.

[260] Williamson O. E. . 1979. Transaction-cost Economics: the Governance of Contractual Relations [J]. The journal of Law and Economics, 22 (2): 233 -261.

[261] Williamson O. E. . 1983. Credible Commitments: Using Hostages to Support Exchange [J]. The American Economic Review, 73 (4): 519 -540.

[262] Wilson D. . 2016. GSA Opens Bids on Massive $50B Federal IT Contracts [EB/01]. Law360, http: //www. law360. com/articles/811795/gsa -opens -bids -on -massive -50b -federal -it -contracts.

[263] Wilson R. . 1979. Auctions of Shares [J]. The Quarterly Journal of Economics, 93 (4): 675 –689.

[264] Wilson R. B. . 1987. Game-theoretic Approaches to Trading Processes [A]. Cambridge: Advances in Economic Theory: Fifth World Congress, 33 –77.

[265] World Bank, 2005. Six Questions on the Cost of Corruption with World Bank Institute Global Governance Director Daniel Kaufmann [Z]. http://go. worldbank. org/KQH743GKF1.

[266] Wyld D. C. . 2011 Reverse Auctioning: Saving Money and Increasing Transparency [R]. The IBM Center for the Business of Government. http://www. businessofgovernment. org/sites/default/files/reverse%20Auctioning. pdf.

[267] Xiao W. , Xu Y. . 2012. The Impact of Royalty Contract Revision in a Multistage Strategic R&D Alliance [J]. Management Science, 58 (12): 2251 –2271.

[268] Xu H. . 2010. Managing Production and Procurement Through Option Contracts in Supply Chains with Random Yield [J]. International Journal of Production Economics, 126 (2): 306 –313.

[269] Yang Z. , Aydin G. , Babich V. , et al. 2012. Using A Dual-sourcing Option in the Presence of Asymmetric Information about Supplier Reliability: Competition vs. Diversification [J]. Manufacturing & Service Operations Management, 14 (2): 202 –217.

[270] Yano C. A. , Lee H. L. . 1995. Lot Sizing with Random Yields: A Review [J]. Operations Research, 43 (2): 311 –334.

[271] Yim A. . 2014. Failure Risk and Quality Cost Management in Single Versus Multiple Sourcing Decision. Decision Sciences, 45 (2): 341 –354.

[272] Zheng A. , Hong Y. , Pavlou P. . Value Uncertainty and Buyer Contracting: Evidence from Online Labor Markets [C]. Proceedings of the International Conference on Information Systems (ICIS 2015), Texas, USA, December 13 –16, 2015.

[273] Zheng C. Z. . 2002. Optimal Auction with Resale [J]. Econometrica, 70 (6): 2197 –2224.